芳賀ひらく

haga hiraku

武蔵野
地図学
序説

創元社

紙メディア世紀末巡礼の祖父から
デジタル氾濫紀を徒渉《としょう》する二人の孫
齊藤　弦《いと》と
齊藤　存《ある》に

シュメールの王のシンボルは「竿と糸」で、これはほぼ間違いなく測量士の道具だ。中国にしてもメソポタミアにしても、そもそも文字が考えられたのは、話したことを書き記す手段としてではなかったのである。

ジェームズ・C・スコット

目次

第12章

伝承と伝説の武蔵野 169

終章

「武蔵野」の終焉と転生 191

第1章

武蔵野の東雲《しののめ》

はじめに

「武蔵野地図学」とは、意匠《いしょう》の巷《ちまた》に新規開店の類《たぐい》かと思われるかも知れませんが、そうではありません。筆者は半世紀を超えて「東京」の住民ですが、東京はいまだ馴染《なじ》めず不可解な存在ですらあります。一方「武蔵野」は東京の一部でもあるとされるもののすでに実態を失い、イメージとしてのみ存在しているように思われます。しかしそれは同時にわが身をおいてきた場所（註1）でもあって、むしろ東京の限られた時間と空間を相対化する可能性をもっています。それを半世紀にわたって親しんできた地図を用いて探り、またその地図という方法自体も対象化できればと思っています。

さて「地図学」とは、英語のカートグラフィの訳語であることからもわかるように、そもそもは地図製作のノウハウの延長として、どちらかと言えば「学」よりも「術」に力点が置かれる学術のひとつです。そのため地図の定義も「地表の形状を一定の約束に従って一定の面上に図形等で表示した画像」（註2）といった二次元表現の域に限定してしまうのです。

本書では、地図を「画像」にとどめることなく、「一定の空間における諸象の位置の認知と、その記憶から伝達にわたるメディア」（註3）と定義しなおし、そのイノベーションの画期にも分け入ってみたいと思います。

その場合、できるだけ今日に伝えられる古地図および旧版地図や一般地図、そして主題図その他を、必要性と時間軸に沿って紹介しながら、武蔵野の生成と変容からその時代の空間認知にアクセスするつもりです。

なお管見のかぎりでは考古学を除き、「武蔵野」への関心は文学を中心に言語とイメージの周辺をへめぐっている様子です。ここではできるだけ文字記録を相対化し、フィジカルな側面に触手を伸ばしながら、とりわけ歴史以前の武蔵野を閲歴してみましょう。

ターミノロジー

次に、ことばの藪《やぶ》に足を取られないためにも、おもなキーワードを整理しておく必要があるでしょう。「地図」はすでに触れました。次は「武蔵野」です。何をもって、どの範囲を武蔵野と言うか、説は山ほどあるようです。しかしそれは古歌由来の景観用語であるため、地図的思考からするとその指示する範囲は不明確です。国木田独歩の『武蔵野』については後に触れるとして（六一ページ）、近縁の「武蔵野台地」はあきらかに地形用語で、武蔵野とは違ってフィジカルに規定できそうです。

ところが、「『原・野』は、その文字自体が台地状の地形という意味をもっているため、語尾に『台地』をつけない」という国土地理院の見解によって、学校地図帳では一九八四年度からそれまでの「武蔵野台地」や「牧ノ原台地」は、「武蔵野」「牧ノ原」と表記が変わったと言います（註4）（図1-1）。

用語の厳密指向が表現の単純化をもたらしたと言うべきなのかも知れませんが、残念なのは「武蔵野」はあくまで水平方向に広がるヨコの視野に立ち、それに対して「武蔵野台地」が立体構造のタテの視座をもつ対立した位置にあることに注意が払われていないことです。語の「意味」は文字とりわけ漢字のそれ

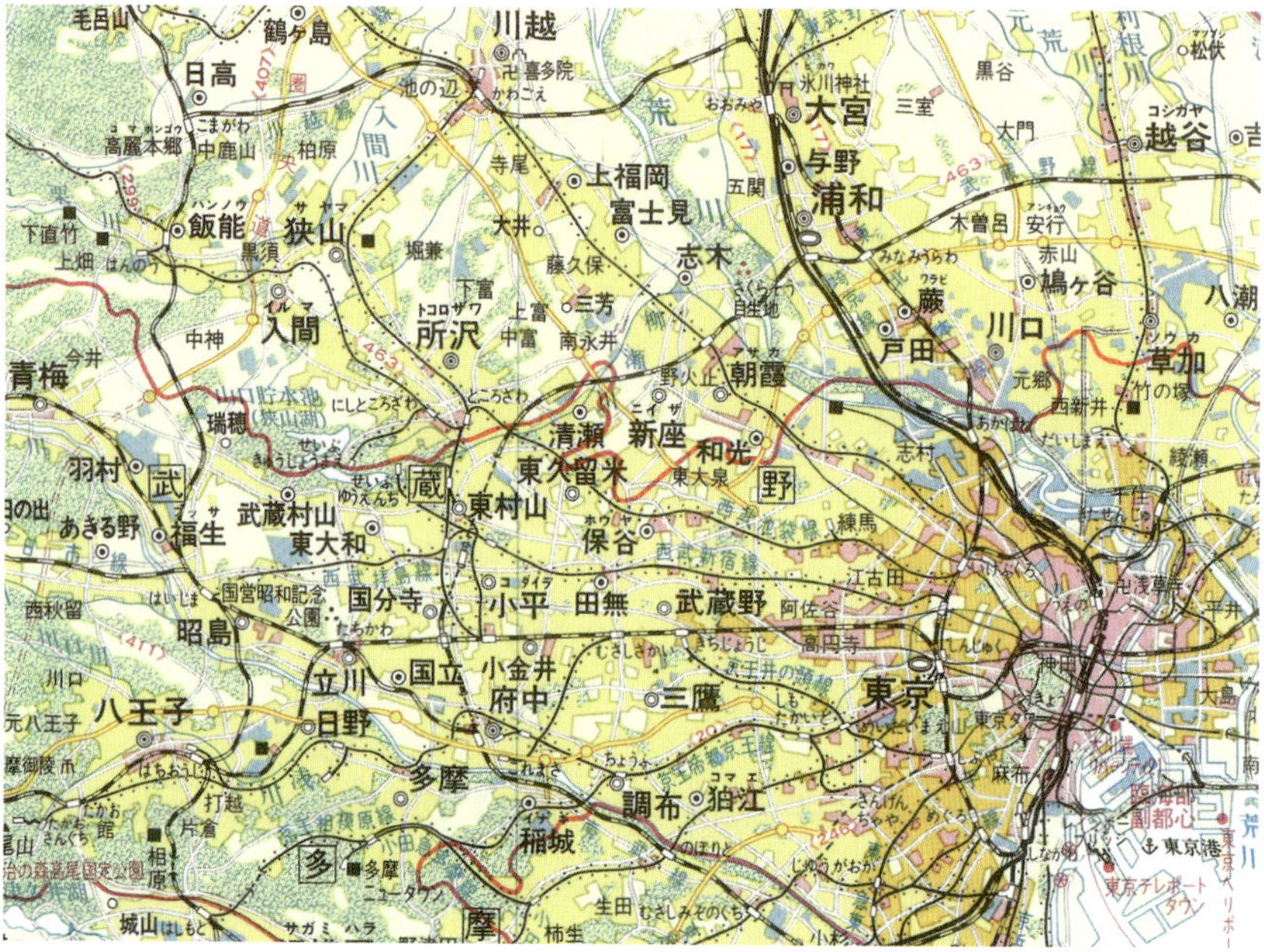

図 1-1　帝国書院の『新詳高等地図』（1997 年）から
「武蔵野」の文字は四角囲みで、「福生」「東村山」「和光」の各注記付近に 1 字ずつ配置されている。

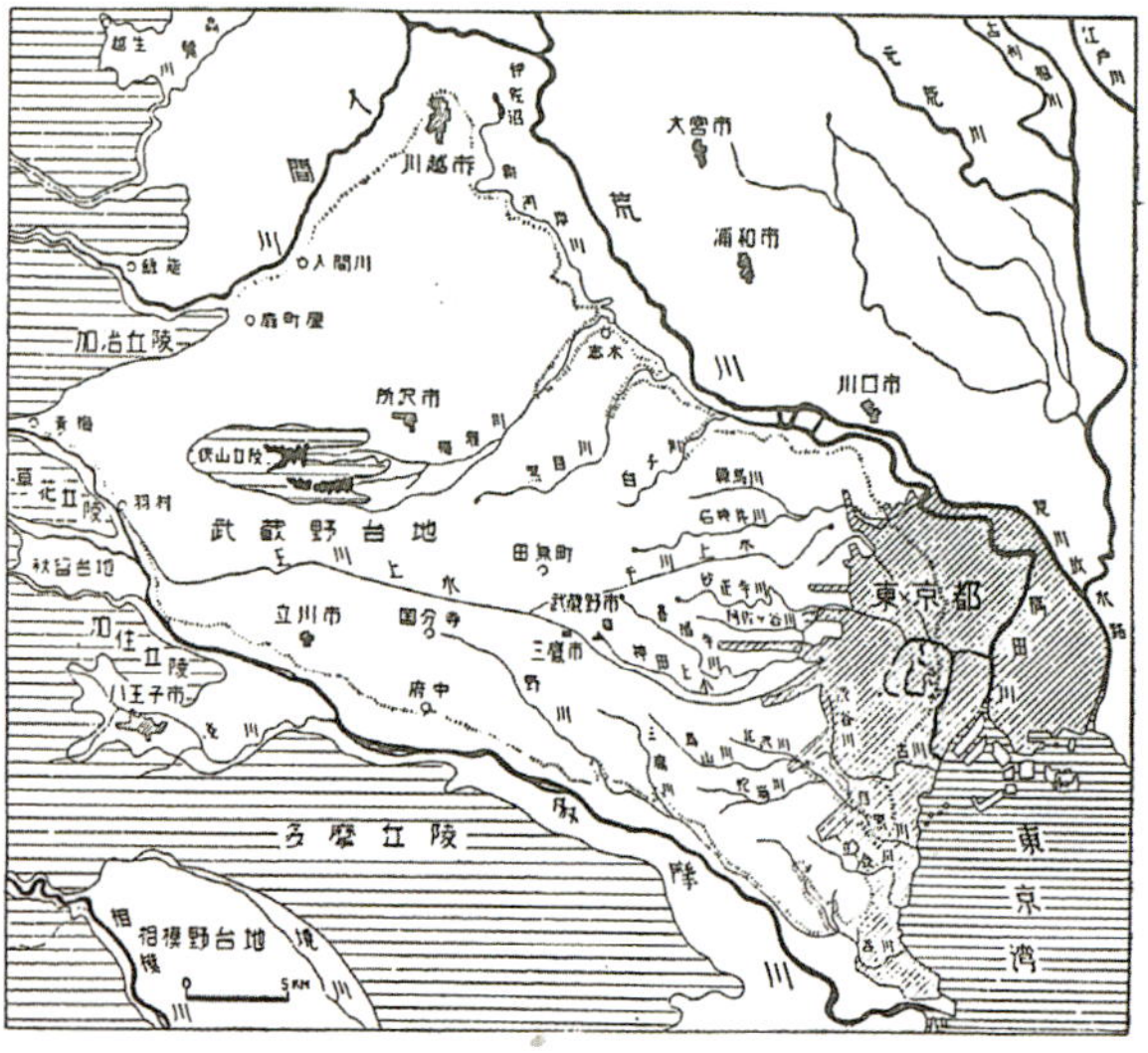

図 1-2　矢嶋仁吉『武蔵野の集落』（1954 年初版）から「武蔵野台地概観図」
中央左寄に「武蔵野台地」とある。

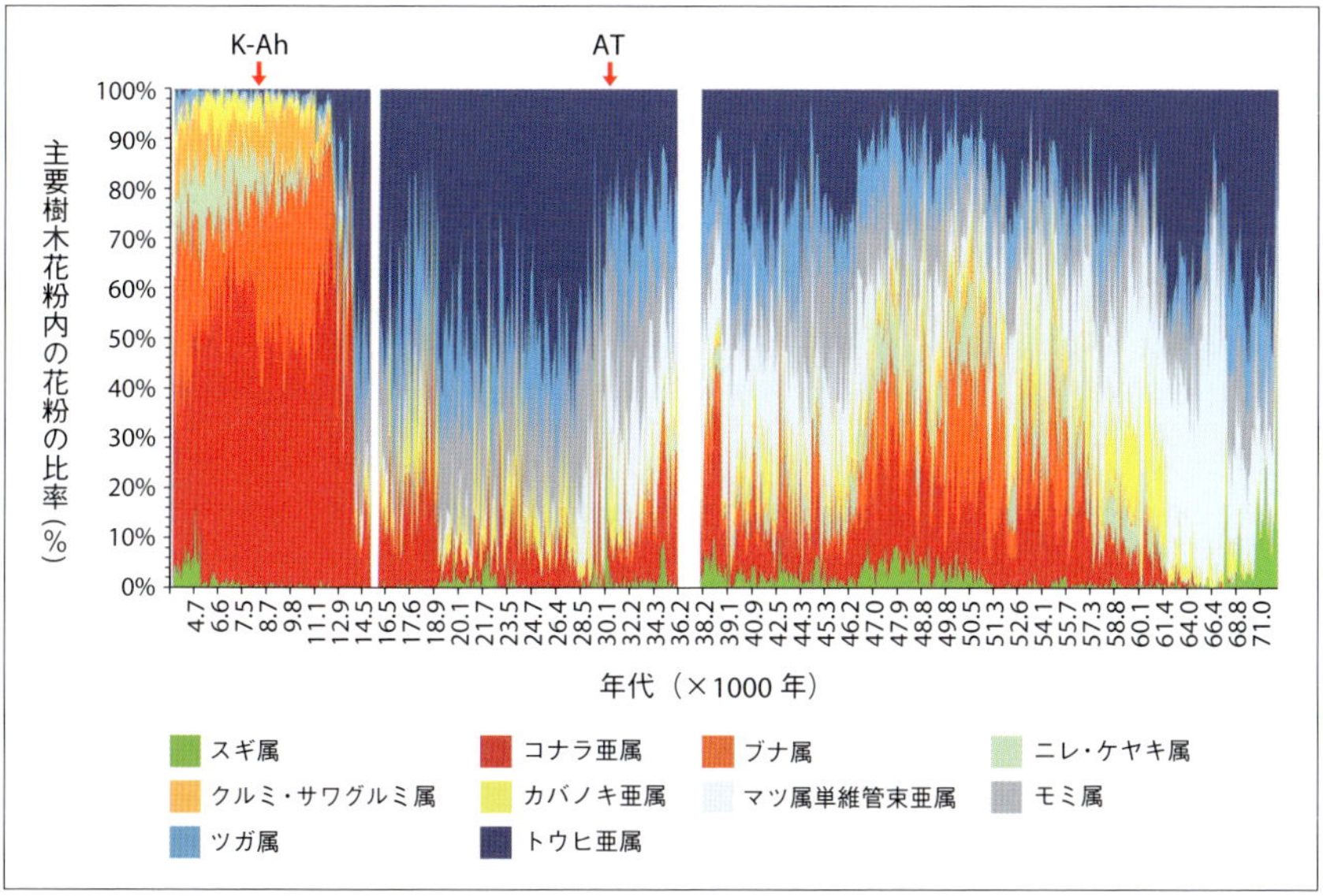

図1-3　最近7万年間の地球気候変動グラフ

花粉分析によって明らかになったのは、1万4千年前の急激な温暖化である。図左端が現在で、それまでは針葉樹が卓越していたのが、約1万4千年前からコナラ亜属とブナ属が圧倒的となる。この環境変化は世界的な規模で確認されている。公文富士夫氏のデータ提供による。

ばかりにあるわけではないのです。

ともかくも「武蔵野」は古い景観用語であること、それに対して「武蔵野台地」が比較的新しい地形用語であることは頭に入れておきましょう。

さて「武蔵野」の「武蔵」ですが、ご存知のように、それは古代律令制によって規定されたひろがりをもつ行政用語（註5）で、現在の東京都と埼玉県の全域および神奈川県の一部を含む広大なエリアを指していました（図6-1）。その「野」だと言うのですから、おそらく「武蔵野」の命名者は地元の民などではなく、はるばる下向《げこう》し、ミヤコへ戻るなんらかの役人だったでしょう。西国にはない、草原が延々とつづく特異な景観に印象を強くして、そう名付けざるを得なかったのです。ましてその広野は地下水位が低いため水は得難く、近世に玉川上水《じょうすい》が引かれてもなお水田はおろか人家も稀《まれ》でした。地下水位が低いのは台地の特徴ですが、武蔵野はまた特別の乏水《ぼうすい》地帯でした（註6）。

武蔵野が「一般には関東平野西部の武蔵野台

地を指し」（註7）とされるのも理由のないことではなかったのです。

気候変動と「武蔵野」の誕生

近年の夏は記録的な猛暑がつづき、温暖化危機の声がますます高まっています。しかし歴史気候学の進展が明らかにしたのは、十万年単位で大規模かつ急激な温暖化と緩やかな寒冷化が繰り返されてきたこと、さらに図1-3に見られるように、ここ一万年あまりは例外的に気候の温暖安定期がつづいたという事実です。換言すれば、定住農耕を基礎とする文明社会はその特異な気候条件のもとで誕生し維持されてきたと言っていいのです（註8）。文明以前、つまり文字記録が存在しないヒト（ホモ・サピエンス）の先史時代は旧石器時代と新石器時代で、とくに後者は日本列島にあっては縄文時代と称されます。

日本列島ほぼ中央の関東平野は多摩丘陵、武蔵野台地、下総《しもうさ》台地そして利根川、荒川などの沖積低地を包括する最大の平野で（註9）、武蔵野はその一部です。そうして縄文時代は一万年以上の長きにわたって世界史上まれな文化を創出、維持し、列島文化史の基層を形成しました（図1-4参照）。草本が卓越する武蔵野の景観は、このとき人為的に創り出されたと考えられるのです。

約一万四千年前にはじまり寒暖の波を経て約七千年前にピークを迎えた直近の急激な温暖化とそのプラトー（平原）化は、海面の上昇とともに関東平野の植生を針葉樹の疎林《そりん》から常緑広葉樹の森に転化させました。植生遷移（サクセッション）によって昼なお暗い大森林地帯が出現し、極相化したのです。それはいまでは関東平野のどこにも目にすることができませんが、たとえば神奈川県立東高根《ひがしたかね》森林公園の、県指定天然記念物シラカシ樹林にその片鱗をうかがうことができるかも知れません（図1-5）。もちろん自然の極相林はそれとは比較にならないほど森厳《しんげん》で、空を仰げば枝葉がびっしりと覆い林床《りんしょう》に届く日射量は僅かです。そのためそこに生育する低木や草本植物は種類も限られ、きわめて貧弱なものでした。つまり温

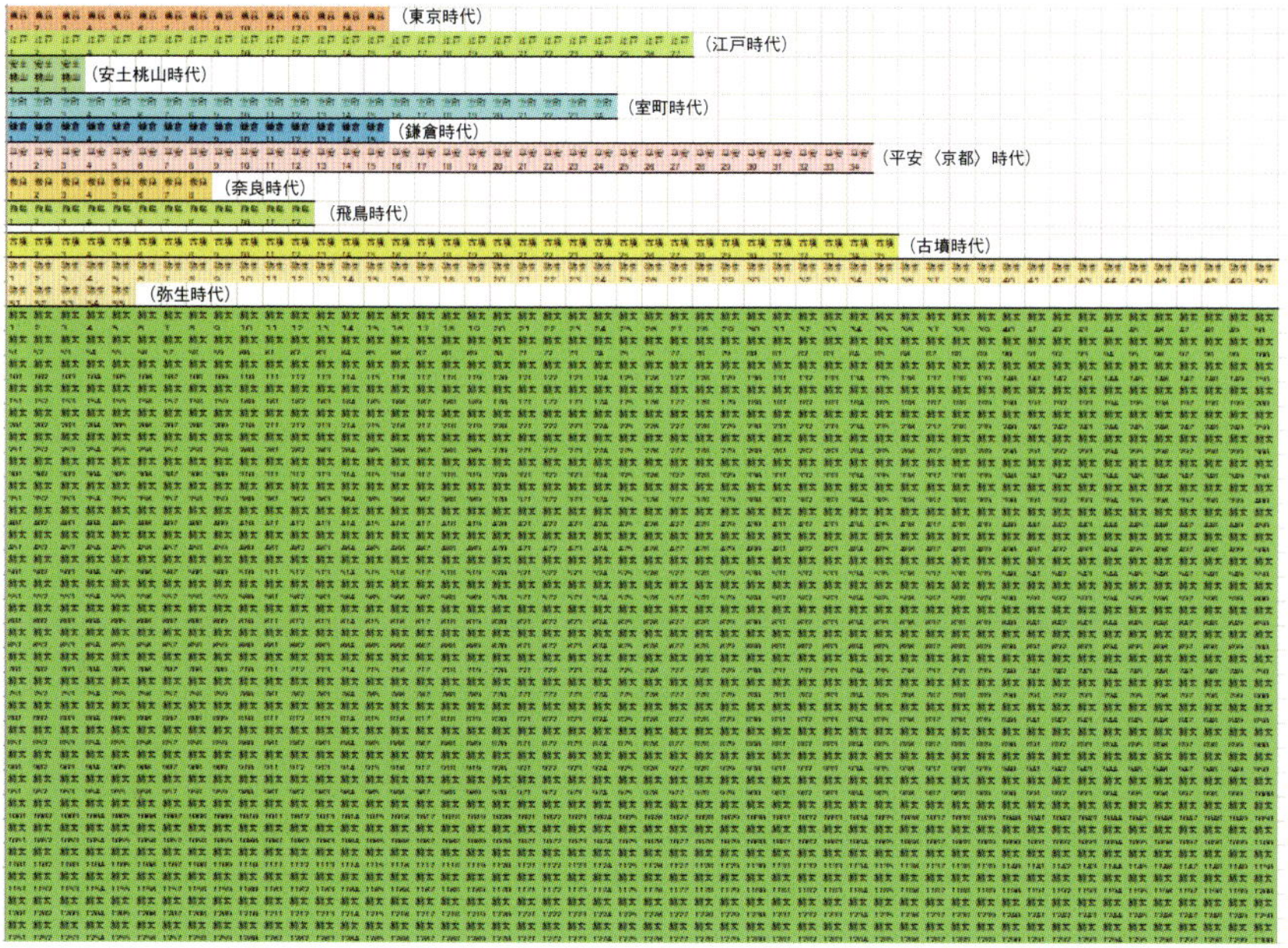

図 1-4　「日本列島〈時代〉グラフ」

1 コマ 10 年、横 1 列を 50 年とし各「時代」の時間幅を図化した。最下の緑色が縄文時代、黄土色の弥生時代、黄色古墳時代とつづき、黄緑色の飛鳥時代以降は政治の中心地が時代名となる。したがって最上部の濃いピンク色の帯は、江戸時代につづく「東京時代」である。時間幅において縄文時代の存在が巨大であったことがわかる。なお、さらに時間幅の巨大な後期旧石器時代については示していない。筆者作図。

暖化によって出現した巨大原生林は、ヒトが創りだした「都市」にも似て、ごく一部の植物や動物を除き、生存可能な環境ではなかったのです。

　そうして最近の土壌分析が明らかにしたのは、ヒトは火をもってこの環境変化に立ち向かい、計画的かつ定期的な野焼きによって、人為的に「ノ」を創出したという事実です（註10）。「ノ」は「サト」に対する言葉で、「ヤマ」とともに衣食住の原資を得るフィールドを意味したでしょう。極相林への火入れは、広大な単一相を解体し、生活原資の多様性を保証するための環境改変とその維持行為でした。野焼き（山焼きなどとも言う）は現在の日本列島においてなお行われており、阿蘇の野焼き、秋吉台《あきよしだい》の山焼き、仙石原《せんごくばら》の山焼き、渡良瀬《わたらせ》遊水地の葦《よし》焼き（図 1-6）などがよく知られていますが、それらは決して「焼畑農耕」のために行われるのではなく、あくまで「野」の維持のための管理行為でした。

　戦後を代表するベストセラー『武蔵野夫人』の著者大岡昇平は、フィリピンの戦場でしばしば煙と幅広い野火を目にしました。その大岡がレイテ島を舞台にした戦争文学の傑作『野火』の終章近くで「武蔵野の低い地平に、見えない野火が数限りなく、立ち上っている」と書いたのはきわめて示唆的でした。平野は放置すればたちまちにして「原生林」が出現します。ヒトは有史（文字）以前から自然を大きく変えて生きてきました。ムサシノは地表の其処《そこ》彼処《かしこ》に展開（オペ

図 1-5　神奈川県立東高根森林公園のシラカシの自然林
　ブナ科コナラ属のシラカシは武蔵野エリアの潜在自然植生である。自然の極相林はこれとは比較にならないほど深い原生林で、樹齢何百年という巨木に覆われていた。林床に直接届く日光はほとんどなく、そこに生育する低木や草本の類も貧弱であった。ヒトはこのような極相の大森林を豊かな資源環境に変えるため、火をもって切り開き、かつ定期的な野焼きを行ってきた。枝葉がぶつかり合わないように、樹冠（クラウン）に水路のような光のすき間が形成されるが、それをクラウン・シャイネスと呼ぶ。撮影筆者。

図 1-6　渡良瀬遊水地の葦焼き
　野焼きや山焼きは、放置すれば植生遷移により木本が卓越して自然環境が転位するのを防ぐ、伝統的な行為である。足尾銅山鉱毒問題で谷中村を廃村として 90 年弱をかけて完成させた日本列島最大の遊水地では、環境維持のため 1960 年頃から春の葦焼きが実施されている。
写真：大木幹郎／ PIXTA

レイト）していたのです（註11）。

いずれにしても、縄文時代のヒトは決して「森の民」でもなく、森への禁忌（タブー）に囚《とら》われていたわけでもありません。火入れから意図的に除外した極相林の一部を「モリ」（守り）とし、野焼き後人為的に育成した樹林地を「ハヤシ」（生やし）と呼んで区別し、それぞれ別様の地霊ないし精霊（スピリット）を虚構し対話しつつ利用していたと思われます。前述のように本来は寒冷化過程にあるはずの気候変動は、いま一時的に逆の現象を出現させているわけですが、とりあえず一切の人間活動が停止したと仮定すると、武蔵野の大部分は百年を経ずして常緑広葉樹のシラカシを主体とする森に覆われでしょう（註12）。これを潜在自然植生と言い、その地図も作成されているのは大変興味深いことです（**図1-7**）。

さて文字のない先史時代といえども地図すなわち空間認知とその記憶および伝達はヒトが生きるうえで不可欠で、むしろその認知自体が生存の成否を左右したと考えられます。現存最古の地図は、後期旧石器時代もかなり新しい約一万五千〜一万三千年前のマンモスの牙に刻まれた絵模様と言われます（註13）が、わが列島においてはほとんど知られていないものの、約五千五百年前の、地図が線刻されたと見られる縄文土器も発見されていたのでした（九四―九八ページ）。

縄文時代に後続する弥生時代には稲作が導入され金属器の利用も開始されましたが、この時期の武蔵

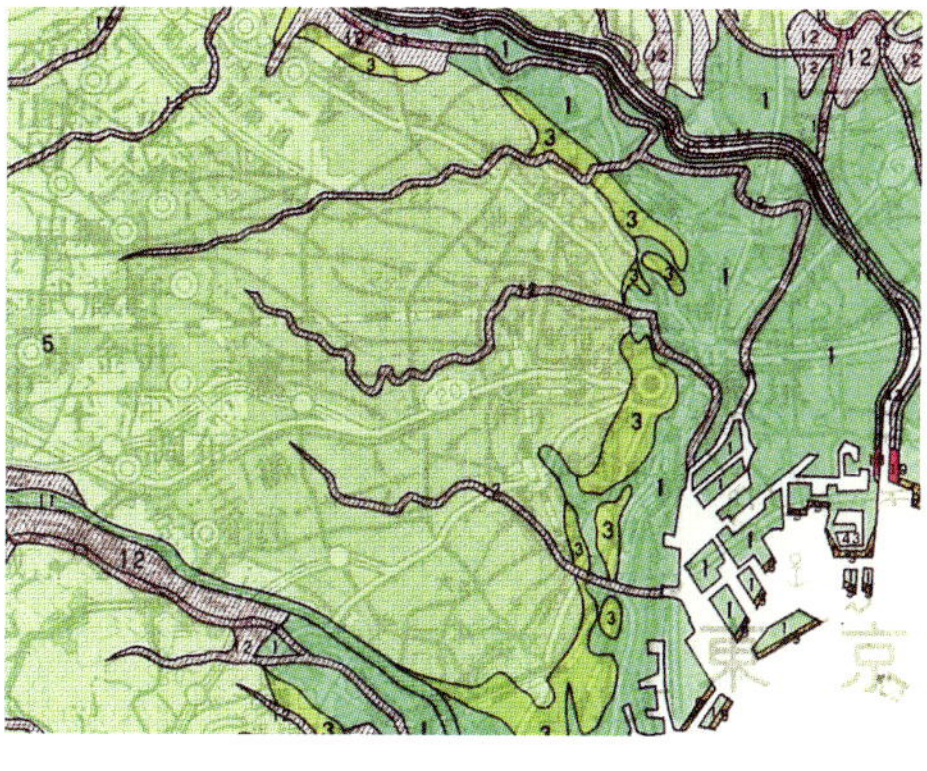

図1-7「関東地方の潜在自然植生図」の一部
宮脇昭編著（註12）より。低地（1）はタブノキ、台地の東縁部（3）ではスダジイ、台地の大部分（5）ではシラカシが高木層で優占し、まとめてヤブツバキクラス域（照葉樹林帯）とされる。川筋（12）はハンノキが優占する。

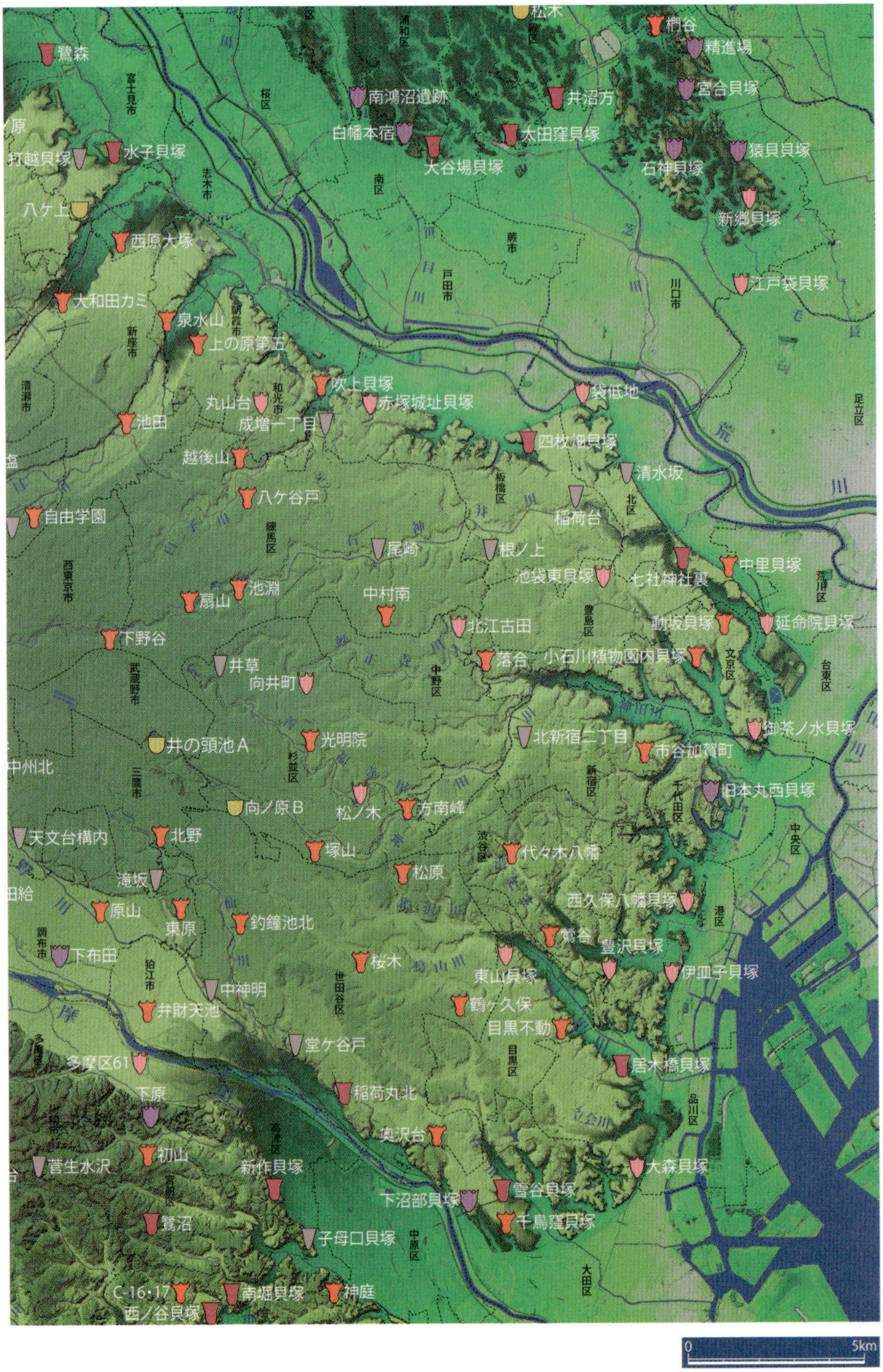

松木
椚谷
精進場
鷺森
南鴻沼遺跡
井沼方
宮合貝塚
白幡本宿
太田窪貝塚
大谷場貝塚
打越貝塚
水子貝塚
石神貝塚
猿貝貝塚
八ケ上
新郷貝塚
西原大塚
江戸袋貝塚
大和田カミ
泉水山
上の原第五
吹上貝塚
丸山台
赤塚城址貝塚
袋低地
池田
成増一丁目
四枚畑貝塚
越後山
清水坂
八ケ谷戸
稲荷台
自由学園
尾崎
根ノ上
中里貝塚
池袋東貝塚
七社神社裏
池淵
扇山
中村南
動坂貝塚
延命院貝塚
北江古田
下野谷
井草
落合
小石川植物園内貝塚
向井町
御茶ノ水貝塚
北新宿二丁目
井の頭池A
光明院
市谷加賀町
旧本丸西貝塚
松ノ木
方南峰
向ノ原B
天文台構内
北野
代々木八幡
塚山
松原
滝坂
西久保八幡貝塚
原山
東原
釣鐘池北
鶯谷
豊沢貝塚
下布田
桜木
東山貝塚
伊皿子貝塚
中神明
鶴ケ久保
弁財天池
目黒不動
堂ケ谷戸
居木橋貝塚
多摩区61
稲荷丸北
下原
奥沢台
初山
大森貝塚
菅生水沢
新作貝塚
雪谷貝塚
下沼部貝塚
千鳥窪貝塚
鷺沼
子母口貝塚
C-16・17
南堀貝塚
神庭
西ノ谷貝塚
富士見市
志木市
桜区
南区
蕨市
戸田市
川口市
足立区
新座市
朝霞市
和光市
清瀬市
板橋区
北区
練馬区
荒川区
西東京市
豊島区
文京区
台東区
中野区
武蔵野市
杉並区
新宿区
千代田区
中央区
三鷹市
渋谷区
港区
調布市
狛江市
世田谷区
目黒区
品川区
大田区
中原区
0
5km

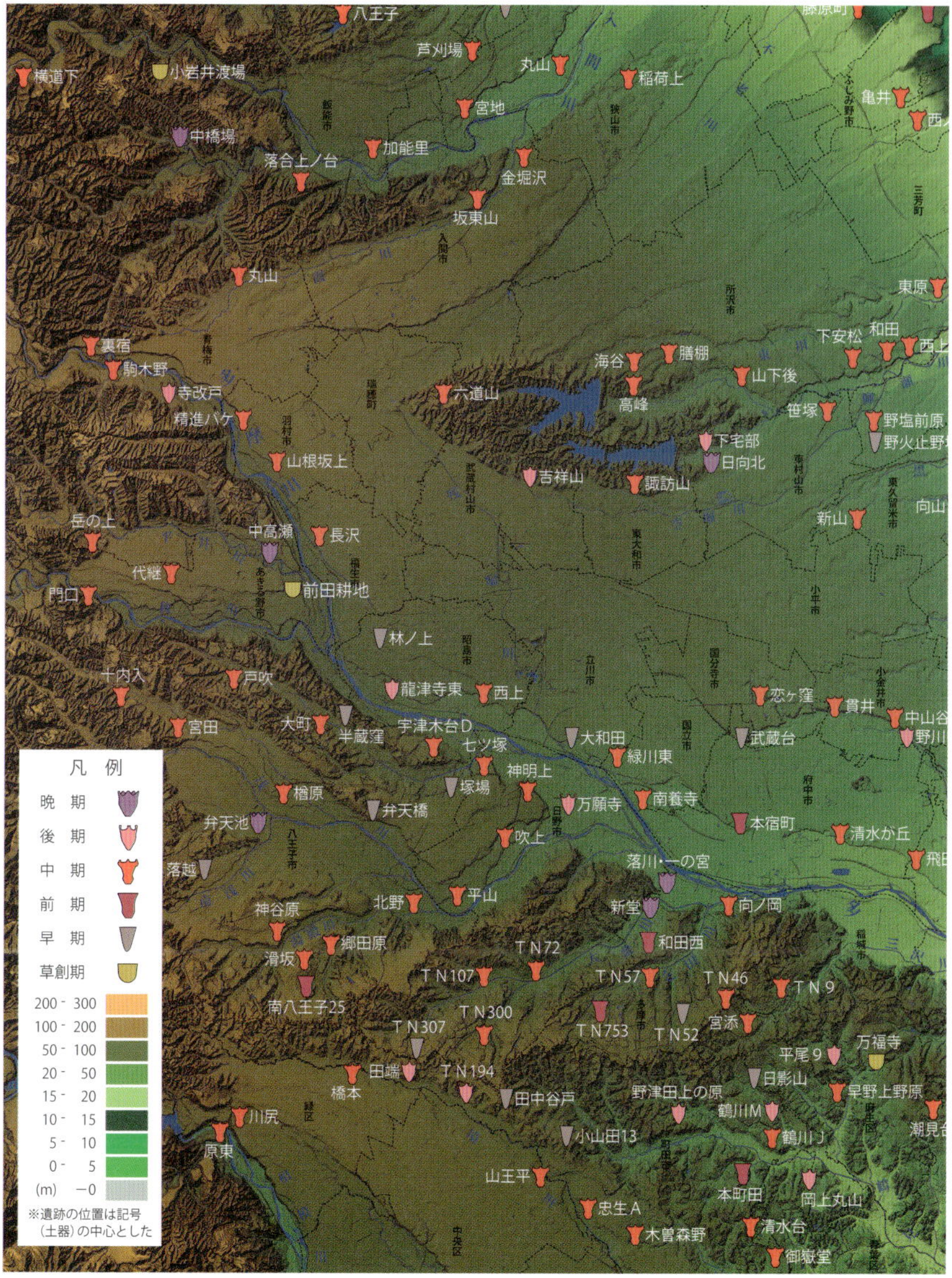

図 1-8　武蔵野のおもな縄文遺跡

遺跡はおもに地表水の得られる段丘開析谷ないし段丘崖の近くに見出され、河流や湧水を伴わない段丘面は遺跡の空白地帯となっている。遺跡の約半数は縄文中期（約 5500 ～ 4400 年前の 1100 年間）のもので、武蔵野が成立したのはその時期と仮定することもできるだろう。原図作成・解説安孫子昭二氏。『季刊 Collegio』（No.72, 2019 年 12 月）付録から、その一部。

野の遺跡は多くはありません。ヒトの住まいはそれまでの台地から低地の微高地へと下ったため、埋没・流失した遺跡も少なくないと思われます。つづく古墳時代も同様ですが、古墳そのものが仰ぎ見られるべくしばしば台地端に築造されましたから、武蔵野の景観と無縁ではありません。古墳が存在したからには、「中央」となんらかの関係をもった地方豪族が割拠し、「クニ」が存在したはずですが、前述の縄文土器の例を除いて、この時代までの武蔵野の地図はおろか、日本列島の地図の存在すら認められたものは存在しないのです。

古代・中世の武蔵野空間認知

「武蔵野」あるいは「牟射志野」の文字の初見は八世紀後半、奈良時代末期に成立したとされる『万葉集』で、第十四巻東歌三三七四番「武蔵野に卜部《うらべ》かた焼きまさでにも告らぬ君が名占に出にけり」から三三七九番「我が背子をあどかも言はむ武蔵野のうけらが花の時なきものを」までの五首があり、これら詠み人知らずの歌を契機として「武蔵野」は歌枕とされ、古代中世の日本文学に盛んに登場することになります。

大陸帝国の政治制度を真似て律令制度が一応完成したのは八世紀初頭でした。中央政権の基盤（租税）は班田制にありましたから、その計帳のための地図は当時支配のおよぶかぎりに下命、作成、上進されました。しかし律令制の変容と崩壊に伴い、各地には開田図（墾田図とも）がつくられ、それはやがて荘園図として知られることになります（註14）。

律令制の完成に先立って、草むす武蔵野を南北一直線に切り割き、幅約一二メートルの古代ハイウェイが下命敷設されたのは七世紀の末頃でした。それは関東ロームがむき出しの赤いまっすぐミチでした（図1-9）。

ミチの語幹はチで、ミは接頭敬辞です。つまり「ミチ」は支配の根幹に存在するものの謂《い》いでした（註15）。必要以上に幅広い、ミヤコとクニ（国府）をむすぶ最短距離の「赤ミチ」は古代中央集権国家の官人や伝令の往来と税の運脚がおもな目的で、徴された防人《さきもり》らもたどらざるを得ないミチでした。庸調《ようちょう》の貢納期限や標準行程の規定は造成ミ

図 1-9　国分寺市和泉町 2 丁目の「東山道武蔵路遺構再生展示施設」

東山道の幹線と武蔵国府（東京都府中市）をむすぶ南北の支路は 12 メートルの道幅をもち、その両側に側溝が掘られていた。写真右が西側の側溝で、左手（北側）には比高約 11 メートルの「恋ヶ窪」の谷が存在するため、道はここから北に向かって切通しの斜面（坂道）となる。舗装なく関東ローム層むき出しの路面は人馬往来や雨水、霜による侵食はとくに斜面において甚だしく、通行帯はその都度切り下げられたと見られる。撮影筆者。

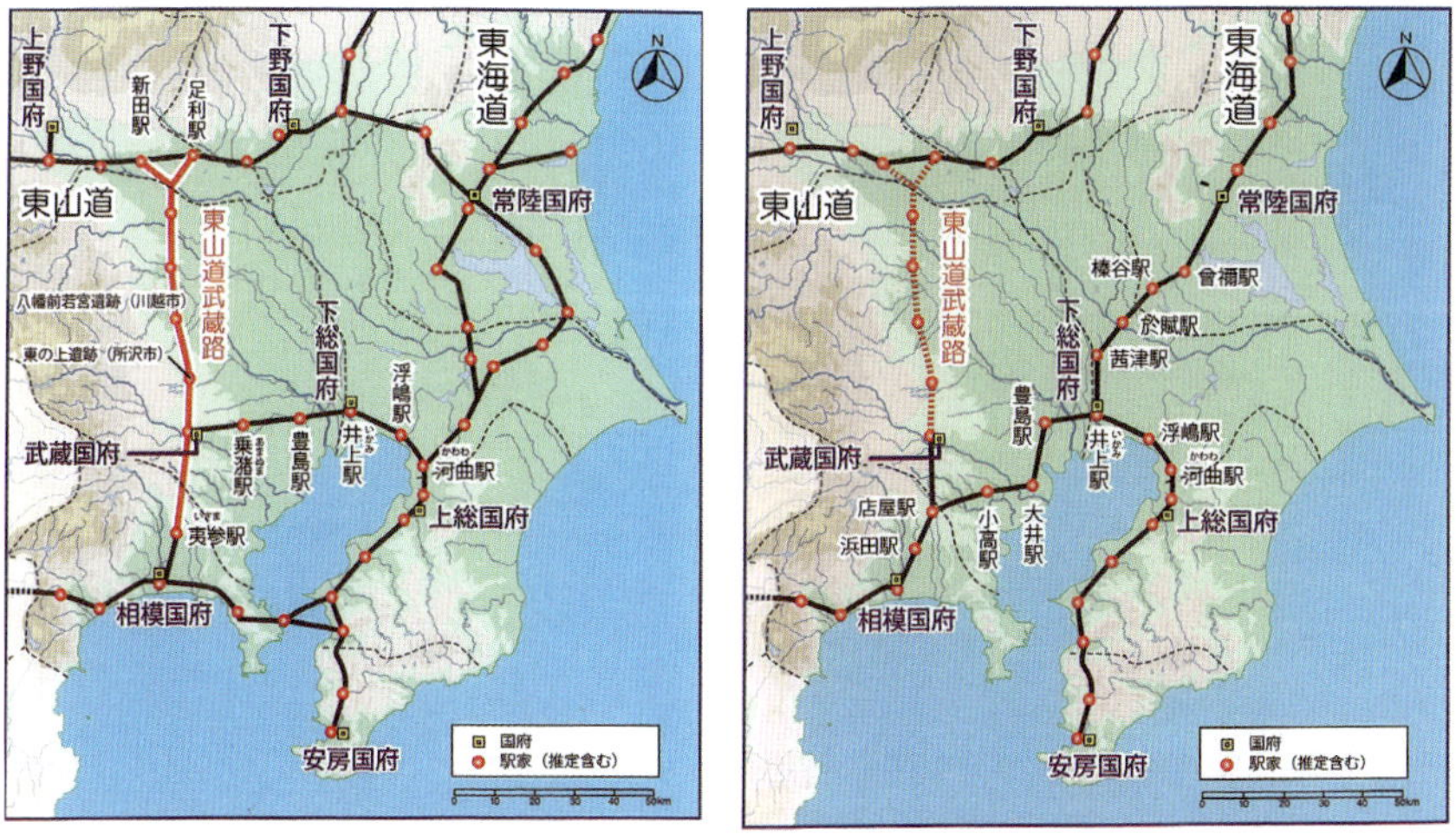

宝亀 2（771）年以前の交通路　　「延喜式」（907 年）の交通路

図 1-10　宝亀 2（771）年以前の交通路と「延喜式」（907 年）の交通路

国分寺市教育委員会『古代道路を掘る』（2023 年改訂版）から、駅路の変遷図。武蔵国分寺跡資料館提供。

チと一体のものでした(註16)。図1-9は研究者によって「武蔵路《むさしみち》」と名付けられた武蔵国府に至る東山道の支路(東山道武蔵路。入間路とも。註17)(図1-10)で、武蔵国の真只中を貫きながら「逃水」「堀兼《ほりかね》井《のい》」「武蔵野」などの歌枕を供したメディア・ルートでもありました。つまり古代の武蔵野はこの南北直線路に沿い、そのイメージは北を上とすると縦方向の広がり、つまり「タテの武蔵野」でした。

しかし東山道経由は「五駅」も往復を必要とする非効率のため、武蔵国は奈良時代も末の宝亀二年(七七一)の太政官奏上(註18)を契機に東海道に転属します。官道を外されたミチはしばらくは間路として使われたものの、メンテナンスが滞れば地形等の自然条件を無視した効率一本槍の赤ミチは、早晩緑に復します。その興廃は、廃絶古代路にほぼ沿うような細道の「伝鎌倉街道」が、ひっそりと物語っているようです(図1-11)。

図1-11　国分寺市西元町の「伝鎌倉街道」
撮影筆者。

転属後の官道は、武蔵国府(府中)から一路、東方約四〇キロメートル先の下総国府(国府台《こうのだい》)を目指したのですから、それは入間郡を経由せずもっぱら多摩郡を通るいわばヨコのミチ。しかし一般のミヤコびとにとって武蔵は東方辺縁の地で武蔵野のヨコ、タテも区別されることなく、古歌の武蔵野のイメージが変容することもなかったのでした(図1-10)。

鄙離《ひなさか》る武蔵国にも条里制遺構やその推定地はみとめられ、荘園も存在しましたが、古代・中世を通じて当時の地図の伝存例はありません。まして武蔵野は「ノ」すなわち入会地《いりあいち》でしたから、地図化される条件に乏しかったのです。前述のように武蔵野は乏水地帯のために耕地化されることもなく、私有地として囲い込まれることからも免れました。現在の環境用語で言えば、武蔵野が「コモンズ」として残された様子は、図1-12の「武蔵国荘園分布図」からも明らかでしょう。もちろん、この分布図は古記録をもとにして描き出された「歴史地図」であって、「古地図」ではないのです（二八―二九ページ本文、および四二ページ註3を参照）。

布や紙の地図は残されませんでしたが、言葉は伝えられました。「武蔵野は今日はな焼きそ若草のつまもこもれり我もこもれり」（『伊勢物語』）や「武蔵野はまだ焼かなくに春来れば急ぎ萌えいづる下蕨《したわらび》かな」（『堀河百首』源師頼《もろより》）などの歌が示しているのは、現地を目にしたことのないミヤコの貴族たちにとっても、武蔵野と野焼きは不即不離のイメージとしてあったという事実です。何千年とつづく定期的な火入れがなければ「ノ」は維持されなかったのです。

シダ植物の一種ワラビやゼンマイは、山菜類のなかでももっとも良好な乾燥保存食となり、現在でもそれを採るために春の野焼きを行い、一週間もして一斉に芽吹き成長したものを収穫すると言います（註19）。「下蕨」は『枕草子』にも登場しますが（註20）、野焼き以前に草の下に生え出した小さなワラビのことで、それだけ希少な食材でした。

図 1-12　府中（武蔵国府）を中心とした荘園分布図
加藤功「武蔵国荘園分布図」（『武蔵野』通巻 300 号、1981 年）を参考に作成。

図 1-13　武蔵野図屏風（田家秋景図）の一部
ススキの原にキキョウの花が配され、伝統的な武蔵野の秋の景を描いている。作者不詳。東京富士美術館蔵。「東京富士美術館収蔵品データベース」収録（https://www.fujibi.or.jp/collection/artwork/00661/）

古代・中世から近世に至るまで、人々の脳内には、位置漠然ながら、「武蔵野図屏風」（図1-13）に描かれたような月やススキ、草花の秋の武蔵野とともに、野焼きやワラビ萌え出る春の武蔵野も正確に認知されていたと思われます。

しかし、植物を景とした

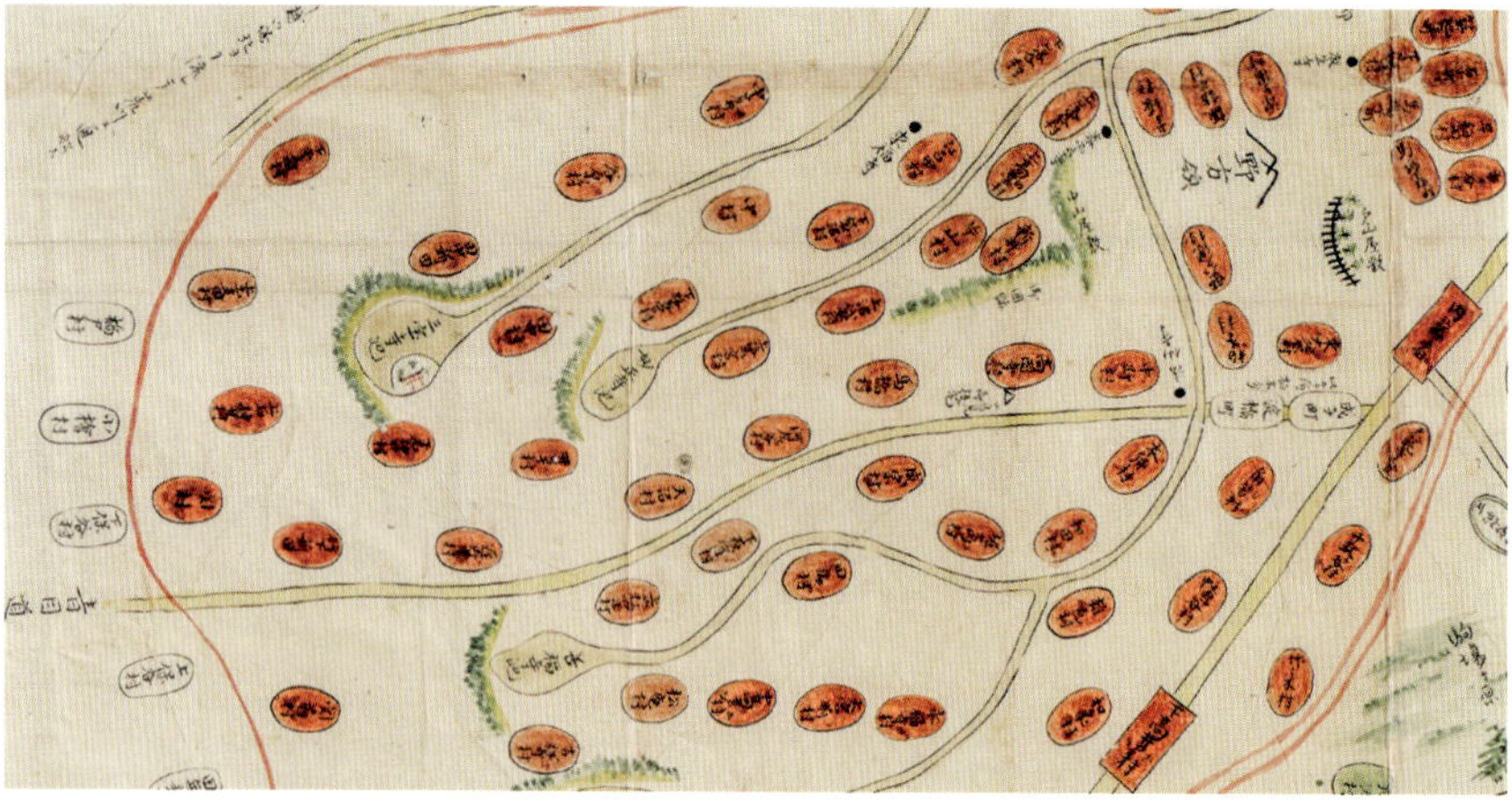

図 1-14　国立公文書館デジタルアーカイブから、同館所蔵「江戸御場絵図」（文化 2 年 (1805) 作成）の一部
「御場」とは江戸幕府の鷹狩り地すなわち鷹場のことで、将軍家のそれは概ね江戸近郊五里の範囲内に設けられた。図は「六筋」あった将軍家鷹場のうち江戸西郊「中野筋」の一部。北を上とした。左端に「青目道」（青梅街道）と記し、三宝寺池、妙正寺池、善福寺池が見える。赤い楕円は「中野筋」の村々を示す。左側赤線の西側は尾張家の鷹場となる。

古代中世の文学から消去されていたのは動物でした。『吾妻鏡』文治四年（一一八八）六月十九日の条「焼狩毒流しの類のごときは、向後停止すべしの由、定められをはんぬ」および同年八月十七日の宣旨「就中《なかんづく》に毒流・焼狩は典章の指すところその罪もっとも重し（略）五畿七道の諸国に仰せて永く禁《きん》遏《あつ》に従はしむべし」は、先史以来つづけられてきた伝統的狩猟・漁猟法に対する禁令ですが、実際は近世に至るまで各地で猟はつづいていたのです。

それは近世江戸の周囲五里以内が禁猟区とされ、さらに十里に拡大したことにも端的に示されています。ほどなくしてその範囲が逆に「お鷹場《たかば》」となり、また拡大されました。江戸府西郊武蔵野のうち、将軍家の鷹場の外側は尾張徳川家のテリトリーで（図1-14）（註21）、狩りすなわち「駆出《かりだ》し」のコースとして使われる「お鷹の道」の名は図1-15のように今日に遺され、散歩道として市民に親しまれていますが、武蔵野は五千年以上前から「狩猟場」としてもヒトの認知地図に登記されていたと考えることができるでしょう。

血なまぐさい武蔵野は狩猟に限りませんでした。

図 1-15　国分寺市西元町の「お鷹の道遊歩道」
国分寺崖線の湧水をあつめた野川の支流（元町用水）に沿う約 350 メートルの遊歩道。この先には環境省選定名水百選のひとつ「真姿の池湧水群」がある。左下の白い花は南アフリカ原産帰化植物のカラー。撮影筆者。

それは中世以降歌枕であると同時に戦場としても知られるようになります。元弘三年（一三三三）五月の小手指原《こてさしがはら》（所沢市）、久米川（東村山市）、分倍河原《ぶばいがわら》（府中市）の戦いは著名で（一三五ページ参照）、このとき武蔵国分寺は焼失、さらに正平七／文和元年（一三五二）閏《うるう》二月から三月の「武蔵野合戦」では金井原（小金井市）および人見原（府中市）、小手指原（所沢市）が甲冑《かっちゅう》弓馬と叫喚に騒《ざわ》めき、血に染まったのです（註22）。

戦乱にあって地図はまた特別の価値をもち、国人《こくじん》領主や戦国大名たちも目的に応じた多様な地図を作成させまた空間認知を争奪したはずですが、今日に伝わったものはありません。

註

1　拙著『地図・場所・記憶―地域資料としての地図をめぐって』二〇一〇年、三ページ。なお「場所」についてはエドワード・レルフ『場所の現象学』（文庫版一九九九年）の次の箇所などを参照。「場所の本質は、これらのなかにあるというよりは、むしろ「外側」とは異なる「内側」の経験にある。それは、他のどんなものよりも場所をよく空間の中に分節させ、物質的要素、活動、意味からなる独特の体系を作り出す」（一二八ページ）。

2　日本国際地図学会〈現日本地図学会〉編『地図学用語辞典』増補改訂版、一九九八年、二一一ページ。

3　日本地図学会監修『地図の事典』二〇二一年（初版）、一三四ページ。

4　帝国書院ホームページ、https://www.teikokushoin.co.jp/junior/faq/detail/114/、二〇二四年六月一五日閲覧。

5　『日本歴史地名大系第一三巻東京都の地名』二〇〇二年、七八ページ、「武蔵国」の項。『国造本紀』によれば、当初は「无邪志」ないし「胸刺」と、否定的辞字を含む表記がなされた。

6 矢嶋仁吉『武蔵野の集落』（一九五四年初版）の冒頭（一ページ）に「武蔵野台地は、わが国において最も模式的な乏水性の台地として知られ」とある。

7 「角川日本地名大辞典」編纂委員会・竹内理三編『角川日本地名大辞典〈13〉東京都』一九七八年、六九七ページ「武蔵野」の項。なお、『日本歴史地名大系　第一三巻　東京都の地名』四八ページ「武蔵野台地」の項も参照。

8 過去一〇〇万年の間に、約一〇万年周期で寒冷期（氷期）と温暖期（間氷期）が繰り返す気候変動が存在した。これをミランコビッチ・サイクルと呼ぶ。中川毅『人類と気候の10万年史』二〇一七年、参照。

9 町田貞・貝塚爽平・佐藤正編『地形学辞典』一九八一年、五六四ページ「平野」の項。

10 山野井徹『日本の土　地質学が明かす黒土と縄文文化』二〇一五年の第九章「クロボク土と縄文文化」（一九二―二二五ページ）から、以下一部引用する。「日本の表土の最上部にあるクロボク土は、火山灰ではなく堆積物中の微粒炭が腐植の保持に関与したもので、その微粒炭は縄文期の野焼き・山焼きで発生したことを導いた。この野焼き・山焼きは、縄文人のニッチ（生活空間と食料）の確保のための草原（疎林）作りであったと考えた。こうした人為的なニッチ作りは、ヒトが自然を変える第一歩でもあった」。

11 F・F・アルメスト『食べる人類史　火の発見からフォースとフードの蔓延まで』文庫版、二〇一〇年、一三六―一三七ページから、以下引用。「多くの狩猟文化は、ただ自然の恵みを受けとっているわけではない。目指す場所に群れを追い、ときにはそのための道をつくり、獲物を囲いに追い込んだりもする。これはすでに牧畜の一形態である。また、火をたくみに使って環境を管理することで、食べ物を生産する。ヨーロッパの移民がやってくる前、アメリカ北東部の森林地帯に住むアメリカ先住民のほとんどは、この方法で食料貯蔵庫を満たしていた。ときどき火をつけられて木がまばらになった森林地帯では、猟師は自由に動きまわることができ、料理の材料として好まれるヘラジカ、シカ、ビーバー、野ウサギ、ヤマアラシ、七面鳥、ウズラ、ライチョウといった動物が増加した。同じ理由で、初めてオーストラリアを見たヨーロッパ人は海岸から立ちのぼる巨大な炎を目撃して驚いた。ほぼ大陸全体で、アボリジニはこの方法を使ってカンガルーの棲息地を管理していたのだ」。

12 宮脇昭編著『日本植生誌7 関東』一九八六年、六七ページおよび付図「植生図　karteII　関東地方潜在自然植生図」。

13 前註3、三二―三三ページ。

14 金田章裕・上杉和央『日本地図史』二〇一二年、六―九ページ。

15 拙稿「道の権力論」『東京人』二〇一三年八月、四〇―四一ページ。漢字の「道」については、白川静『漢字百話』（文庫版二〇〇二年）の八四ページに「道とは恐るべき字で、異族の首を携えてゆくことを意味する」とある。

16 坂本太郎『古代日本の交通』二〇一〇年（初版一九五五年）、一一〇ページ、一一七ページ。

17 『万葉集』巻一四東歌三三七八に「入間道《いりまじ》の大屋が原のいはゐつら引かばぬるぬる我にな絶えそね」とあり、東山道武蔵路は「入間道」（入間路とも）と称されていたか。大屋（大家）が原の比定地には諸説あり。

18 『新日本古典文学大系15　続日本紀四』一九九五年、三五二―三五三ページ。該当記事の文末は「東山道を改めて東海道に属《つら》なば、公私《くし》所を得て、人馬息《いこ》ふこと有らむ」である。

19 前註10、二〇三―二〇五ページ。

20 清少納言『枕草子』の第九九段には「下蕨」の語が三回登場する（岩波文庫版一四一―一四五ページ）。

21 槇本晶子「尾州藩の鷹場について」『多摩のあゆみ』第五〇号、一九八八年二月。

22 加藤功「武蔵野の合戦と一揆、その史跡（平安末～室町時代）」『武蔵野』第五二巻第二号通巻三〇〇号、一九八一年。

第2章

古地図と崖線《がいせん》

地図の時制

ここで前章に掲げた地図のうち学校地図帳の地図（図1-1）をA、潜在自然植生図（図1-7）をB、東山道武蔵路の図（図1-10）および荘園分布図（図1-12）をC、そして江戸御場絵図（図1-14）をDとし、地図がもつ「時間」の問題に触れておきましょう。

これらのうち、Aは教育用ながら特別の表現内容をもたないため一般図（general map）に分類されます。それに対してBCDはそれぞれ個別の内容表現と目的をもち、地図学的には主題図（thematic map）と呼ばれます。そうしてBは、ここ一万年ほどつづく気候条件のもとでヒトの活動が一切停止したと仮定した場合に（註1）、自然が復元すると考えられる植生地図です。つまりBは未来予測図です。これに対してCの二図は過去の様相を推定した歴史地図ということになります（註2）。B・Cいずれも現在からの推定図ですが、その推定ベクトルはちょうど逆向きなのです。ではCと同じく過去を表わしたと思われるDはどうかと言えば、それは歴史地図ではなく、古地図（註3）になります。

未来を扱った地図で身近なものと言えば、天気予報図や浸水ハザードマップ、都市計画図などを挙げることができるでしょう。反対に過去を扱う地図には、考証図や復元図など様々なものが考えられます。こ

図 2-1　2018 年 12 月 7 日読売新聞オンライン「三億円事件半世紀」の地図

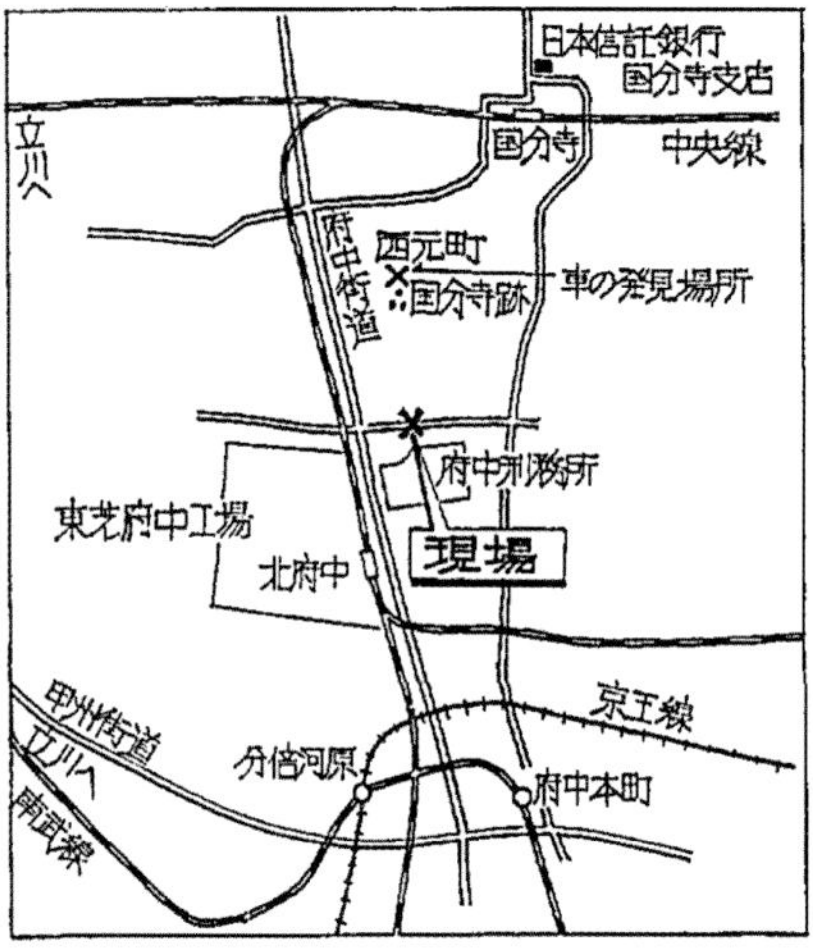

図 2-2　1968 年 12 月 10 日朝日新聞（夕刊）「三億円事件」の報道地図（朝日新聞社提供）

の過去・未来に対して、学校地図帳の図は「現在」に属します。何故ならば、たとえ地図帳が一〇年前に発行されたものであっても、作成された当時は最新の情報だったからです。そうして、紙に印刷されたことによって当時の「現在」はそこに固定されたのです。Dは一般図ではなく「御場」すなわち鷹狩の場をあらわした主題図で、必要に応じて描きとどめられたのであって、復元したり推定したりしたものではなく、あくまで当時の「現在」を記録したものです。つまり地図表現のベクトルには、現在、過去、未来の「時制」が存在します。この「地図の時制」を踏まえないと、とくに地図を資料（史料）として取り扱う場合に大きな誤りを犯すことがあります。

なかでも歴史地図と古地図とは混同されやすく、誤って説明していた例もすくなくない（註4）のですが、基本文献は「古地図はそれが作成された当時の状況を示すのに対し、歴史地図は、その編集者・作成者の歴史に対する解釈が反映する」（註5）と明確に区別しています。つまり歴史地図とは地図作成の時点から過去の事象を扱い復元や推定等の事柄を地図に記載したもの、反対に古地図とは作成時点当時の状況をあらわしたもので、そのもっとも卑近な例は、武蔵野を舞台に展開した有名な「三億円事件」に関する報道地図でしょう。すなわち**図2-1**は歴史地図で、**図2-2**は、今日となっては古地図にほかならないのです。

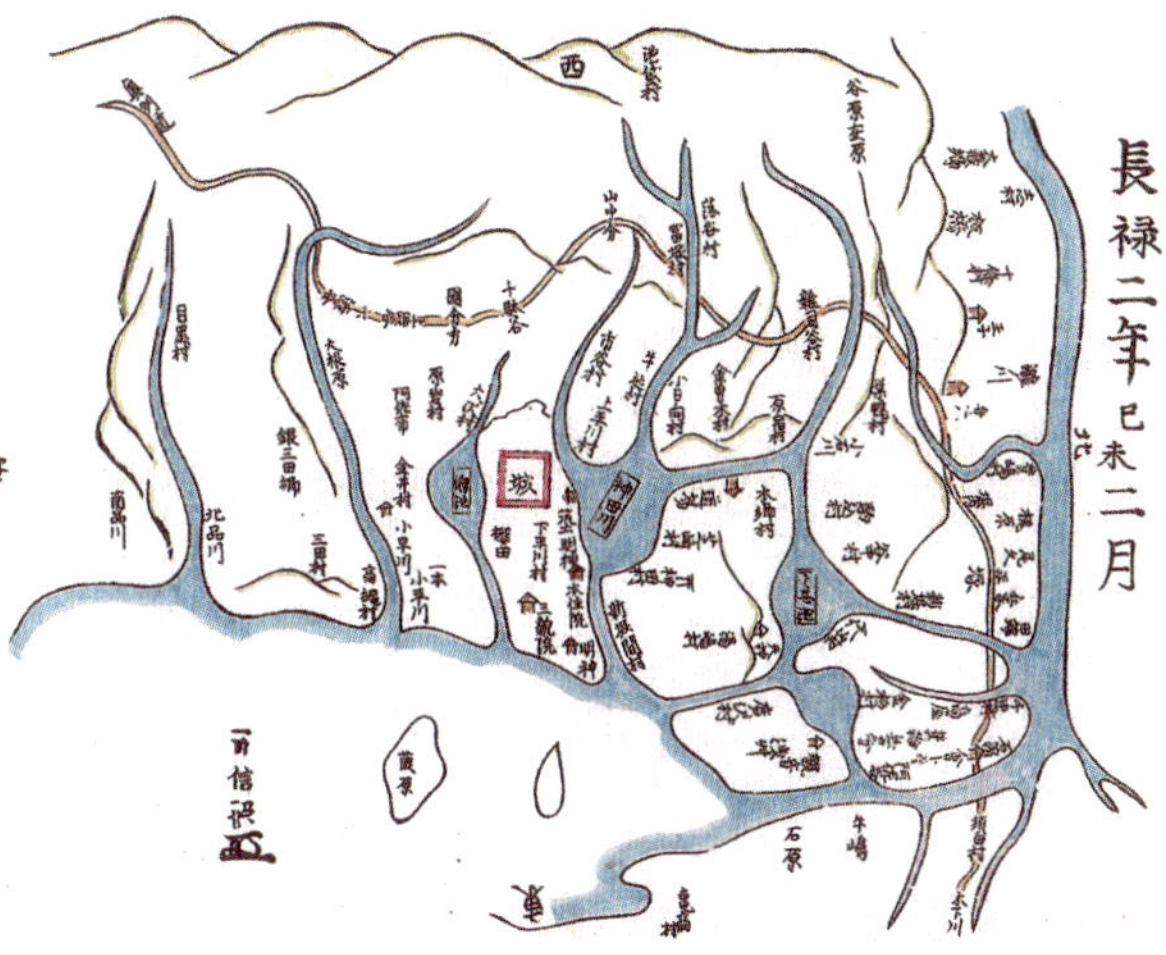

図 2-3 「長禄江戸図」の例
『図説渋谷区史』（2003 年）49 ページから。図のキャプションには「太田道灌が江戸城を築いた頃の絵図」とある。

また、例えば「伊能図《いのうず》」は古地図ですが、歴史地図ではありません。この古地図と歴史地図の区別は重要です。何故かと言えば、次のような例がよくあるからです。

図2-3は、太田道灌が江戸城を築城して完成させたという長禄元年（一四五七）にちなんで、江戸時代も後期につくられた図の一例ですが、国立公文書館や国立国会図書館をはじめ都立中央図書館等にもいくつか同類の所蔵があり、江戸古図として大切に扱われているため、この図を根拠に江戸の地誌を論じる人もすくなくないのです。

しかし江戸の初期に開削されて神田地域に上水を供給した神田川や、同じく江戸初期までは水田であった溜池が池として描かれる一方、日比谷入江や江戸前島は見あたらないなど、太田道灌どころか後北条時代の図でもあり得ません。これは江戸時代も後期の偽図ないし凝古《ぎこ》図、よく言えば「歴史地図」で、「古地図」

すなわち古記録ではないため、何ごとかを証拠だてる「史料」たり得ないのです（註6）。現在でも、後世に改作ないし創作された地図であるにもかかわらず、作成者名と作成年を明記しないため世を惑わせる「古地図」の類は、少なくありません。古地図とは、一般には当時の「記録物」と見做《みな》され「史料」として重要視されます。その場合の地図のもっとも基礎的な価値は、前述のように作成された過去の時点で「最新」の情報を固定している、という点にあります。つまり図の作成時点で実用に耐え得た内容であるが故に、同時代を証言する記録物となり得るわけです

今日私たちが何かの必要性に応じてスマートフォンやパソコンの液晶画面に呼び出す一定地域の地図も、もちろん「現在」ないし「最新」のデータにもとづいてエリアのさまざまな情報を提供する（はずの）ものです。データが最新でなければその地図は「使えない」。ですから、地図の供給側は画像を逐次改定し、上書きしているはずです。つまり、印刷された紙地図とは異なり、インターネット上の地図は原理的には常に流動的かつ可塑《かそ》的で、特別な措置がとられないかぎり、時間の断面としては固定されません。一般にデジタルマップは、古地図すなわち古記録とはなり得ないのです（註7）。

植生地図・開析谷《かいせきこく》・ハケ

古代や中世において、武蔵野もしくはそこを含む一定エリアの地図は、幾許《いくばく》かの人々の脳内に認知され、またなんらかの必要性において布や紙の上にも描かれたことでしょう。しかし同時代のそれが今日に伝わることはありませんでした。したがってその時代までの「武蔵野の古地図」は紹介し得ません。武蔵野の伝存古図は近世にようやく登場するのですが、それは次章でご覧に入れるとして、その前に武蔵野の環境、なかでも地形を理解するうえで基本的な事項を整理しておきましょう。

前章で触れた潜在自然植生に関してですが、一七ページの図は概略で、また小さすぎ実際の環境把握に

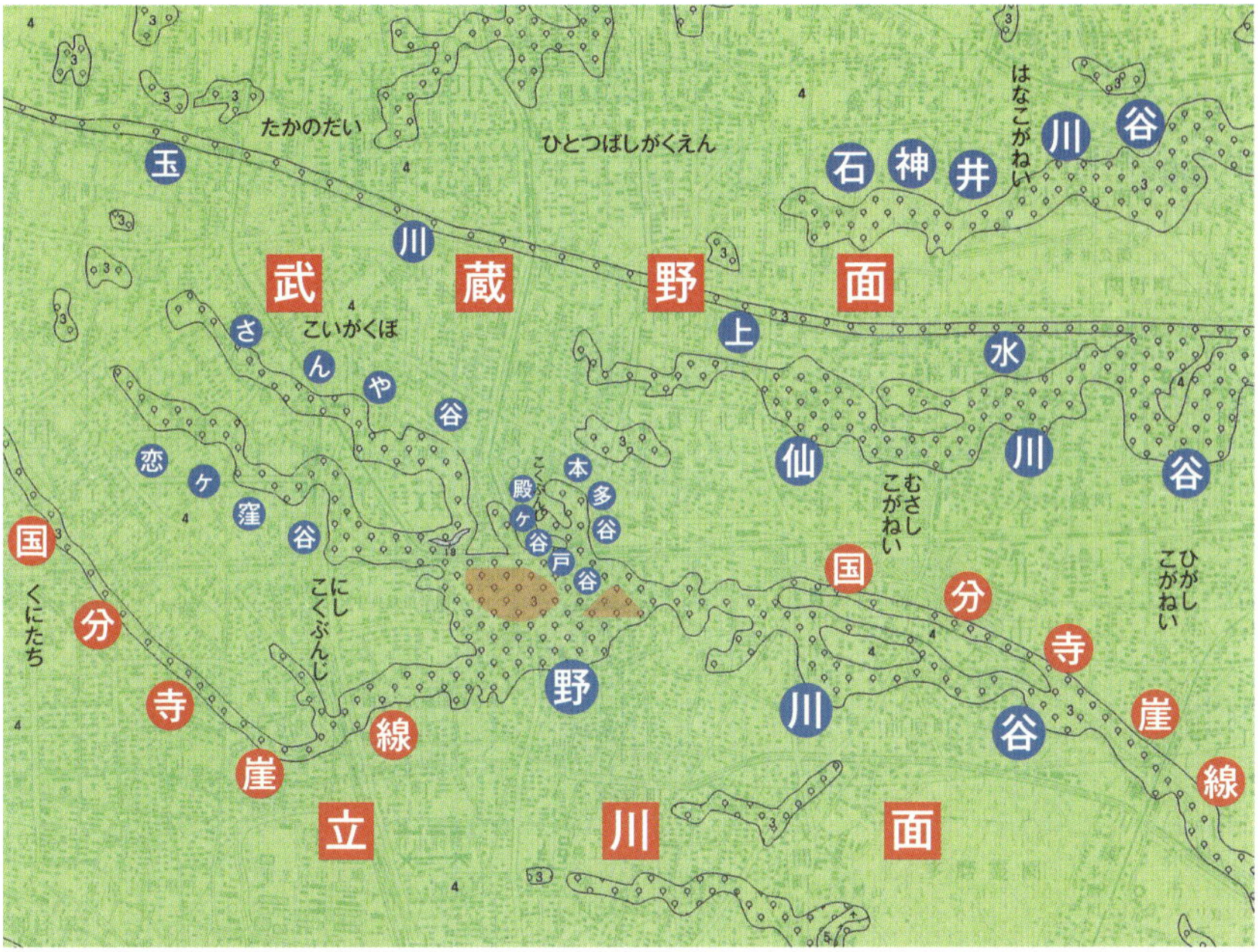

図 2-4　「東京都潜在自然植生図 1」（1987 年）の一部
駅名や崖線、開析谷の注記を加筆。右は凡例の一部。

シラカシ群集、ケヤキ亜群集
シラカシ群集、典型亜群集

図 2-5　晩秋の国分寺崖線
小金井市「はけの森 97 階段」付近。左手前と右奥がケヤキ。正面 2 本の常緑樹はシラカシ。撮影筆者。

は乖離《かいり》する恨《うら》みがあります。そのためここにあらためて大きな縮尺の図を掲げ、コメントしてみましょう。**図2-4**は「東京都潜在自然植生図」（註8）の一部で、前章の「関東地方の潜在自然植生図」が五〇万分の一であったのにくらべると基図は五万分の一、つまり長さで一〇倍、面積で百倍となり、もちろん内容は段違いに詳細です。低地や武蔵野台地東縁部は措いて、とくに中央線国分寺駅を中心としたエリアに注目しましょう。前回図では武蔵野エリアは基本的に「シラカシ群集」のみでしたが、この図では開析谷や窪地、玉川上水および国分寺崖線を描き出し、その部分を「シラカシ群集、ケヤキ亜群集」としているのが見られるでしょう。とくに左端中央から右下へつづく、平仮名の「し」と「へ」を横に寝かせたような形の国分寺崖線に注目しつつ、次の文章を玩味してみましょう。

樹の多いこの斜面でも一際《ひときわ》高く聳《そび》える欅《けやき》や樫《かし》の大木は古代武蔵原生林の名残りであるが、「はけ」の長作の家もそういう欅の一本を持っていて、遠くからでもすぐわかる。斜面の裾を縫う道からその欅の横を石段で上る小さな高みが、一帯より少し出張っているところから「はけ」とは「鼻」の訛《なまり》だとか、「端《はし》」の意味だとかいう人もあるが、どうやら「はけ」は即ち「峡《はけ》」にほかならず、長作の家よりは、むしろその西北から道に流れ出る水を溯《さかのぼ》って斜面深く喰い込んだ、一つの窪地を指すものらしい。

これは一九五〇年にリリースされた大岡昇平の『武蔵野夫人』の冒頭近くで、よく引用される部分です。この小説の描写でよく指摘されるのは、地形・地質についての作者の瞠目《どうもく》すべき観察と知識ですが、植生についても本質に迫る記述であることに気づかされるでしょう。

自然植生においては、武蔵野台地の大部分はシラカシが優占種なのですが、そのなかの崖線や谷地《やち》などの斜面ではケヤキが優占します。つまりケヤキは本来平地ではなく傾斜地で繁茂する樹木なのです。ケヤキをシンボルとする自治体も多く、身近な樹木と思われていますが、それは街路樹植栽などの結果でした。コナラやクヌギなど今日では武蔵野を代表すると見られる落葉樹林も、むしろ近々三〇〇年ほどの人為的植栽つまり緑肥採取や木炭原木栽培の残照でした。

さてあらためて**図２-４**に目を向けると、右半分上辺で東北東に向かうのは石神井川上流の谷で、図の中央から玉川上水の南を東にのびるのが仙川の谷頭部です、とくに左半中央に斜めＵ字ないし音叉《おんさ》の形の二つの谷が特徴的です。図に注記したように、Ｕ字の北側はさんや谷、南が恋ヶ窪《こいがくぼ》谷で、国分寺駅の東側で北につき出している本多谷です（**図２-６**）（註９）。恋ヶ窪谷とさんや谷が交わるＵ字の底辺に平たいＶ字めいた小さな形が描かれていますが、これは戦後に造成された日立中央研究所の大池をあらわしたもので、添えられた数字の「18」は植生凡例では水生植物の「ヒルムシロクラス」です。玉川上水や研究所の池に見られるように、人為的でも地形である以上、植生は変容するわけです。

ここで注意しておきたいのは、国分寺駅の南側一帯が一括、小丸付の「シラカシ群集、ケヤキ亜群集」（**図２-４**）とされ、丸山（二〇・二一五・二一九ページ参照）などの重要な起伏な省略されてしまっていることです。実際はこの領域には小丸の付かない薄緑の「シラカシ群集、典型亜群集」が島状に存在しなければならないのです。掲載図ではその部分に赤アミを加え、殿ヶ谷戸《とのがやと》谷も識別できるようにしました。その結果見えてくるのは、さんや谷と恋ヶ窪谷、殿ヶ谷戸谷、本多谷が野川の上流部であった様相です。

実は野川を含めてこれらの五つの谷（**図２-６**）は国分寺崖線が形づくられる以前の水流、すなわち往古の多摩川の跡で、多摩川の流路変更と側刻《そっこく》による国分寺崖線形成の後、下刻《かこく》や穿入《せんにゅう》蛇行《だこう》、河川争奪《かせんそうだつ》を経てできた地形でした（**図２-８**）。その結果、北西から転じて東に向かう段丘崖（国分寺崖線）は、これらの谷が存在する約一・一キロメートルは途切れているのです（**図２-11参照**）。

つまりこれら四つの谷は、地形分類上「中地形」としての国分寺崖線の一部ではなく、それとは別個の「小地形」で、古い川跡が新たな侵食地形（国分寺崖線）によって「切られている」つまり国分寺崖線は

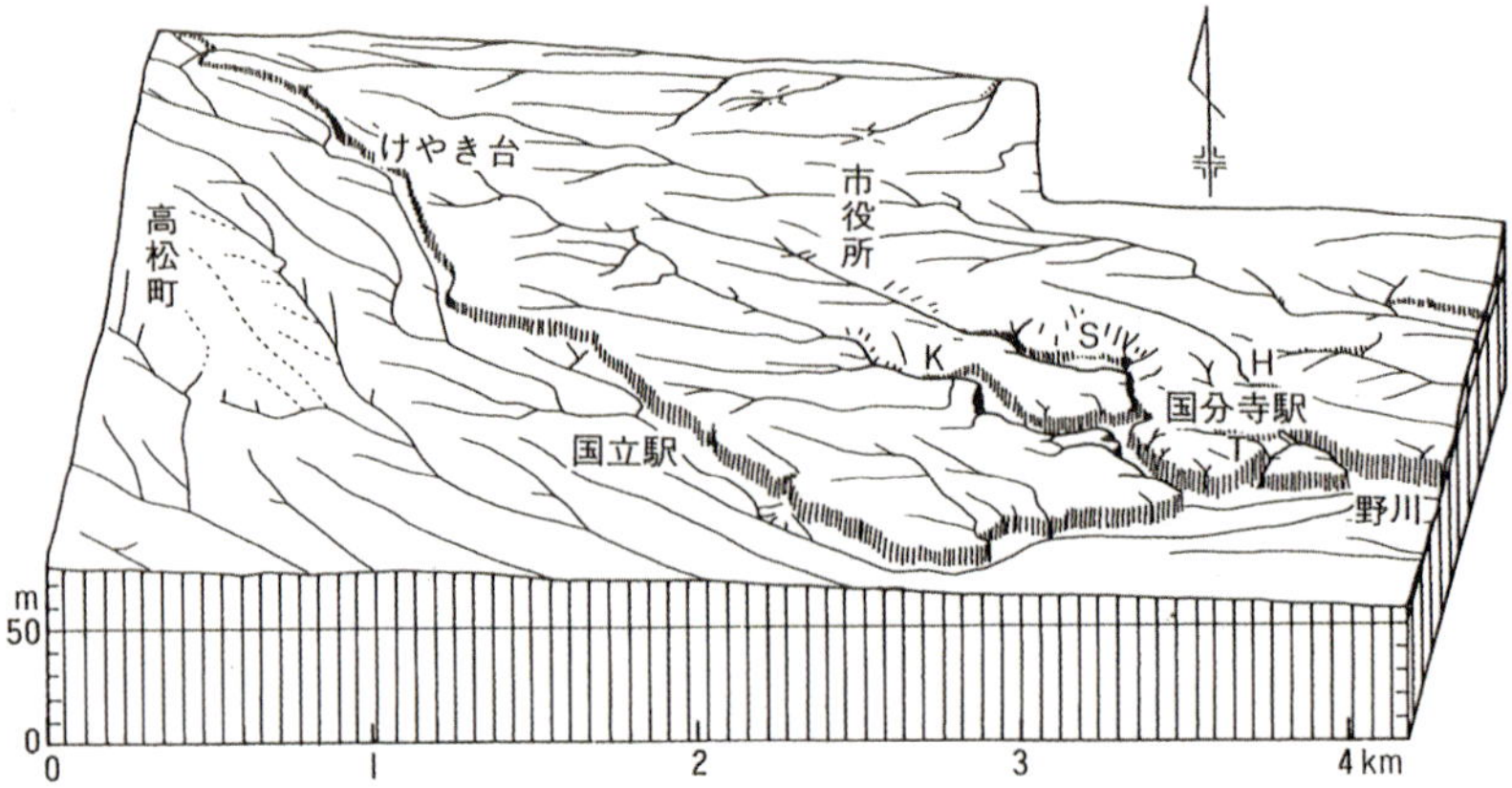

図 2-6　『国分寺市史 上巻』（国分寺市、1986 年）から、国分寺崖線と開析谷
K：恋ヶ窪谷、S：さんや谷、T：殿ヶ谷戸谷、H：本多谷。武蔵国分寺跡資料館提供。

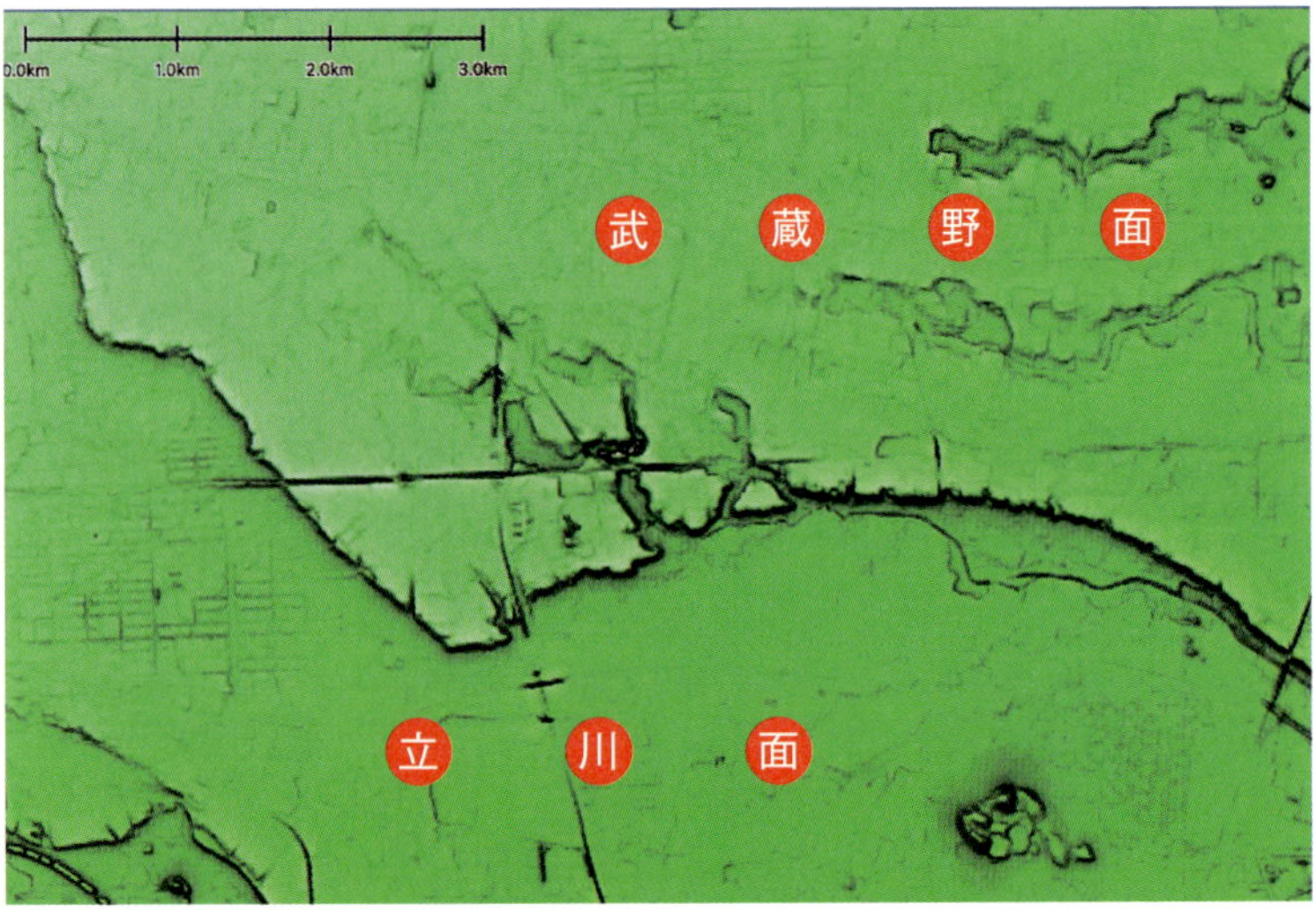

図 2-7　図 2-6 に対応するデジタル地図
タブレットアプリ「（カシミール 3D）スーパー地形」から、上図に対応する、中央線国立駅と国分寺駅の間付近。文字を加筆。図 2-6 は鳥瞰式のブロックダイヤグラムで、地形の理解が容易だが、作成に手間がかかった。近年は平面図ながら、図 2-7 のように測量データから直接「斜照式地形表現」（「シェーディング」とも称する）を取り出すことが可能となった。

古い谷地形を「切っている」新しい地形でした。したがって「地形の新旧の判定原則」五項のうちの第二項「侵食されてできた地形は侵食される前の地形より新しい」ではなく、第四項「変位・変形によって生じた地形はそれ以前の地形より新しい」にあてはまることになります（註10）。

五つの谷とは対照的な地形が図2-9のような崖線（段丘崖）の一部によく見られる「ハケ」でしょう。ハケ（吐け）とは元来湧水自体を指していたものが、その侵食による微小地形の意（「斜面深く喰い込んだ、一つの窪地」『武蔵野夫人』）に転化したと考えられます。しかし近年では、ハケを崖線そのものと混同する向きもあるようです。

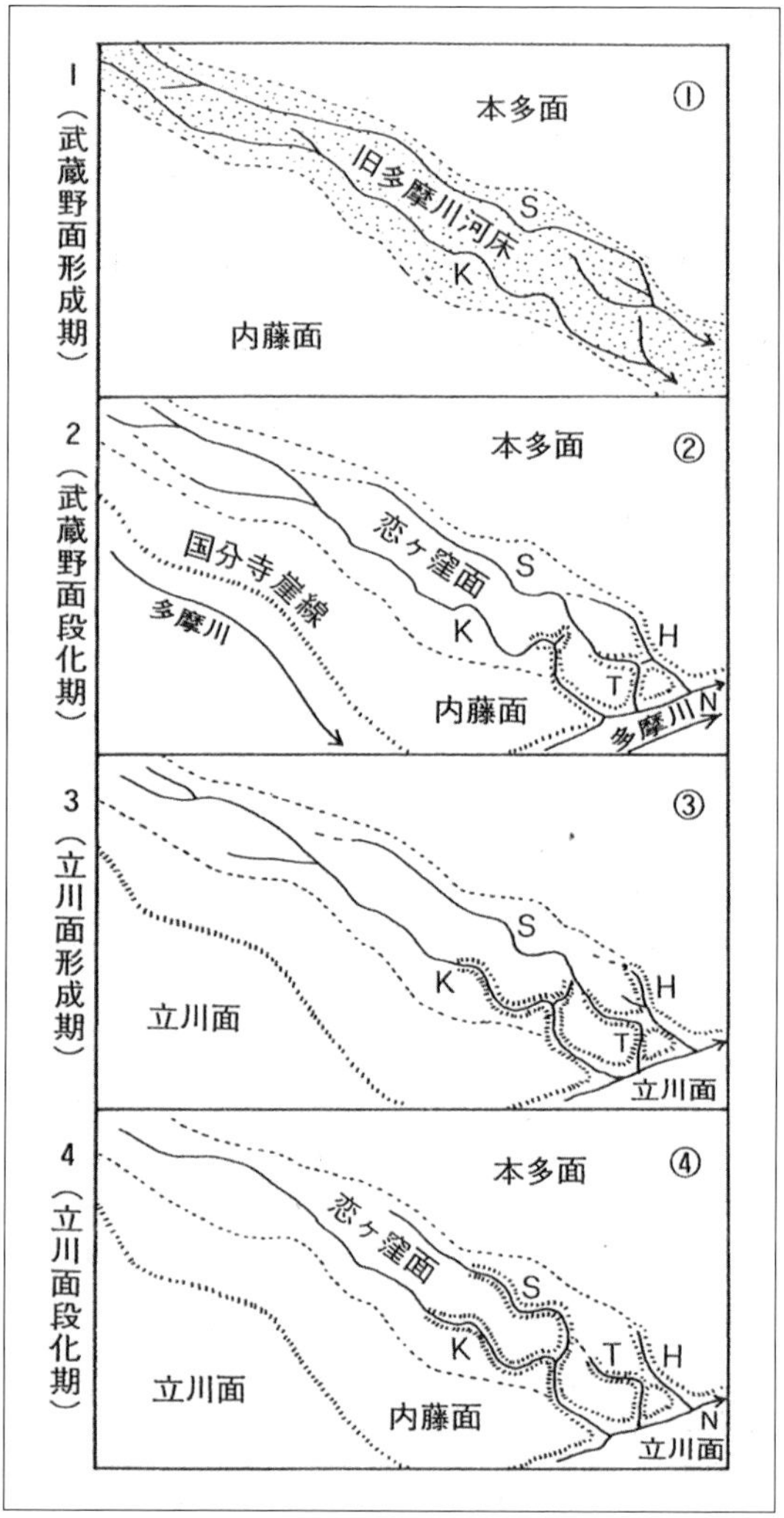

図2-8　国分寺駅周辺の地形の形成

鈴木隆介ほか『震災対策基礎調査報告書（地形・地質・地盤編）』（国分寺市、1975年）から「野川上流の開析谷の流路変更」。

N：野川、K：恋ヶ窪谷、S：さんや谷、T：殿ヶ谷戸谷、H：本多谷。武蔵国分寺跡資料館提供。

「国分寺崖線」の誕生と誤解

国分寺崖線は武蔵野の南辺を画す重要な地形のひとつですが、ただしく理解されているかと言えば、かならずしもそうではありません。たとえば「国分寺崖線とは、国分寺に最も良く現れている崖線を意味している」と書いた冊子（註11）の影響でしょうか、行政などの案内文にそのような説明をしているのをしばしば見掛けますが、これまで見てきたように、地形として実際はその逆です。それはデジタルデータにより地形の凹凸を陰影で表わした（シェーディング）地図を見れば一目瞭然で（図2-11）、国分寺駅付近は

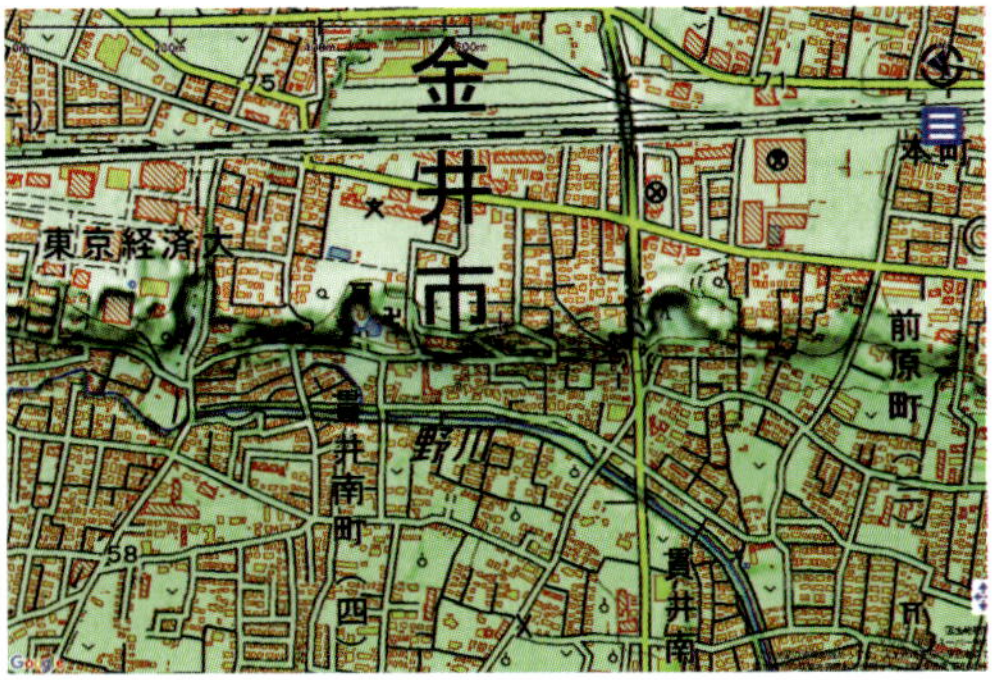

図 2-9　タブレットアプリ「スーパー地形」から、国分寺市（左端）と小金井市にまたがるエリアの国分寺崖線

「ハケ」とは湧水が段丘崖を侵食した小窪地で、崖線自体の謂いではない。この範囲では、左から 3 つの窪地の池、すなわち東京経済大学の新次郎池、貫井神社の弁天池、滄浪泉園の池がハケの湧水池として名高い。

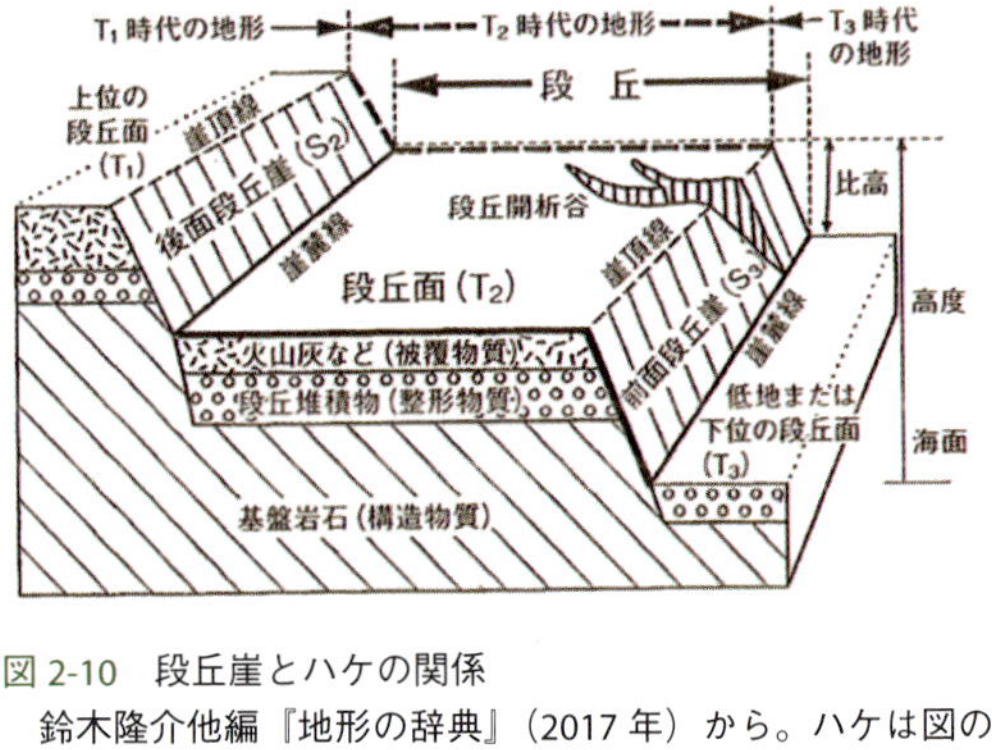

図 2-10　段丘崖とハケの関係

鈴木隆介他編『地形の辞典』（2017 年）から。ハケは図の右上の切込「段丘開析谷」の、初期段階の形の謂いである。

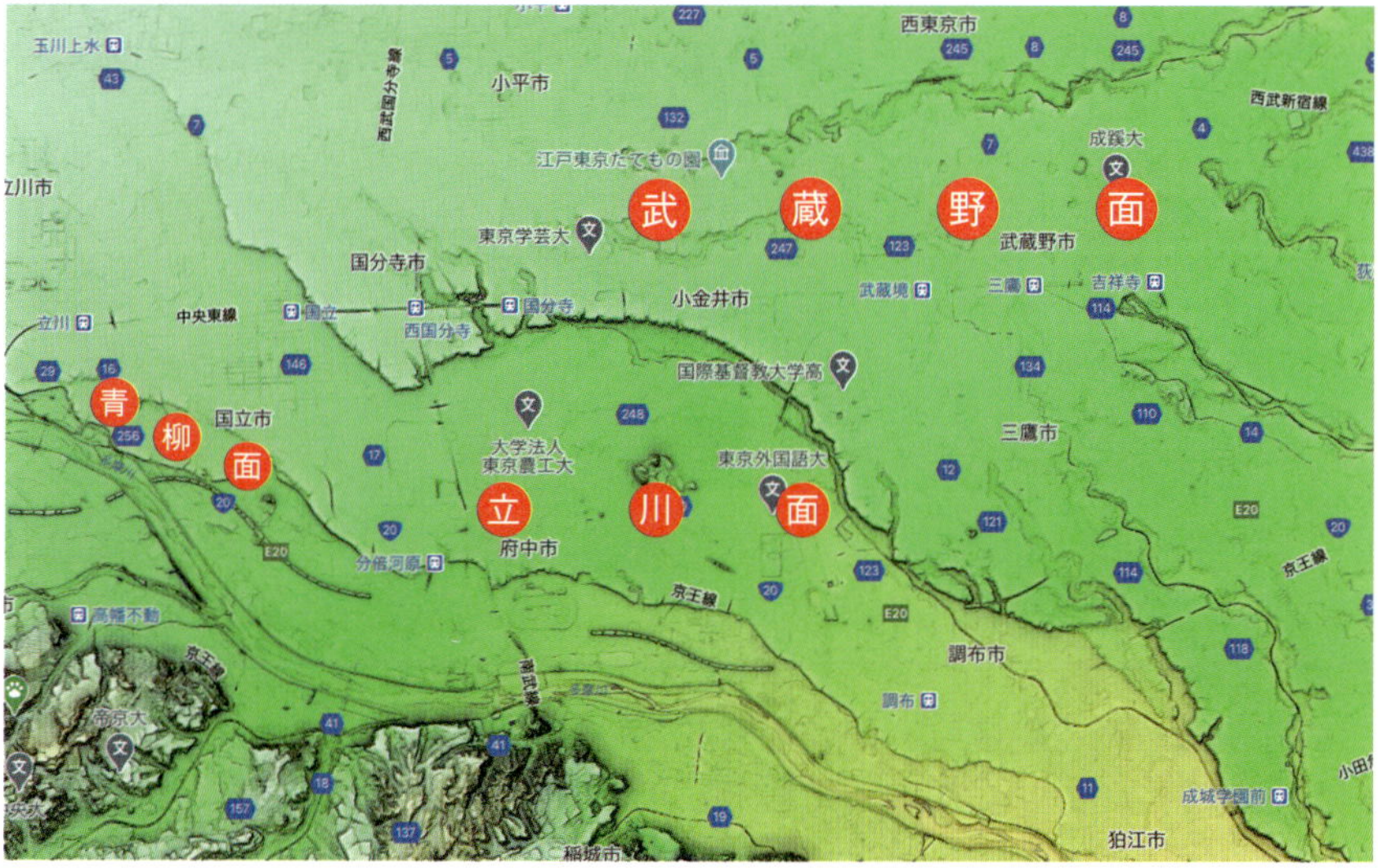

図 2-11　陰影図で見る国分寺崖線

デジタルアプリ「スーパー地形」の図に加筆した。国分寺崖線と立川（府中）崖線、そして多摩川がほぼ並行している。国分寺崖線は、中央線国分寺駅付近がもっとも地形が複雑であることがわかる。

国分寺崖線のシークエンス上もっとも複雑で不明瞭な地形となっています。

また国分寺崖線の比高は東へ行くほど大きくなる、つまり国分寺市よりは小金井市、また三鷹市や調布市よりは世田谷区側の崖が高いという事実があります。後に述べるように、国分寺崖線の命名における基層模式地は国分寺市ではなくて三鷹市と調布市にまたがる部分とされていたのですから（図2-14）、こうした命名由来の説明は臆説以外の何ものでもないのです。

ところで「崖線」という言葉が辞典に登場するのはここ十数年ほどのできごとで、それは言葉としては新参者でした。たとえば『日本国語大辞典』（註12）に掲載されている「ガイセン」項目は外船、外戦、外線、外遷、凱旋の五つのみで、他の中小辞典類をチェックしたところで外線や凱旋といった語は見えても、地形辞典にすら崖線は見あたりません。つまり崖線なる言葉は一時期まで一般には認知されていなかったのです。

崖線項目掲載辞典の嚆矢《こうし》は二〇〇九年に刊行された『岩波国語辞典』第七版です。しかも「（かなり

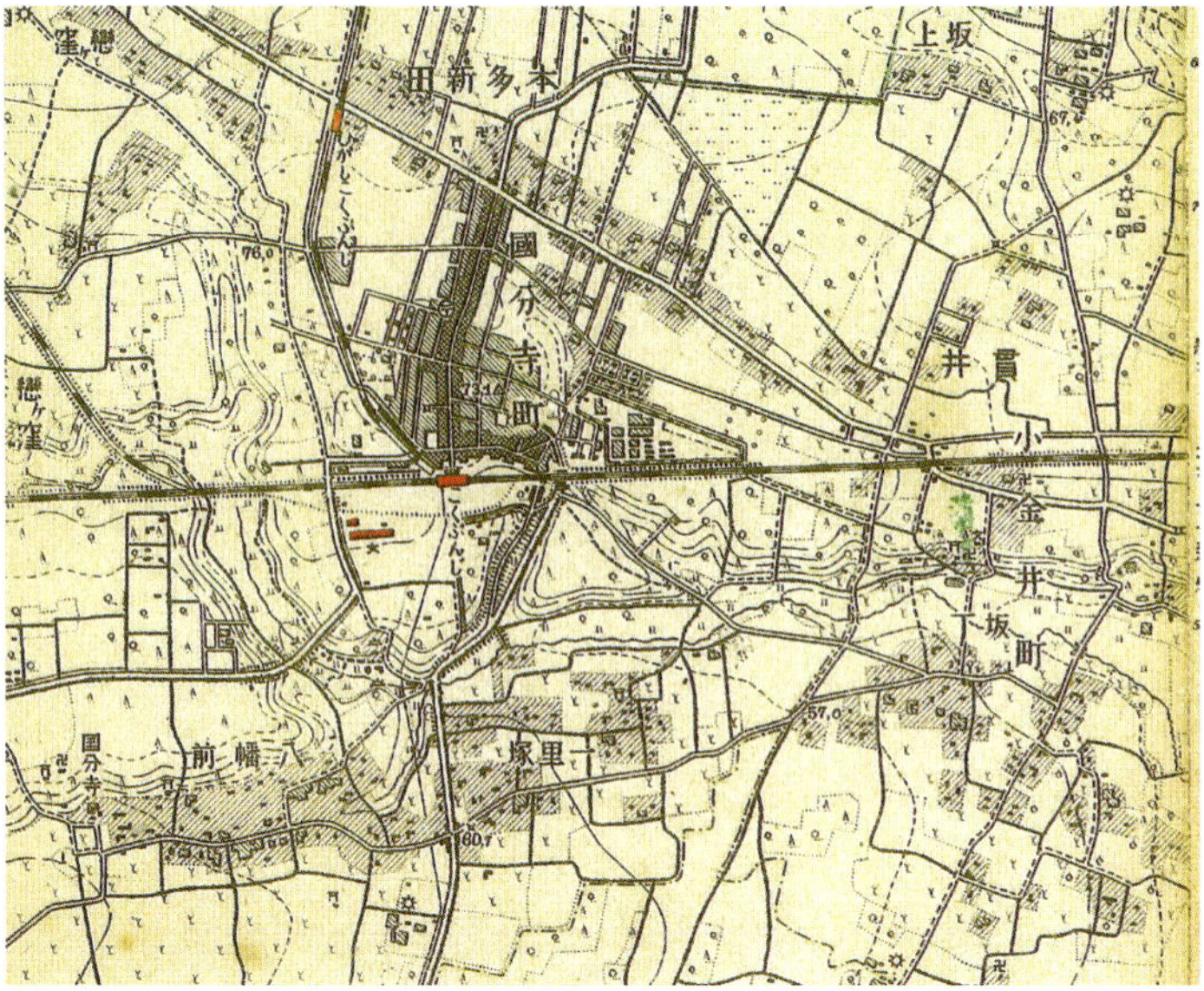

図 2-12　2 万 5 千分 1 地形図「立川」（1947 年修正発行）の一部（85%に縮小）
　戦後まもなく発行された地形図には等高線で地形が明瞭に見出される。ただし「国分寺崖線」は左下「八幡前」から右の「小金井町」の「井」の文字間を走行する等高線の束で、国分寺駅近辺ではそれが大きく乱され、途切れていることに注意。

大きな）川が台地を浸食してできた崖が連なって成す線。「国分寺——」と、苦心の説明を付していました。以後『集英社国語辞典』第三版（二〇一二年）、『広辞苑』第七版（二〇一八年）等々と新版立項が続き、今日では崖線は一般語の市民権を得たように見えますが、初例以上に真摯な説明記事を目にすることはありません。「線上《ママ》に連なった崖」（註13）に至っては論外でしょう。単純に崖が連続している状態を崖線と言うならば、それは開発地や鉄道・道路の切通しなど、街中の至るところに見出すことができるのです。

　しかしながら語としての「崖線」および「国分寺崖線」の初例は、近年ではなく、戦後間もない一九五二年のことでした。同年国立科学博物館発行『自然科学と博物館』（第一九巻）に掲載された、福田理《おさむ》・羽鳥謙三連名の報告「武蔵野台地の地形と地質　東京都内の地質Ⅳ」の第四節「各論」第一項「武蔵野段丘」の冒頭近くに「この段丘は北多摩郡砂川村九番から平兵衛新田、府中町飛地、国

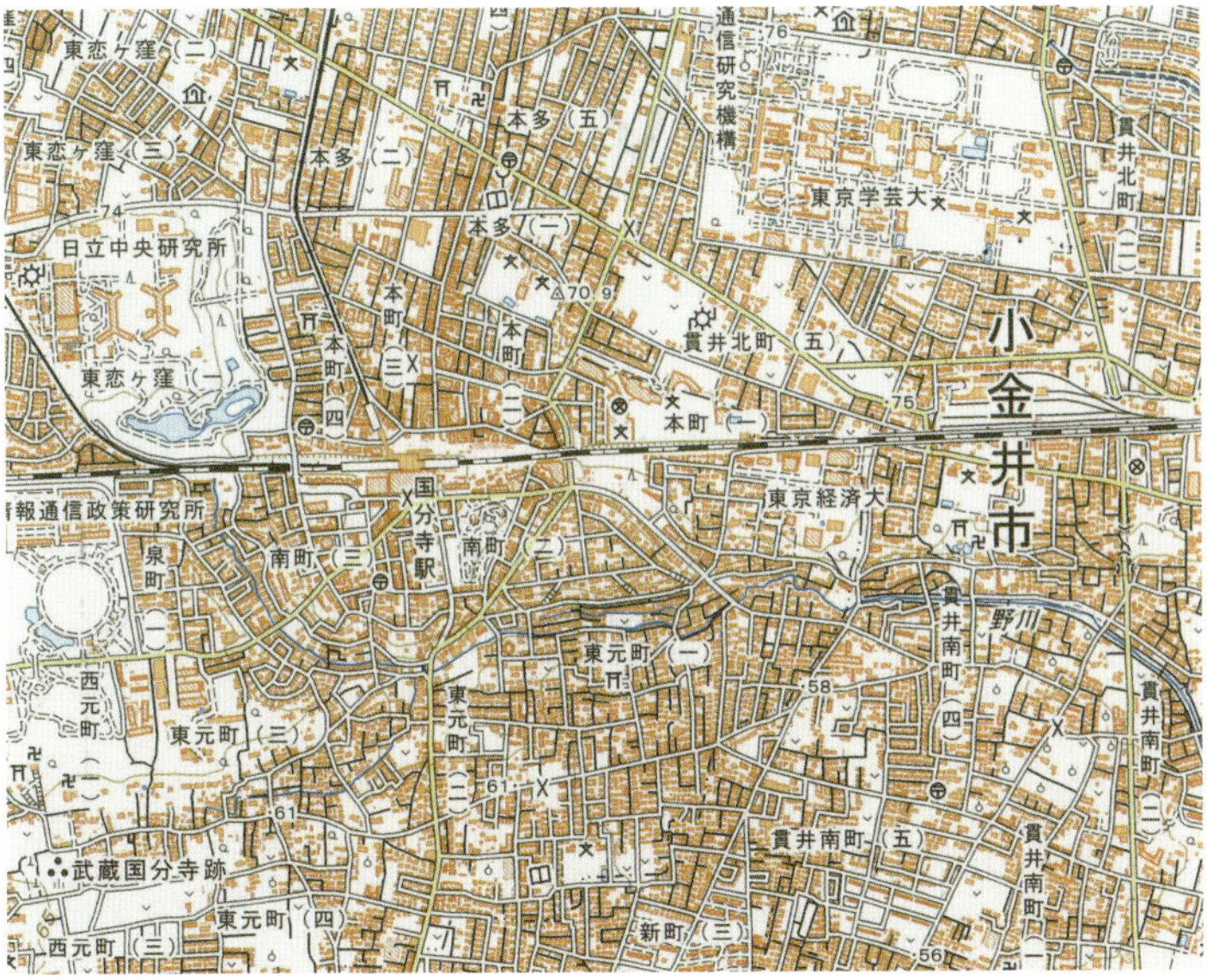

図 2-13　2万5千分1地形図「立川」（2018年調整発行）の一部（85％に縮小）

図 2-12 と同範囲だが、全面的都市化のために、この図から地形を読み取ることは困難である。紙の地図は記録として安定していて重要だが、現代都市の地形を読み取るには、図 2-7、図 2-9、図 2-11 のようなデジタル地図へのアクセスが不可欠であることがあらためて了解される。

分寺町、小金井町、東京天文台敷地、深大寺、神代村滝坂・入間《いるま》を経て、世田谷区成城町に至る明瞭な崖線で次に述べる立川段丘と接している。この崖線を国分寺崖線（Kokubunji cliff-line）と呼ぶことにする」とあって、国分寺崖線の語はここに誕生し、同時に「崖線」なる語が半世紀後の日本語辞典に登場する前提を形づくったのです（註14）。

言葉以上に確認すべきは、国分寺崖線とは立川市砂川九番から世田谷区成城間約一九キロの範囲で、武蔵野段丘がその下位の立川段丘と接する斜面（段丘崖）の謂いであるという点です。

さらにこのとき第二項「立川段丘」において「府中崖線（Fuchu cliff-line）」が、第三項「青柳段丘」で「谷保崖線（Yaho cliff-line）」が命名され、一挙に三崖線が誕生していたのです。また「武蔵野礫層（Musashino gravel）」の模式地は「北多摩郡多磨村上石原・大沢付近の国分寺崖線」とされました。

立川段丘および青柳段丘の例でも明らかな

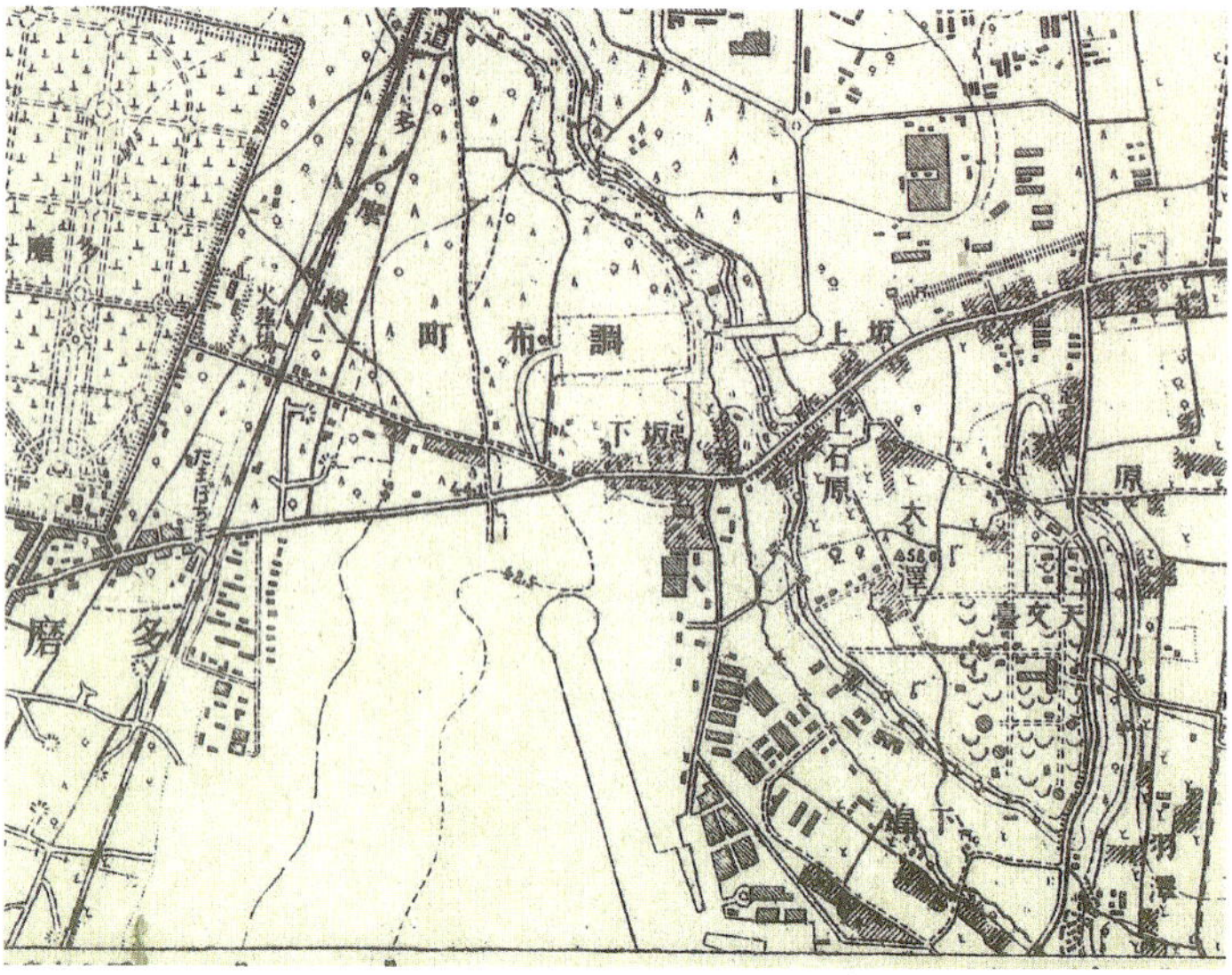

図 2-14　1947 年発行 2 万 5 千分 1 地形図「吉祥寺」の一部（85％に縮小）
右下に三鷹市（当時は三鷹町）大沢の東京天文台。図の中央を東西に走る人見街道が「上石原」の西で国分寺崖線を上下する箇所は「大坂」。「坂下」と「坂上」の比高は約 5.5m。崖下を野川が南下。

ように、それぞれを画す段丘崖の連なり（崖線）の命名には、崖線の走行が存在する地域の有力地名が採用されています。したがって武蔵野段丘の場合は、駅名（国分寺）と行政体名（国分寺）のダブル効果が与《あず》かっていたでしょう。

しかし、たとえば今日では青柳段丘に関しては谷保崖線ではなく青柳崖線の称が一般的で、立川段丘においても府中崖線とともに立川崖線という言葉が使われ、段丘名とその段丘崖名が一致する傾向があります。そうだとすれば、武蔵野段丘においては、国分寺崖線ではなく「武蔵野崖線」の称が誤解を避け、むしろ適切ということになるでしょう。

そうして、ここでもっとも強調しておきたいのは、福田・羽鳥の両氏がこの地形すなわち崖線に気づいたのは、もちろん日頃の研究によるのですが、その認識の基礎となったのは当時の二万五千分一地形図（**図 2−12**）に拠るところが大きかったと思われることです。都市化の進展とともにその後の地形図では逆に地形がつかみ難くなってしまうのですが（**図 2−13**）、当時は心得と探求心の積み重ねのはてに、それは地図の上に「発見」できたのでした。今日では、図２-11のようにデジタルデータと操作の心得さえあれば、その形を見出すのは容易かも知れません。しかしその基層は地表ではなく地下に存在するのですから、それだけでは学術用語としての命名は難しいでしょう。

なお、地形学では重要な地形面には固有名を付すものの、段丘崖等の急斜面は小面積で地形として安定したものではないため一般に命名は避け（註15）、国分寺崖線は延長が長いことから例外的な用語とされる（註16）ことも心得ておいてよいことでしょう。

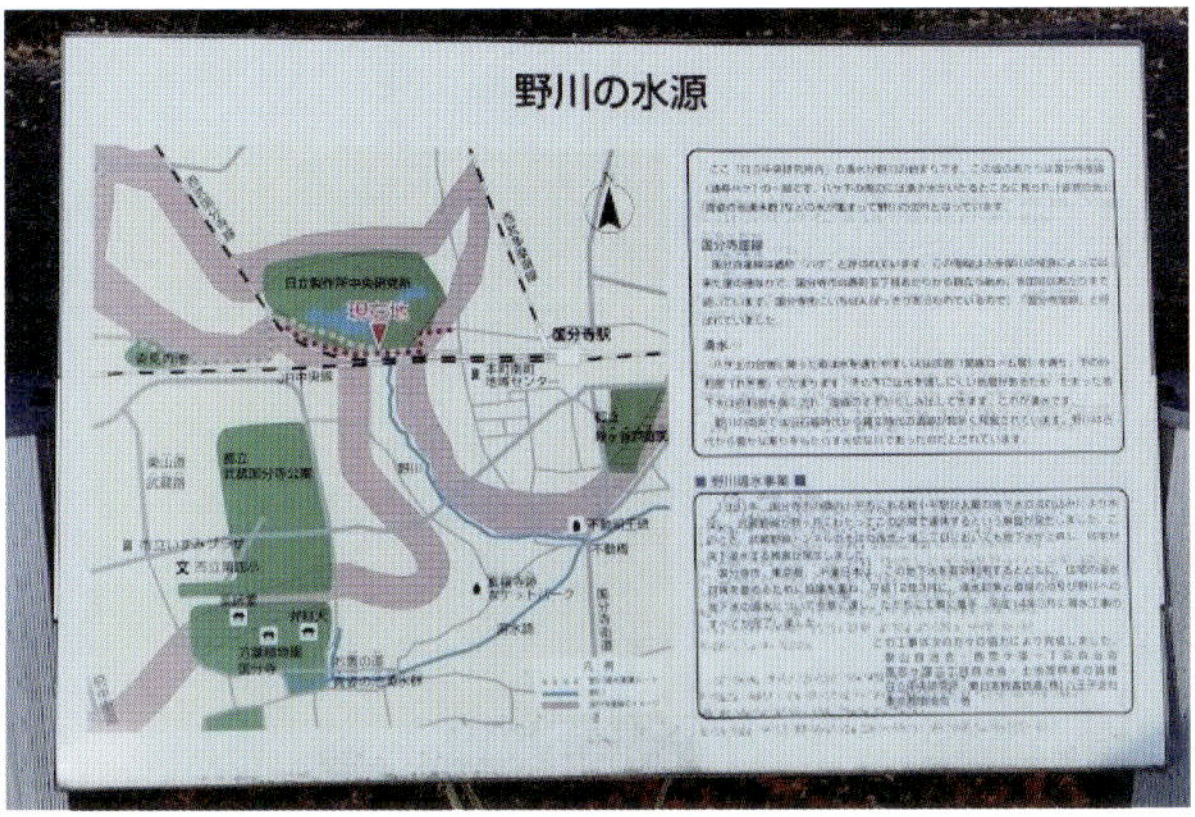

図 2-15　遊歩道（国分寺市西恋ヶ窪１丁目東端）の説明板
「野川の水源」と「野川上流端」の間に立てられている。中央下凡例に薄茶色の帯が「国分寺崖線のイメージ」とあるが、国分寺崖線は左下から右上につづく１本のラインで、その間のＹ字状の切りこみは別の地形で、国分寺崖線とは成因も形（比高・走行・傾斜）もまったく異なる。むしろ右下「野川導水事業」の説明文が貴重（註 17）。撮影筆者。

ところで図２-15は日立中央研究所の南塀に沿う市道に立つ説明板ですが、薄茶色の帯で表わされた「国分寺崖線のイメージ」の図は次の殿ヶ谷戸庭園の地形説明同様の誤解ないしは無理解にもとづくものです。「この坂のあたりは国分寺崖線（通称ハケ）の一部です」と書いているのも、理解の混乱に拍車をかけるでしょう。急斜面（ガケ）がたまたまつながっていたとしても、崖線（段丘崖）と開析谷の谷壁では、地形の成因や形成時期、そして規模（比高）や形（走行）においてまったく異なるのです（註17）。

また、ＪＲ中央線国分寺駅南の国指定名勝「殿ヶ谷戸庭園（随《ずい》宜《ぎ》園《えん》）」の入園パンフレット冒頭に「武蔵野段丘の南縁の「国分寺崖線」と呼ぶ段丘崖とその下端部付近の礫層から浸出する湧水を利用し、雑木林の風致を生かして作られた近代の別荘庭園」(註18)とあるのも地形学上は誤りで、正しくは「国分寺崖線を開析している谷の谷壁斜面の湧水を利用し」でなければならないのは、**図2‐10**の段丘模式図を見ても明らかでしょう。

これらの例から敷衍《ふえん》して言えることは、わたしたちが日常的に出会う武蔵野の急斜面(ガケ)のほとんどは、人為のそれを除けば段丘崖か開析谷壁のいずれかであるということです(註19)。地形を理解しようとする場合、この二つの区別はたいへん重要です。また「国分寺崖線」は河成段丘崖の代表例で、その太い一本の筋は、小さなあるいは中規模の侵食地形を抱えながら立川市の砂川付近から、世田谷区の成城あたりまで一九キロメートルを走行する地形以外ではありません。繰り返しますがこれらのことは、地図とりわけ地形図に依拠することによって、はじめて認知できる事柄なのでした。

註

1 学術書ではないが、広域環境にかかわる仮説ノンフィクションとして示唆に富む書に、アラン・ワイズマンの『人類が消えた世界』(邦訳二〇〇九年)がある。

2 日本国際地図学会〈現日本地図学会〉編『地図学用語辞典』増補改訂版、一九九八年、三五五ページ「歴史地図」の項参照。

3 「古地図:近代的測量ならびに印刷術普及以前に作成された地図の総称。欧米では1900年あるいは19世紀中期以前の手描きあるいは木版・銅版刷の地図を指すことがある。わが国では、一般的には江戸時代までの手描きあるいは木版刷の地図をいい、明治以降の地図は含めない」前註2、九四ページ。

4 日本地図学会監修『地図の事典』二〇二一年(初版)、一三二ページ。

5 前註2に同じ。

6 拙著『地図・場所・記憶』二〇一〇年、三三一―三三四ページ。および、飯田龍一・俵元昭『江戸図の歴史』一九八八年、一四―二一ページ。

7 前註6、二二一―二二五ページ。

8 『東京都植生調査報告書』(一九八七年)付図「東京都潜在自然植生図1」。

9 『国分寺市史 上巻』一九八六年、三ページ「図3 国分寺市の地形ブロックダイヤグラム」。図2‐6参照。

10 貝塚爽平『発達史地形学』一九九八年、四七―四八ページ。

11 角田清美述『国分寺崖線―その地理的・地質的特徴』二〇〇二年。

12 『日本国語大辞典』第二版、第三巻、二〇〇一年、一二二五―一二二六ページ。
13 『広辞苑』第七版（初刷）二〇一八年、四八六ページ「崖線　線上に連なったがけ」の「線上」は「線状」の誤植である。
14 拙稿「崖線考その2」『地図中心』二〇一二年四月、三六―三九ページ。
15 鈴木隆介『建設技術者のための　地図読図入門　第一巻　読図の基礎』一九九七年、一三九ページ。
16 鈴木隆介『建設技術者のための　地図読図入門　第三巻　段丘・丘陵・山地』二〇〇〇年、六一五ページ。
17 説明板「野川の水源」の右下「野川導水事業」の説明は「１９９１年国分寺市の隣の小平市にある新小平駅が大量の地下水の流れ込みにより水没し、武蔵野線が数ヶ月にわたってこの区間で運休するという事態が発生しました。このとき、武蔵野線のトンネルのそばの西恋ヶ窪三丁目においても地下水が上昇し、住宅が床下浸水する被害が発生しました。／国分寺市、東京都、ＪＲ東日本は、この地下水を有効活用するとともに、住宅への浸水対策を進めるため協議を重ね、平成12年３月に、親水対策と姿見の池及び野川への導水について合意に達し、ただちに工事に着手、平成14年３月に導水工事のすべてが完了しました」。すなわち「姿見の池」は、新小平駅でポンプアップされる地下水の送水によって維持されている人工の池である。終章註19参照。
18 パンフレット「国指定名勝　殿ヶ谷戸庭園（随冝園）」（都）東京都公園協会発行、二〇二二年一〇月（カラー印刷三ツ折六ページ）。
19 建築基準法施行条例のいわゆる「ガケ条例」は都道府県によって異なるが、概ね「比高二～三ｍ以上で傾斜角三〇度を超えるもの」をガケと定めている。

第3章

最古の武蔵野図

低地の武蔵野

さてようやく本物の古地図を披露できる段階に至りました。人口に膾炙《かいしゃ》する古地図関係用語の代表として「江戸図」と「伊能図」を挙げて異存のある向きは少ないでしょう。江戸図は日本近世都市図の代表で、大絵図や切絵図などの図種、デザインの多様性、さらに板（版）図や写図などの残存数において世界的にも屈指の存在と言っていいのです。その江戸図の需要の大半は付け届け用の邸宅案内か、江戸土産にあったと考えられます（註1）。前者は措いて、後者については戦国大名の人質に端を発する日本近世の特異な制度である参勤交代がもたらした、ひとつの文化徴表でした。しかしながら武蔵野は江戸（府内）の埒《らち》外《がい》、江戸図に武蔵野が描かれることはありませんでした。

現在の東京二三区の総面積は約六二七・五一平方キロメートルとされます（註2）。しかし大江戸といえども府内面積はその一割前後（註3）にすぎません。よく言われるように江戸の市街は山手線の内側とその周辺域を含めたエリアで、品川、内藤新宿、板橋、千住の四宿《ししゅく》を限りとしていました。そのうえで、市街としての江戸は「総城下」つまり全国の城下を統《す》べる存在という位置づけでした。全国の大名たちは将軍の家臣として江戸屋敷を給付されたのです。

世界的にも珍しい「人名地図」である近世城下絵図は、民間の板（版）図であっても家臣配置図を本源とし、ついにその依存から脱することなく（註４）、地図の歴史は近代に転じました。したがって大絵図や切絵図などほとんどの江戸図は「地形」を表現することなく、まして「野」が描かれることはなかったのです。

遡って、十一世紀に成立した『更級日記』は「むらさき生ふと聞く野も、蘆荻《ろてき》のみ高く生ひて」と竹芝《たけしば》寺《でら》の段に「野」を書きつけ、港区三田《みた》の済海寺《さいかいじ》を竹芝寺の跡とする説が古くから存在します（註５）。また一四世紀はじめに成立した『とはずがたり』は「武蔵野の秋の気色」として浅草観音堂付近の野を描き、隅田川に触れました。そこでは鎌倉時代の武蔵野は月を伴い、以下のように回想、記録されていました（註６）。

八月の初めつ方にもなりぬれば、武蔵野の秋の気色ゆかしさにこそ、今までこれらにもはべりつれと思ひて、武蔵国へ帰りて、浅草と申す堂あり。（略）野の中をはるばると分けゆくに、萩・女郎花《をみなへし》・荻《をぎ》・薄《すすき》よりほかは、また混《ま》じる物もなく、これが高さは、馬に乗りたる男の見えぬほどなれば、推しはかるべし。（略）観音堂はちと引き上がりて、それも木などはなき原の中におはしますに、まめやかに「草の原より出づる月影」と思ひ出づれば、今宵は十五夜なりけり。

この記述によれば、中世までは関東平野南部の台地部のみならず低地にも「武蔵野」の光景はひろがっていたことになります。

第１章（図１-７）で見たように、関東平野低地部の植生は自然のプロセスでは高木層でタブノキが優占します。それが荻・薄なのは低地においてもサクセッション（植生遷移）阻止の野焼きが繰り返されたためと考えるほかありません。「武蔵野」は台地と低地を併せた、平野部の人為景観用語だったのです。

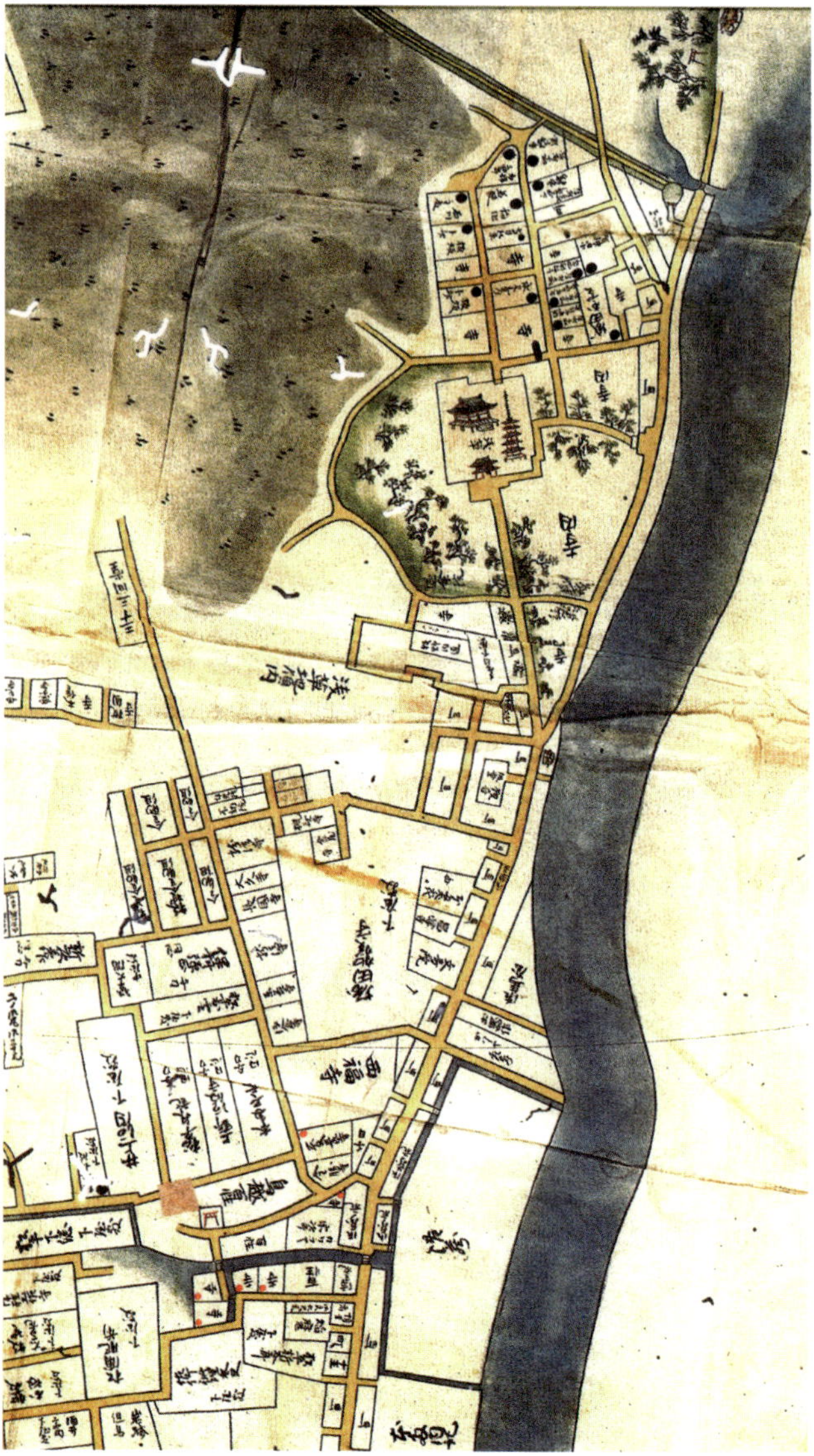

図 3-1 『寛永江戸全図』に見る浅草寺と寛永寺およびその周辺

寛永 19（1642）～同 20 年の内容をもつ最古の江戸全図の一部。左手に不忍池。上野の寛永寺の「大僧正」は寛永 20 年 10 月に没した南光坊天海。右上、隅田川の河岸微高地（自然堤防）に浅草寺が立地し、その後背湿地は広大な水田（浅草田圃）で、遊廓吉原移転（1657）前。しかし山谷堀と日本堤は築造済みで（右上隅）、鎌倉時代末の『とはずがたり』に描かれた武蔵野の面影はすでになく、市街地化がすすみ寺地と武家地（人名）に切り分けられている。

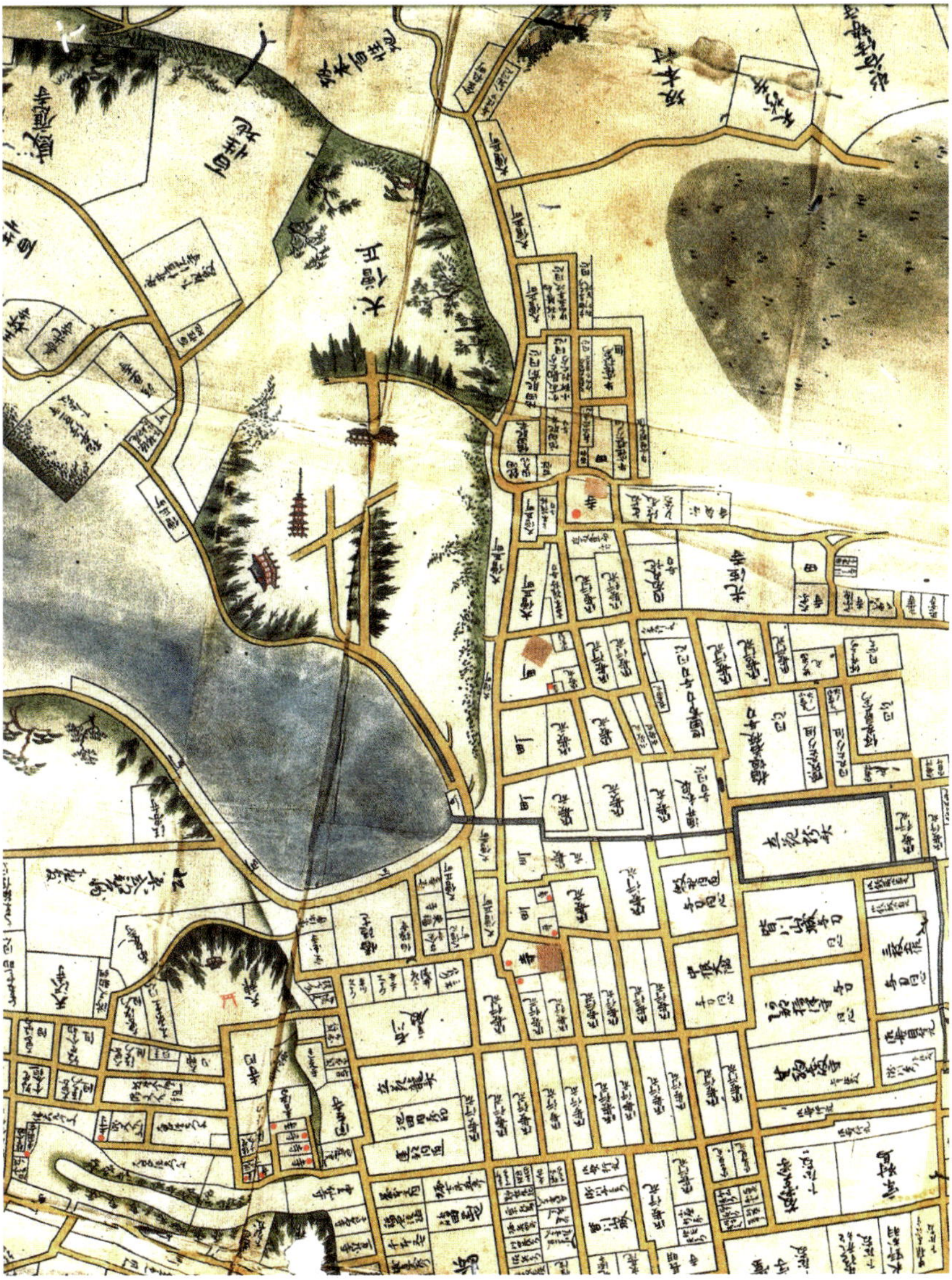

江戸市中にあって台地と低地を画するのは坂で、それは急斜面の行路ですが、そもそもは約七千年前の所謂《いわゆる》縄文海進で形づくられた海食崖を祖型とする崖地にほかなりません。**図3-1**は最古の江戸全図『寛永江戸全図』で、その急斜面は上野寛永寺東側の緑の樹林帯として描かれています。

崖下の下町低地には「町」「大僧正町」および「御歩行《おかち》衆」などが広がっています。不忍池から流れ出る水路（忍川）で長方形に囲まれた中に「立花能州」とあり、そこは柳川藩立花家の屋敷地で、水路の下流「御蔵」との中間に見える曖昧な水域は湿地の宅地化（埋立て）途上を示しています。それ以上の細部読みは措いて、図の右上浅草寺西側に描かれた緑色の樹林帯に注目してみましょう。これもまた斜面の表現なのですが、こちらは低地でも「ちと引き上が」（『とはずがたり』）った地形、つまり微高地の砂州（註7）なのです。「最古の江戸全図」は人名を主体とする江戸図には稀有《けう》な、地形をも伝達するメディアでした。

ところで、江戸市中の台地と低地を切り分けていた急斜面（海食崖）は、前回触れた国分寺崖線に較べ形成期も基層も異なるため侵食がすすみ連続性に乏しく、「崖線」の称には馴染みません。

また、低地は縄文海進後に陸化した部分ですから、ヒトのフットパス（足跡）も水路ではなく尾根あるいは微高地伝いで、南関東の平野部の人為的な環境改変は、台地側が先行していたと推測できるでしょう。実際、武蔵野台地東端の縄文遺跡（貝塚）は縄文後期ないし晩期が目立ち、中期が卓越する西側の台地部分とは様相を異にするのです（一八―一九ページ参照）。

しかし台地の大半ではシラカシが、低地にあってはタブノキが高木層で優占するという差異はあるものの、潜在自然植生の上位分類では両者ともヤブツバキクラスつまり照葉樹林に属します。火をもって創出された草本主体の景観（武蔵野）が、台地・低地ともに斉一化するのも不自然ではありません。

一九世紀前半に上梓された『江戸名所図会』は武蔵野を「南は多磨川、北は荒川、東は隅田川、西は大岳、秩父根を限りとして、多磨、橘樹《たちばな》、都筑、荏原《えばら》、豊島、足立、新座、高麗《こま》、比企《ひき》、入間等すべて十郡に跨《またが》る」と一括しました。ただそれは当時の武蔵野ではなく「往古《いにしへ》の状」で、「往古《そのかみ》の風光これなし」と書き添えています。つまりその武蔵野は著者斎藤幸成による「言葉の歴史地図」だったのです。その約一世紀前、享保期に刊行された『江戸砂子《すなご》』では、「武蔵野」は「中野の御鷹場から府中辺までを言う」（註8）として、すでに今日の武蔵野エリアに近似したイメージを提示していることは留意されていいでしょう。

図 3-2　勝浦市鵜原海岸のクスノキ科タブノキ樹林
関東平野の低地沿岸部に残されたタブノキの森は稀少。海際には「猿蟹合戦」の主人公に擬されたアカテガニが辛うじて生息。強い海風に耐えて繁茂する様子が見える。撮影筆者。

結論を先に言えば、草本主体の武蔵野の景が淘汰《とうた》された一大画期は、享保《きょうほう》の改革によって強力に推進された「新田開発」にありました。もちろん明暦の大火（一六五七年）などを経て、江戸の市街地はすでに飛躍的に外延化していました。前掲「最古の江戸全図」に明らかなように、すでに明暦以前から江戸に古代の歌枕（武蔵野）のイメージを照射することは難しくなっていたのです。しかしながら武蔵野台地の東部を除けば、地下水位の低い段丘面には長い間人家は稀だったのです（図11－11参照）。

空白の武蔵野

他方、江戸ではなく日本列島そのものを対象とし、その「かたち」の把握に真正面から立ち向かったのが、伊能忠敬の伊能図でした。

地図は上空に視座を据えて垂直に見下した（と仮定した）

図 3-3　『伊能図大全』第 2 巻 伊能大図 関東・甲信越（2018 年）から、「第九拾　武蔵下総相模」の一部

赤線は実測経路。右下、江戸城外郭の環状経路から、おもな街道が発するように描かれた。赤坂御門（見附）から西南に下るのは大山道（現青山通り）。四ツ谷御門から西に向かうのは甲州街道だが、内藤新宿の追分で分岐していた青梅街道（成木街道）は描かれておらず、その沿線は空白域とされた。「神田」の北、「筋違《すじかい》御門」を出る経路は、本郷追分で中山道と日光御成道（岩槻街道）に分かれ、中山道板橋宿からは川越街道が野火止村に向かっている。

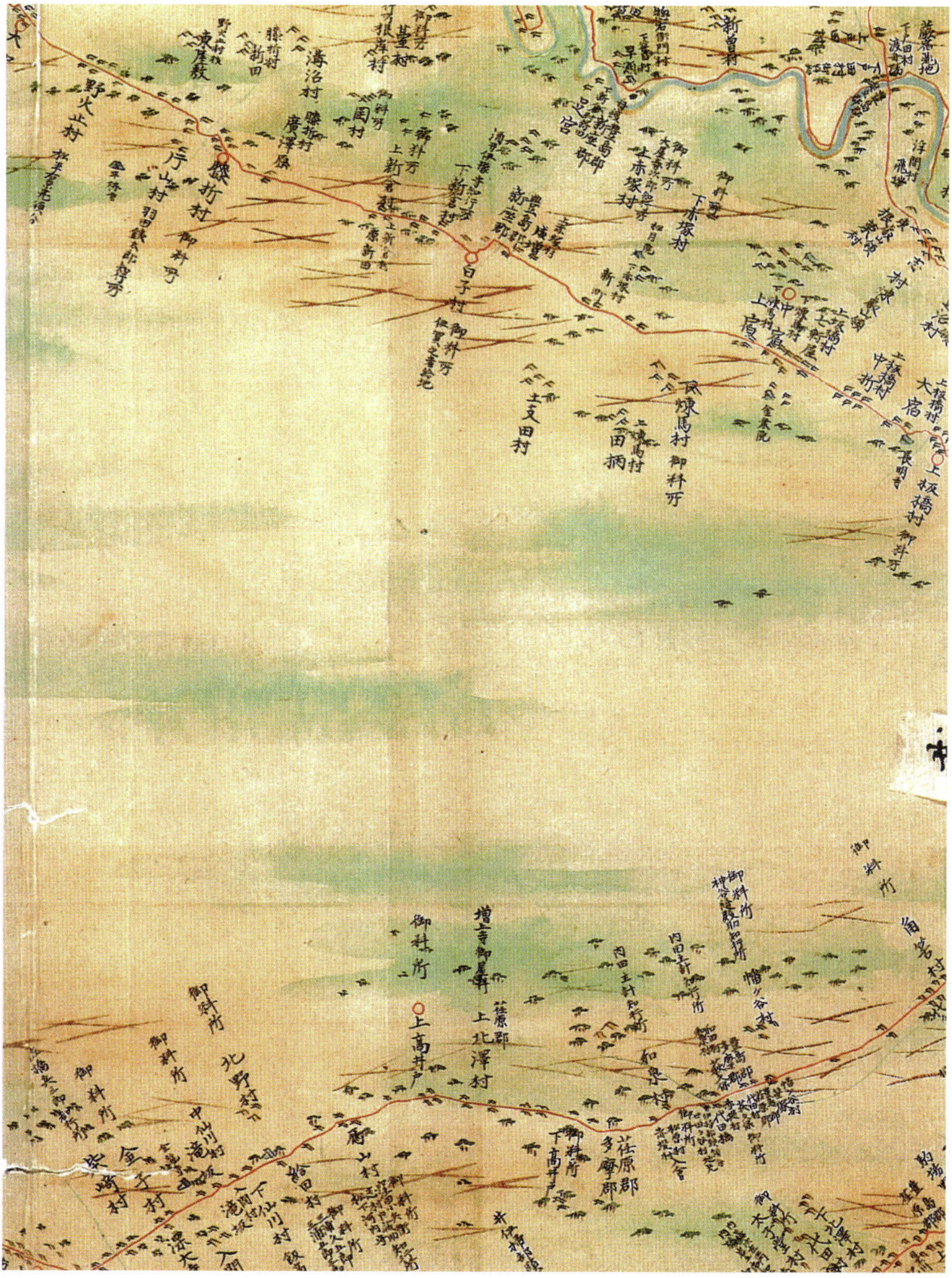
野火止村
膝折村
白子村
上新倉村
下赤塚村
練馬村
上板橋村
中板橋村
上高井戸
上北澤村
北野村
金子村
新曽村
御料所
多摩郡

地表の画像をベースとします。伊能忠敬はそもそも隠居後の学問として地図ではなく暦学に取り組んだのであり、彼が行った画期的行為とは、地表の図像を得るために天測を繰り返して地点の緯度を極めんとし、片や地上を這いずり回ってひたすら距離と方位角の精度を追求したことにありました。それは文字通りの「測天量地」でした。

もちろんそれまでの測量においても、平地の比較的小範囲については「地割り」や「縄張り」として精確性は担保されていました。前掲「最古の江戸全図」も、江戸城外郭周辺までは現代の地図に照らしても遜色ない実測図です。しかし表現するエリアが広範囲に及べば図の歪みとズレが不可避的に累積されます。したがって、日本列島図のような小縮尺のステージにおいては、今日からすれば略図とも言うべき表現に終始するほかありませんでした。

江戸後期、寛政一二年（一八〇〇）から文化一三年（一八一六）まで一〇次、一七年間にわたる測量とその後の図化作業を経て、文政四年（一八二一）幕府に上呈された伊能図、すなわち大図（縮尺三万六千分の一）二一四鋪、中図（二一万六千分の一）八鋪、小図（四三万二千分の一）三鋪、計二二五鋪の「大日本沿海輿地全図」は、統一的な実測にもとづくはじめての日本列島図でした。

そうであるならば、当然ながら伊能図に武蔵野は含まれているはずです。しかしながら前ページ**図3-3**の伊能大図のうち「第九拾　武蔵下総相模」の一部を見てもわかるように、そこに武蔵野が描かれることはありませんでした。貼紙の「武蔵」は「武蔵野」あるいは「武蔵国」が図中の文字ないし図の要素として欠落していたからこそ貼付されたのです。何故でしょうか。

「武蔵」の貼紙をはさんで板橋宿で中山道から分岐し西北西に延びる赤線は、白子村、膝折《ひざおり》村、野火止《のびどめ》村を経由する川越街道です。反対に西南西に向かう道は、角筈《つのはず》村から上高井戸を経て府中に至る甲州街道にほかなりません。しかし甲州街道内藤新宿の追分から分岐し、川越街道と甲州街道の間を西行するはずの青梅街道（成木《なりき》街道）は描かれず、また同街道の梅里で分岐する五日市街道、田無《たなし》から別れる所沢街道（秩父道）も記載なく、その一帯は広く空白域とされています。武蔵野エリアの表現にとってもっとも重要で、江戸城築城に際し必要な石灰運搬のため整備された青梅街道を描かなかった理由は単純でした。「御用」の旗を掲げた伊能測量隊はその道筋を通らず、したがって実測もしなかったからです。

伊能図の手法と目的は、日本列島の形すなわち海岸線とその骨格としてのいくつかの主街道を実測して表わすことにありました。実測に基づかない経路を敢《あ》えて推定図示する必要はなく、それゆえに内陸部の空白は思いのほか広範囲で、大図のレベルではそもそも図が存在しないエリアが少なくないのです。タイトルが「全図」ないし「惣（総）図」でなく「沿海輿地全図」とされた所以《ゆえん》です。

結局のところ伊能図は、一八〇六年から翌年におよぶ「文化露寇《ろこう》」（註9）を端緒とした諸外国の圧力の結果、企画採用され形となった「幕府自前の海（岸）図」にほかならず、その意味で一般図（general map）とは言い難い特殊地図でした。

しかしながら統治者にとって、その領域にわたるすべての統治要素を図示した地図は不可欠です。近世統一政権は政権掌握と同時に検地を行い、記載漏れのない全国にわたる地図を調進下命《かめい》しました。豊臣政権においては郡絵図が、徳川にあっては国絵図作成が命じられたのです（一四四ページ参照）。

最古の武蔵野図

次に掲げたのは、国立公文書館内閣文庫所蔵「日本分国絵図」全二二七鋪のうち「武蔵国図」の一部です。

「日本分国絵図」は、美濃国岩村藩最後の藩主松平乗命《のりとし》旧蔵にかかる正保《しょうほう》国絵図等の模写図群です。正保国絵図の正本は残されておらず、また寛永一〇年（一六三三）巡検使にかかわる国図（「日本余州図」註10）が存在するものの略描にすぎず、そのためこの「武蔵国図」は武蔵野の全域が含まれる最古の一般図（general

図 3-4　国立公文書館内閣文庫所蔵「日本分国絵図」から「武蔵国図」の一部
図の右中央で蛇行するのは荒川。右上隅に「三沼」とあるのは江戸初期に造成された灌漑用貯水池の見沼溜井。左上逆「く」の字は荒川支流の入間川。左下は多摩川とその支流で、北から平井川、秋川、浅川。右下には白子川と石神井川、神田川と渋谷川も描かれている。下辺を東西に通る赤線は青梅街道で、一里塚が二つの黒点で表わされている。橙色の短冊形の中には郡名、黒の曲線は郡界である。

map）のひとつと言っていいのです。

この図を見てすぐ気がつくのは、伊能図で空白とされていた広大なエリアにいくつかの山が描かれ、その只中を一本の赤線が走り、その線を挟んで二点一組の黒印が所々に付されていることでしょう。そうして、この赤線とその両サイドには他エリアで見られる文字を伴った丸や四角がほとんど存在せず、そのために赤線のみが強調されていることです。

「多磨郡」の文字の上を東西に走るこの赤線は伊能図で記載されなかった青梅街道で、街道脇の黒点は一里塚（註11）を示します。丸で囲まれた中の文字は村の名（脇に石高を添える）で、四角内は町場（宿駅）でした。つまり青梅街道が貫通する武蔵野エリアには村も町場もなかったと言っていいのです。

武蔵野に人家の炊煙が棚引くように

なるのは、享保元年（一七一六）にはじまる享保の改革の一環として武蔵野新田開発が幕府によって強力に推進されてからのことでした（註12）。開発のもっとも基礎的なインフラは承応《じょうおう》二年（一六五三）に通水した玉川上水でしたが、それは基本的に江戸市中への給水を目的としていたのであって、新田分水網が整備された後も乏水地帯武蔵野に生を営むハンディは大きく、かてて加えて関東ローム層の卓越する土地で地味薄く（註13）、飢饉ともなれば「潰《つぶれ》」は身近に迫ったのです。伊能図において人家疎《まば》らな青梅街道と武蔵野エリアが無視ないし省略されたのも、故ないことではありませんでした。

異様に思われるのは、「多磨郡」の文字の南、「入間郡」の東に、ひとつずつ大きな山が描かれていることです。「多磨郡」南の山裾には、村落を示す四つの丸が見え、それぞれ西（左）から「恋ヶ窪」「国分寺」「貫井《ぬくい》」「小金井」と記載しています。

上水道が普及するまで、武蔵野に生を営むには数少ない流水（開析谷）やその谷頭、段丘崖下の湧水か、あるいは条件が許せば浅井戸に依存していました。すなわち村落の立地は水利の制約下におかれていたのです。したがって、この山形は段丘崖つまり国分寺崖線を表したものと判断されます。緑に着色された部分は斜面（崖）で、等高線やグラデーション等の近代地形表現法以前、こうした山形も地形を示す図式のひとつだったのです。国分寺崖線山形の左下に見えるM字形の山には、その中央に「芝崎」と記入があります。これは現立川市柴崎町でしょうから、M字形は国分寺崖線の下位段丘崖である立川崖線と青柳崖線を表したものと判断できるでしょう。

註

1　近松鴻二「江戸図の需要と供給」『別冊歴史読本　江戸時代「古地図」総覧』一九九七年、一三二―一三八ページ。
2　東京都のホームページ「都政情報」（二〇二四年四月一日更新）による。
3　内藤昌は『月刊文化財』一七五号（一九七八年四月）に寄稿した「江戸　その築城と都市計画」表2「江戸の住区別面積・人口および人口密度」において、享保一〇年（一七二五）の江戸の都市面積を六九・九三平方キロメートルとし、正井泰夫は『江戸・東京の地図と景観』（二〇〇〇年）八ページの表1「幕末における大江戸の地形別都市的土地利用構成」において、その面積計を七八・〇八キロメートルとした。前者は「分間江戸大絵図」と「一万分一地形図」から、後者は「江戸切絵図」と「二万分一迅速測図」を用いて計測した結果である。

4 拙著『新版 古地図で読み解く江戸東京地形の謎』二〇二〇年、二〇七—二〇八ページ。

5 『江戸砂子』『江戸名所図会』など。

6 『新編日本古典文学全集　四七』一九九九年、四四八—四四九ページ（とはずがたり）。

7 久保純子『東京低地水域環境地形分類図』一九九三年による。

8 菊岡沾涼『江戸砂子』享保一七年（一七三二）刊、巻之四の四谷以西に「武蔵野　うだ野よりむかふ府中辺まで一面に云」とある。「うだ野」とは天皇の鷹狩場の伝のある「菟田野」（奈良県宇陀市）および「宇多野」（京都市左京区北東部）にちなみ幕府の鷹場を指したもののようで、そのエリアは本書第1章図1‐14「江戸御場絵図」に示した「中野筋」とその西側、尾張藩鷹場に相当すると考えられる。

9 文化三—四年（一八〇六—一八〇七）、ロシア帝国外交使節ニコライ・レザノフが部下をして樺太、択捉に複数回上陸させ、圧倒的な火力で攻撃、番屋や家屋などを焼払い、人員を拉致して引き上げた事件。

10 白井哲哉「六十余州図」『国絵図解読事典』二〇二一年。

11 国絵図や日本総図に標示された一里記号は「一里塚の設置箇所を示すものではなく、あくまで一里刻みの目盛りである」（川村博忠『江戸幕府撰日本総図の研究』二〇一三年、二三〇ページ）とあるが、幕府が示した正保国絵図の作成基準では「道法、六寸壱里ニいたし、絵図ニ一里山ヲ書付、一里山無之所は三拾六町ニ間ヲ想定、絵図ニ一里山書付候事」（川村博忠『江戸幕府撰国絵図の研究』一九八四年、一二三ページ）とされ、すくなくとも平地の一里塚は正保以降の国絵図・日本総図の根幹に据えられた。

12 「享保七年（一七二二）七月、新田開発を奨励する高札が日本橋に立てられ、翌年五月には武蔵野付きの村々に、入会地であった「武蔵野芝地」を分割する旨の触書が達せられた。村請けの形で割り渡された土地を開発するのである。（略）かくて享保九年以後一せいに開拓が進められた。鍬下年季（開発後の無税期間）は三年と定められた。／武蔵野の原野は、ほとんど残るところなく耕地（畑地）と化し、元文元年（一七三六）に総検地を受けたが、ここに成立した新田村落は八二に達した。開拓に加わり、新たな高燥な台地の住民となった出百姓は、総計およそ一三二〇余戸、その多くは農家の二三男あるいは困窮農民であり、武蔵野を取り囲む山付き村々に出自をもっていた。生産力が低く、かつ不安定な新開地に貧しい村落ができたのである。元文の検地以後は、それまでの鍬下年季とは格段に年貢諸役がかかり、その上に飢饉が加われば、新田も出百姓も滅亡の恐れが十分にあった。ことに元文三・四年の大凶作は深刻な状況を生み出し、どうにか生計を保ちうる出百姓はわずか三五戸ほどに過ぎなかったという」。北原進『国分寺市史料集Ⅱ』解説、一九八二年。

13 『新編武蔵風土記稿』巻之百廿八、多磨郡之四十、「武蔵野新田」の項には「水田少なく陸田多し、土性は粗薄の野土にて、糞培の力を仮らざれば五穀生殖せず」とある。

第4章

ヤマの武蔵野

武蔵野の「山」

五四ページに掲げた「武蔵国図」の一部を、解像度が許すかぎり拡大して次に示します（図4-1）。前述のように、「多磨郡」の文字下の「山」は国分寺崖線、その左下M型の「山」は青柳崖線の表現でした。その一方で、国分寺崖線山形の右下にも小さな「山」が見えますが、こちらは府中市の浅間山を示したもの、その右手（東）の三つの山形は三鷹市に所在する牟礼《むれ》丘陵を表していて、これらは段丘崖（崖線）とは異なりいずれも侵食残丘すなわち地形上の凸部です。このように二グループに区分される違いはあるものの、多摩郡の「山」は総じて地形を表しています。では、入間郡の「山」はどうでしょう。

村の表記については前章でも触れましたが、少し詳しく言えば円と言うより小判型の楕円は村形《むらがた》と言われる記号で（註1）、その中に記載された文字のうち、右は村名、左は石高でした。図の中央を東西にうねる黒線は郡界で、多摩郡が北東に突出した先端内に描かれた村形には、それぞれ「下宿《したじゅく》」「中里《なかざと》」「野塩《のしお》」の三つの村名が認められます。これらは現東京都清瀬市の北端部、柳瀬川沿いの下宿一～三丁目、中里一～六丁目、野塩一～五丁目として地名が伝存しています。また、図では郡界と重なるため途中から切れたように省略された柳瀬川上流を左岸に渡れば、そこは埼玉県所沢市で郡界はこの付近では現在の都県界に

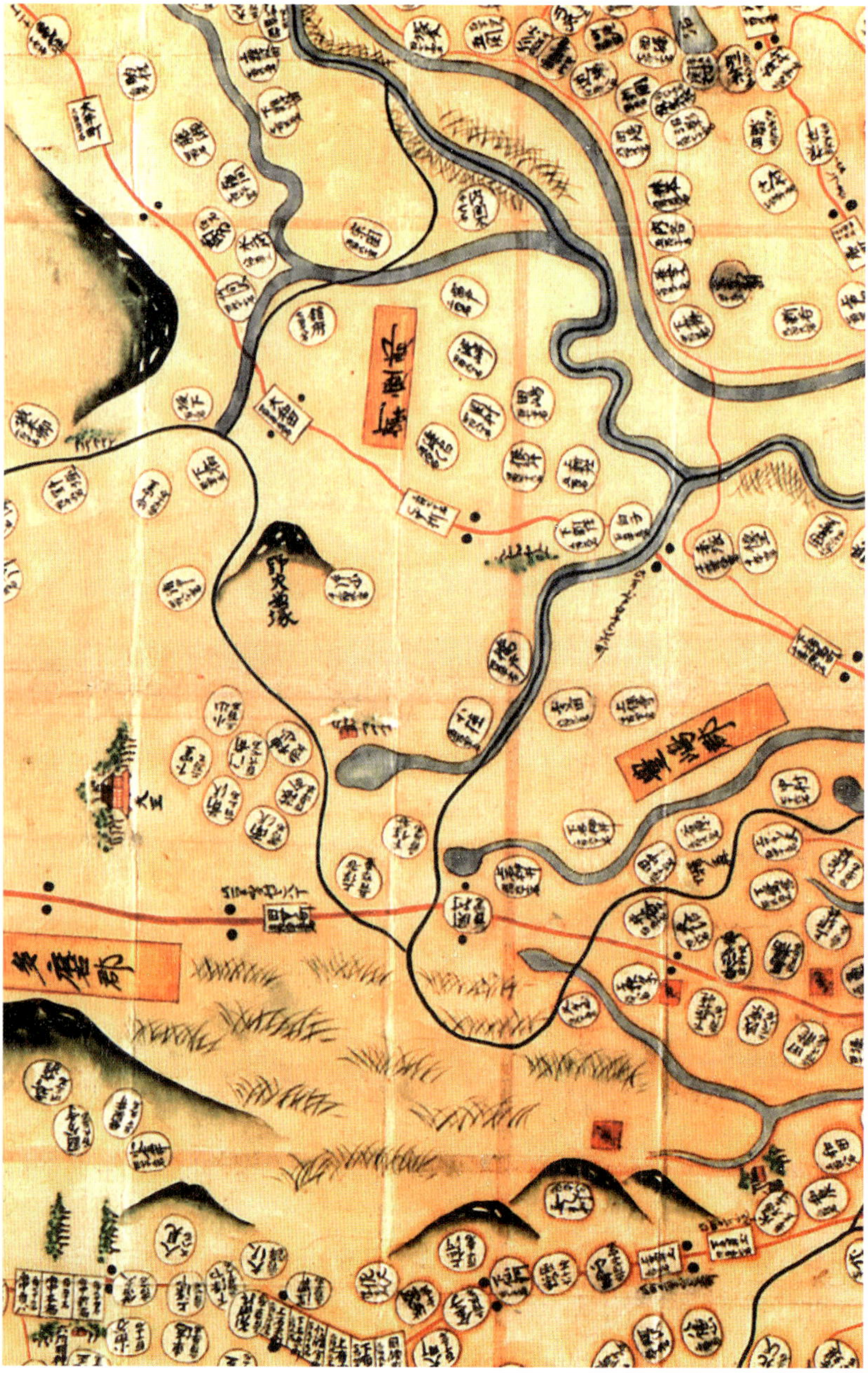
野火塚

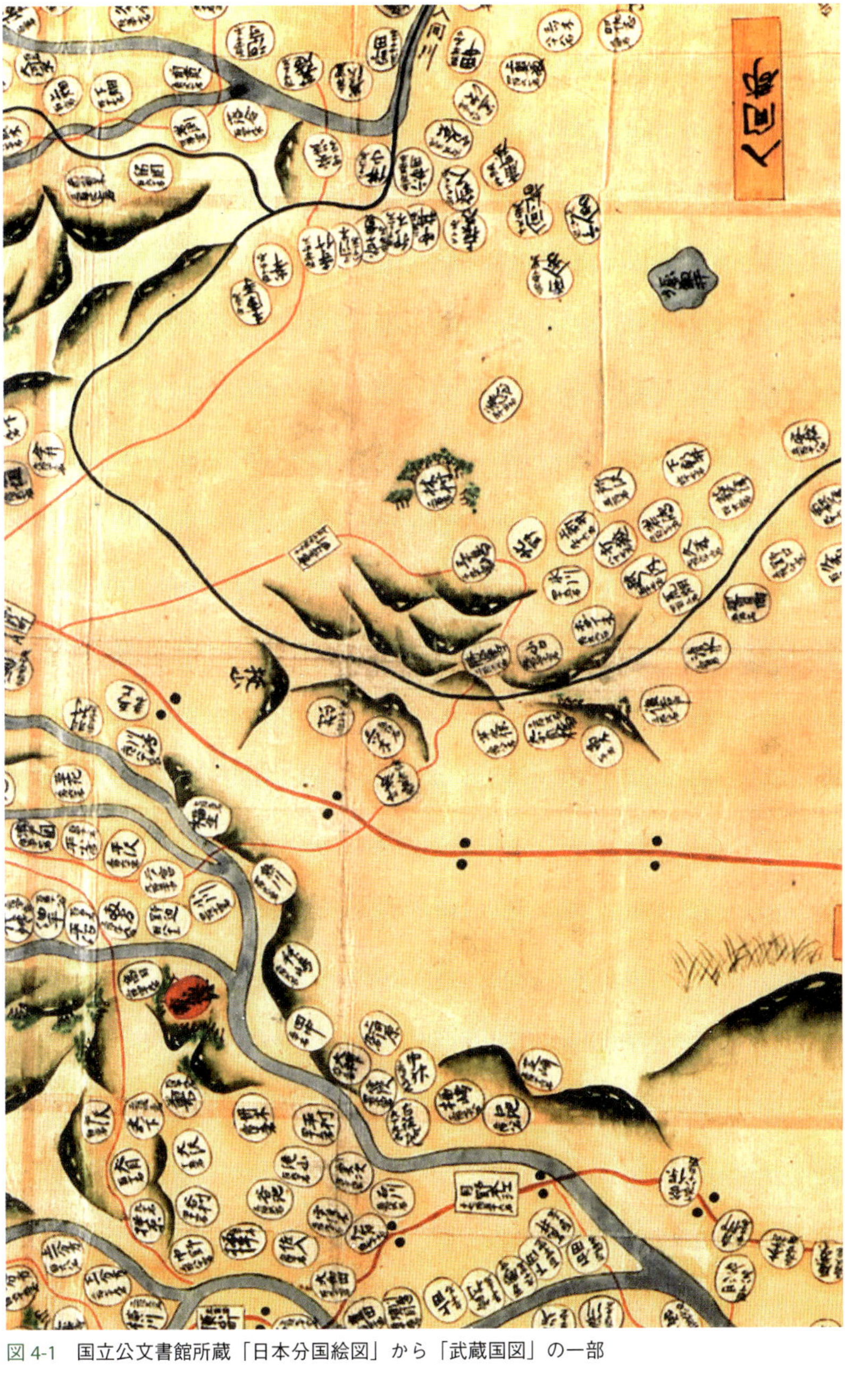

図 4-1　国立公文書館所蔵「日本分国絵図」から「武蔵国図」の一部

一致しているのです。
入間郡側の大きな山裾直下に見える村名は「城本郷」で、今日のアドレスは所沢市城《しろ》となります。すなわち中世の滝《たき》の城《じょう》跡を中心とした一帯。西隣の村は「安松」ですから、所沢市の大字下安松、上安松に相当します。一方で城本郷の東、柳瀬川の左岸に見える村は「坂下」で、それは今日の所沢市坂之下《さかのした》にあたります。坂之下は柳瀬川支流の東川《あずまがわ》を隔てて城地域の北、所沢市の東端部です。

さて、現在の所沢市域にあって、城と坂之下の間の北側に、ここに描かれたような比較的規模の大きな「山」ないし地形上の起伏は存在するでしょうか。

右上を北上する赤線は川越街道で、「山頂」の東で川越街道と柳瀬川に接しているのは「竹間沢」、柳瀬川の南の四角の中は「大和田」、その北の四角囲み文字は「大井町」で（四角は市町《いちまち》ないし馬継《うまつぎ》などの町場を表す）、これらはそれぞれ、現在の埼玉県入間郡三芳町《みよしまち》竹間沢《ちくまざわ》および東京都新座市大和田（一〜五丁目）、埼玉県ふじみ野市大井に相当します。

そうすると、入間郡の「山」が描かれたエリアは、現在の東京都新座市、埼玉県三芳町、同ふじみ野市、同所沢市などの自治体の境界が複雑に入り組んだ辺縁の地（マージナル・エリア）に相当することになります（図E‐10参照）。そこは地形的には、北の荒川低地に向かって緩く傾斜する、標高四〇から五〇メートル前後の段丘面（台地の平面）で、明確な段丘崖（崖線）もとくに存在しない平坦地です。

大都市郊外の境界領域の常として、現在このエリアには、倉庫や運送・物流業、リサイクル業といった職種の施設が集中、立地しています。つまりこの入間郡のヤマは土地の起伏を象《かたど》ったものではなく、近世初期、近隣の村々が燃料をはじめ肥料や飼料、屋根葺《ふき》資材その他生活物資の多くを依存していた広域の入会地＝秣場《まぐさば》を表したと見るのが妥当でしょう。

ヤマとは、元来ヒトの支配の及ばない無縁の領域の謂いでした（註2）。そうして近世に継受された茫漠たる「武蔵野」の光景は、このヤマにこそ存在していました。したがって、ここに描かれている「山」は地形のそれではなく、ヤマという名辞に対応した近世初期の「土地利用」表現ということができるでしょう（註3）。

しかしこの一帯の領域の支配者であった川越藩は、このヤマすなわち秣場に目をつけ、新田開発を推進します。そのため武蔵国図の元図の成立年代である正保につづく慶安期からすでに村争いが頻発し、ヤマ＝武蔵野は蚕食《さんしょく》されて、その景観は大きく変容していくのでした（註4）。

幕末に近い天保年間に成立した『江戸名所図会』は、その天璣之部の「武蔵野」の註に「元禄中柳沢侯川越を領せられし頃、北武蔵野新田開発により、下宿《げしゆく》といふ地の傍に、原野の形勢《かたち》を残され、大野と号《なづ》くる。故に月にうそぶき露をあはれみ、また千種《ちぐさ》の花を愛《め》で、虫の音を賞せんと、中秋の頃幽情をしたふ輩《ともがら》こゝに遊べり。その行程、江戸よりは十里あまりなり」と認《したた》めましたが、柳沢吉保《よしやす》はむしろお抱えの荻生《おぎう》徂徠《そらい》の建議を入れて新田開発を加速した人物として知られます。元禄以降の「武蔵野」はすでに「江戸近郊の箱庭」と化していたのです（註5）。

ムサシノAとムサシノB

国木田独歩が「昔の武蔵野は萱原《かやはら》のはてなき光景をもって絶類の美を鳴らしていたようにいい伝えてあるが、今の武蔵野は林である。林はじつに今の武蔵野の特色といってもよい。すなわち木はおもに楢《なら》の類《たぐ》いで冬はことごとく落葉し、春は滴《したた》るばかりの新緑萌《も》え出ずる（以下略）」と賛美したのは明治も三〇年を過ぎた一九世紀末の武蔵野で、彼が親炙《しんしゃ》していたのはコナラ、クヌギを主体とした二次林でした。その武蔵野の範囲は「雑司谷《ぞうしがや》から起って」西は立川、所沢、田無、布田《ふだ》、登戸、二子《ふたご》から、東は亀戸、小松川、木下川《きねがわ》、堀切をめぐり「千住近傍へ到つて止まる」広大なエリアとしてイメージされました。

しかし前述のように、近世の武蔵野は現在の都県界一帯の狭い範囲に認知されていたのです。ましてそ

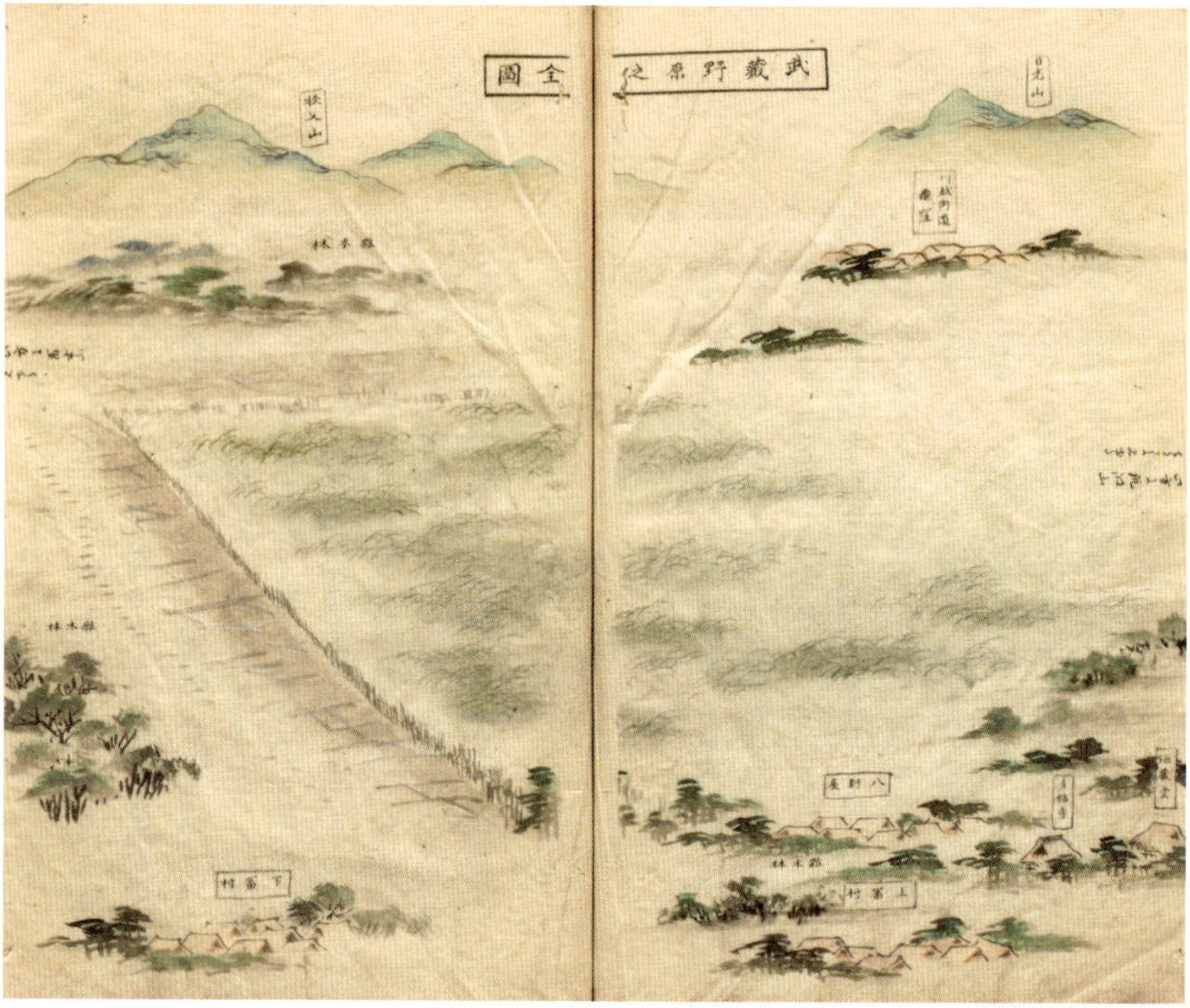

図 4-2 『川越松山巡覧図誌』(文化 15:1818 年。国立公文書館蔵)所収「武蔵野原之全図」

図の右上の山は「日光山」、その下の集落は「川越街道亀窪」(現ふじみ野市亀久保)。左上の山は「秩父山」でその下には「雑木林」と書込みがある。「武蔵野」は「武蔵野原」と記し、中央に広がる。下辺には右端から「地蔵堂」「多福寺」「上冨村」「八軒屋」「雑木林」、左下に「下冨村」と記す。江戸時代後期の、縮小された武蔵野(入会地)の範囲がよくわかる。201 ページ図 E-9 参照。

図 4-3　多福寺参道前から北東を望む
「武蔵野原之全図」にある日光山はこの方角にあたる。この前景一帯には、近世後期の入会草地「武蔵野原」が広がっていた。撮影筆者。

こは立木を主体とした樹林地などでありませんでした。『川越松山巡覧図誌』にあるように、近世武蔵野は文字通り「野」で、かつ限定されたエリアの残留入会地つまり「秣場」だったのです。

乏水地帯に残された武蔵野すなわち「秣場」が、新田開発によって消滅していくなかで、入植者戸別に割り当てられたのは、細い短冊形の土地のひと区画でした。それは**図4-4**に見るように、街道に面して屋敷地、その奥に耕作地、そして最奥部に「ヤマ」を配した特徴的なものでした。ヤマとはいえそれは元来武蔵「野」の一部で、入会地に代わり緑肥や燃料、飼料に資材等々（註2参照）を採取する不可欠の割当地にほかなりません。

やがてそれは換金用の木炭《もくたん》材育

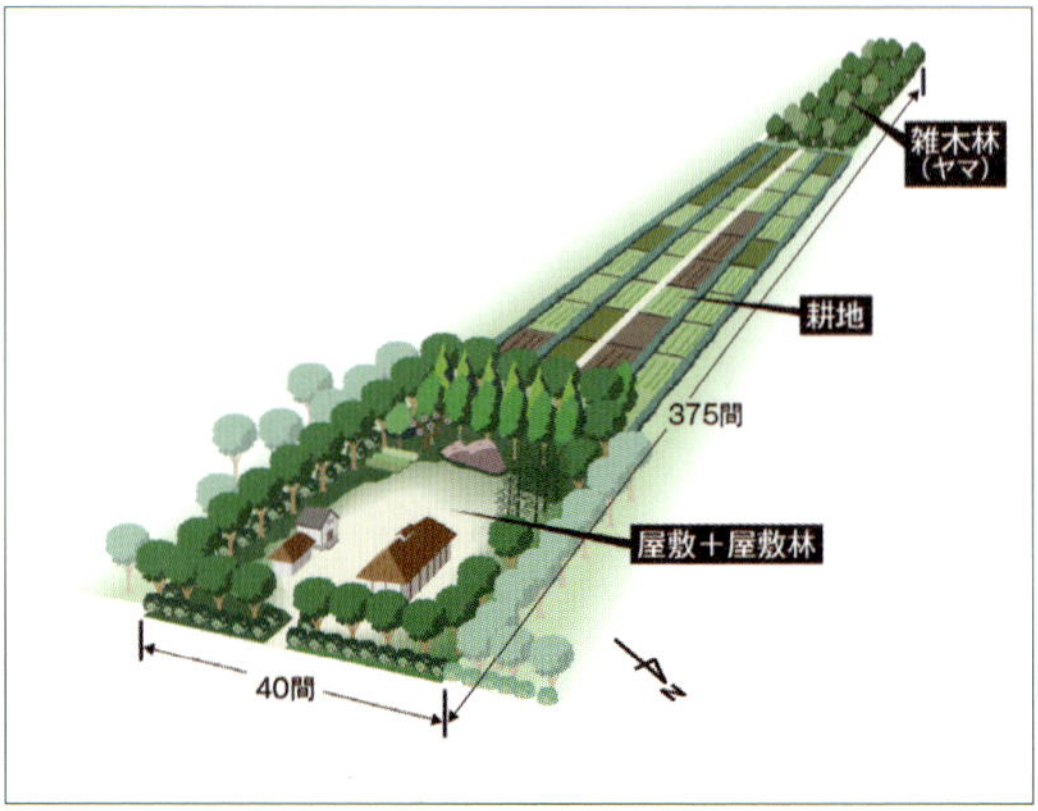

図 4-4　『武蔵野樹林』（Vol.4, 2020 年夏号）から、三富新田の入植地模式図

約 5 ヘクタールの細長い短冊状の区画で、最奥部はヤマと称される。

成採取のためコナラやクヌギを主体とした樹林に変容するのですが、おそらく新田地割当初から、そこは「ヤマ」と言い慣わされていたのです。

国木田独歩の武蔵野は、無主無縁どころか入会＝共同性もほとんど剝脱された後の存在でした。したがって「八王子は決して武蔵野には入れられない」などと理由を示さずに断定するものの、実は一定の雑木林がありさえすればそこに「趣味」が見出され、武蔵国内どこでも「武蔵野」になり得ました。近世を境とした二様の武蔵野は、名辞を同じくした別存在「ムサシノA」と「ムサシノB」であって、両者の間には景観認知上の明確な「崖」が存在します。ムサシノAが維持されるためには、春先の野火が不可欠でした（註 6）。それは縄文時代以来、広大な「入会地」において絶えることなく繰り返されてきたのです。それはムラムラの連絡によって注意深く管理される行為でした。したがって「野火止め」は固有名詞ではなく、普通名詞であったのです。

武蔵野のイドとミチ

図 4-1 の入間郡の中央付近には池が描かれていて、「堀兼井」と記載があります。その西隣の村は「南

入曾」と「中入曾」です。堀兼も南北の入曾も、現在の埼玉県狭山市南端近くの地名で、図の堀兼井の位置はたしかに同市大字堀兼の堀兼神社付近にあたります。そうしていわゆるまいまいず井戸型の「堀兼之井」跡もたしかに当該社境内《けいだい》に所在します（図4-5）。しかしその西南西約二・五キロメートルの位置には、「七曲井《ななまがりのい》」が所在し、ほかにも同型の井戸跡が遺《のこ》されていて、『とはずがたり』が「堀兼井はあともなくて、たゞかれたる木のひとつのこりたるばかりなり」と記しても、古来歌に詠まれた井戸跡をどれと特定する手掛かりはないのです。

武蔵国府（東京都府中市宮町）を目指し、広大な乏水地帯武蔵野を南北ほぼ一直線に貫いた古代官道「東山道武蔵路」（二二ページ参照）沿いにはいくつかのまいまいず井戸型水場が鑿井《さくせい》されていました（図4-6）。それは地下水位の極端に低い武蔵野台地に特有の、表土の大量除去を前提とする二段構造の井戸で（図4-7）、古代初期の権力による動員なしには「堀り兼ね」た代物《しろもの》と考えることができるでしょう。つまり「堀兼井」も固有名詞ではなく、普通名詞であったと思われるのです。

武蔵野のツカ

一方、入間郡の南西に描かれた小さな山々はその西端、多摩郡側の山腹に「狭山」と書き込みがあって狭山丘陵を表わしますから、これは地形実体そのものです。丘陵東側に書き込まれた入間郡の村名を東側から挙げていくと、「北秋津」「下新井」「久米」「岩崎」「荒畑」「所沢」「打越」「堀ノ内」「上新井」「氷川」「ホダイ木」「北村」「山口」「林村」「三ヶ島」「勝楽寺」で、丘陵西側の四角内は「宮寺町」とあり、現在の東京都東村山市から埼玉県所沢市、同入間市にまたがるエリアに相当します。

八つの小さなピークで表わされた入間郡の狭山丘陵の起伏は、ひとつを除いて入間郡の中央付近から眺められた形に描かれ、多摩郡側の狭山丘陵の山形と頭を突き合わせています。

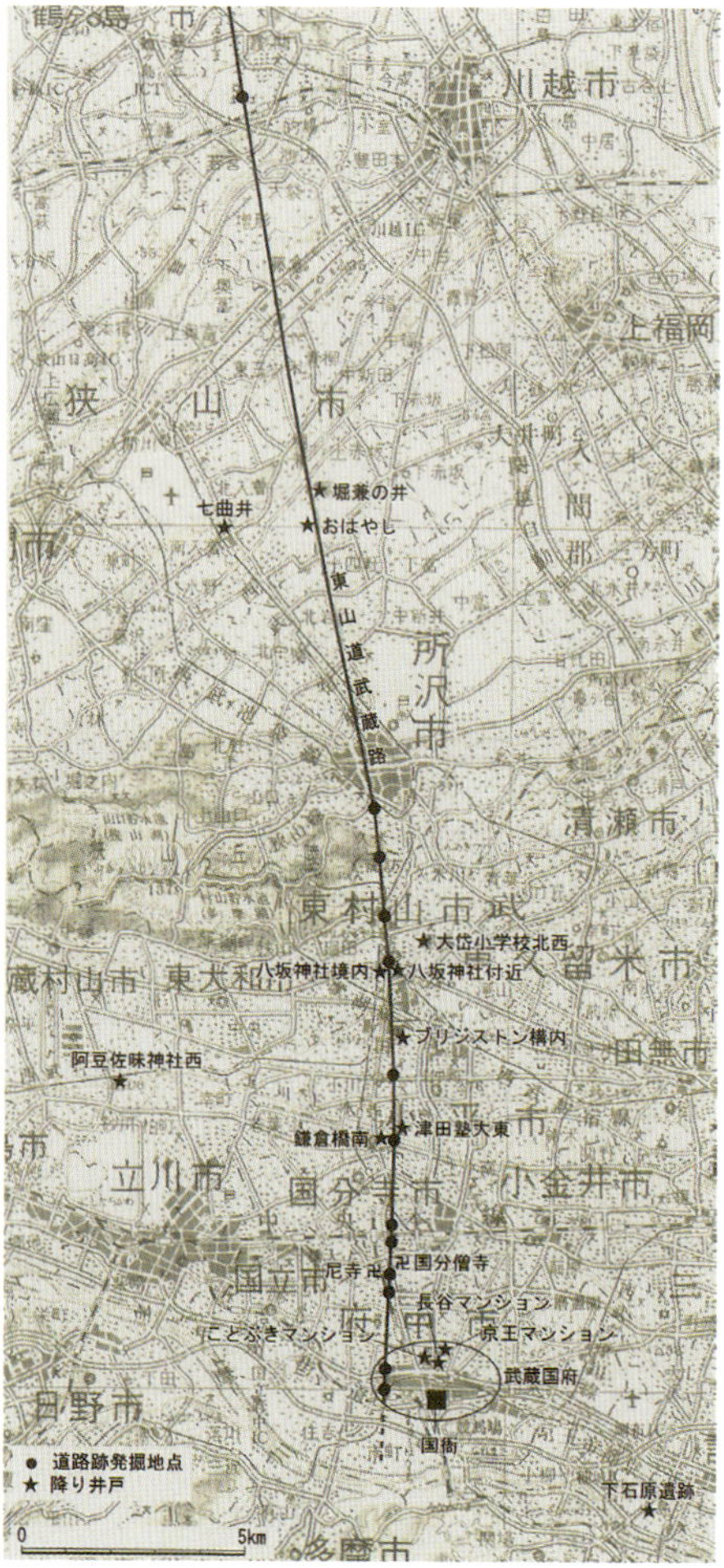

図 4-6　東山道武蔵路と「降り井」

深澤靖幸「国府界隈の古井戸をめぐって」『多摩のあゆみ』（111 号、2003 年 8 月、24-31 ページ）から。深澤氏は通称まいまいず井（ほりかね井）を「降り井」としている。

図 4-5　狭山市堀兼の堀兼神社境内に所在する「堀兼の井」

台地面は地下水位が低いため、水を得るにはまず地表を漏斗状に掘削しなければならなかった。地表から螺旋状の通路で中央に下り、そこからさらに垂直に穿たれた井により水を得るが、この井戸跡には通路跡も見えない。堀兼神社の創建年代は不明なるも、宝永と天保年間の碑がある。撮影筆者。

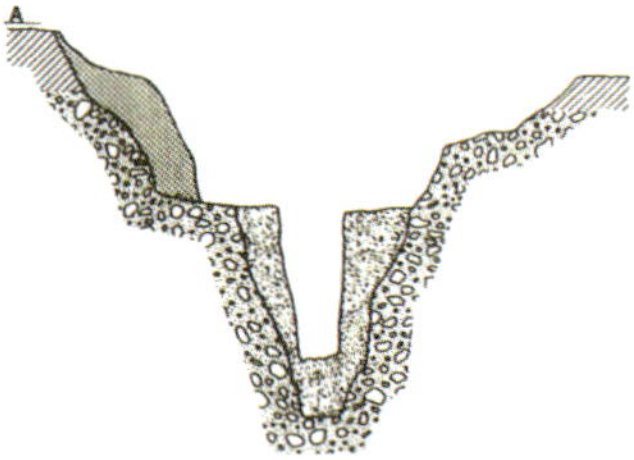

図 4-7　まいまいず井戸の構造

図 4-6 下石原遺跡第 4 地点発掘井戸断面図（中山真治「武蔵国府の井戸について」『東京の遺跡』13 号、1986 年。

近世までの比較的大きな地図（本図全体では一九二×一八〇センチメートル）は、通常畳などの平面に広げ、周囲に立って見るのが一般的でしたから、図描に統一的な上下の向きは存在しませんでした。それ故に山のピークや村などの地名の向きは、地図作成者およびその利用者の、それぞれの地域における主要な空間認知の位相を示していると考えられます。つまり入間郡の狭山丘陵はその中央付近、図には描かれなかった往還（註7）からの景観が意識され、多摩郡の場合、国分寺崖選などは甲州街道側に視点を置いて描かれているのが見てとれるでしょう。

さて新座郡にも孤立した大きな山が描かれ、「野火留塚」とあります。現野火止塚は埼玉県新座市野火止の平林寺《へいりんじ》境内に所在する築山です（**図4‐8**）。一二万坪を擁するという平林寺敷地はその境内林が国指定天然記念物とされ、「武蔵野の面影を残す」とも称されています。もちろんそれは草本の「ムサシノA」ではなくて、木本《もくほん》主体の「ムサシノB」の面影なのでした。

境内の立地は、**図4‐9**に見るように標高四八メートルほどの侵食残丘の一部で、境内の西を区切る野火止用水とは九メートルほどの高低差があります。そのことは生い茂った樹々のためにほとんど意識されませんが、野火止塚は南南西から北北西の延長長軸をもつ細長い侵食残丘面の中央に築かれた塚です。つまり絵図に描かれたヤマは、自然と人工の二重の高まりをまとめて表しているのです。

この塚は道興准后《どうこうじゅごう》がその紀行記録（註8）のなかで、三キロメートルほど離れた現朝霞市の膝折に向かう手前で触れていますから、江戸時代初期の寛文三年（一六六三）に岩槻からこの地に移転してきた平林寺よりはよほど古い造営物で、**図4‐1**は平林寺移転前の地図なのです。

道興も『江戸名所図会』も、この塚については『伊勢物語』の「武蔵野はけふはな焼きそ」の歌をひき、とくに「図会」は焼畑の延焼防止施設と説明しています。

しかし平坦地に孤立する二段構えの高まりとはいえ、そのことがとくに遮蔽効果をもつとは見做《みな》し難いでしょう。すでに幾度か述べてきたように、武蔵野は焼畑ではなく、縄文時代中期からヒトが定期的、組織的な火入れによって維持してきた草本主体の広大な人工植生地域でした。

したがってこの地物については、春先の火入れ共同作業の際、適切な合図を可能とするために武蔵野の各所に造成された望遠・信号基地のひとつで、その機能の一面が業平伝説に付会されて残されたもの、という想定も可能でしょう。またそれは集団で行われた狩猟、たとえば「焼狩」（二四ページ参照）の指揮所を兼ねたものであったかも知れません。片やそれは道興の時代から「野火止塚」と伝えられ、まして当時は

図 4-8　所沢市平林寺内の野火止塚
撮影筆者。

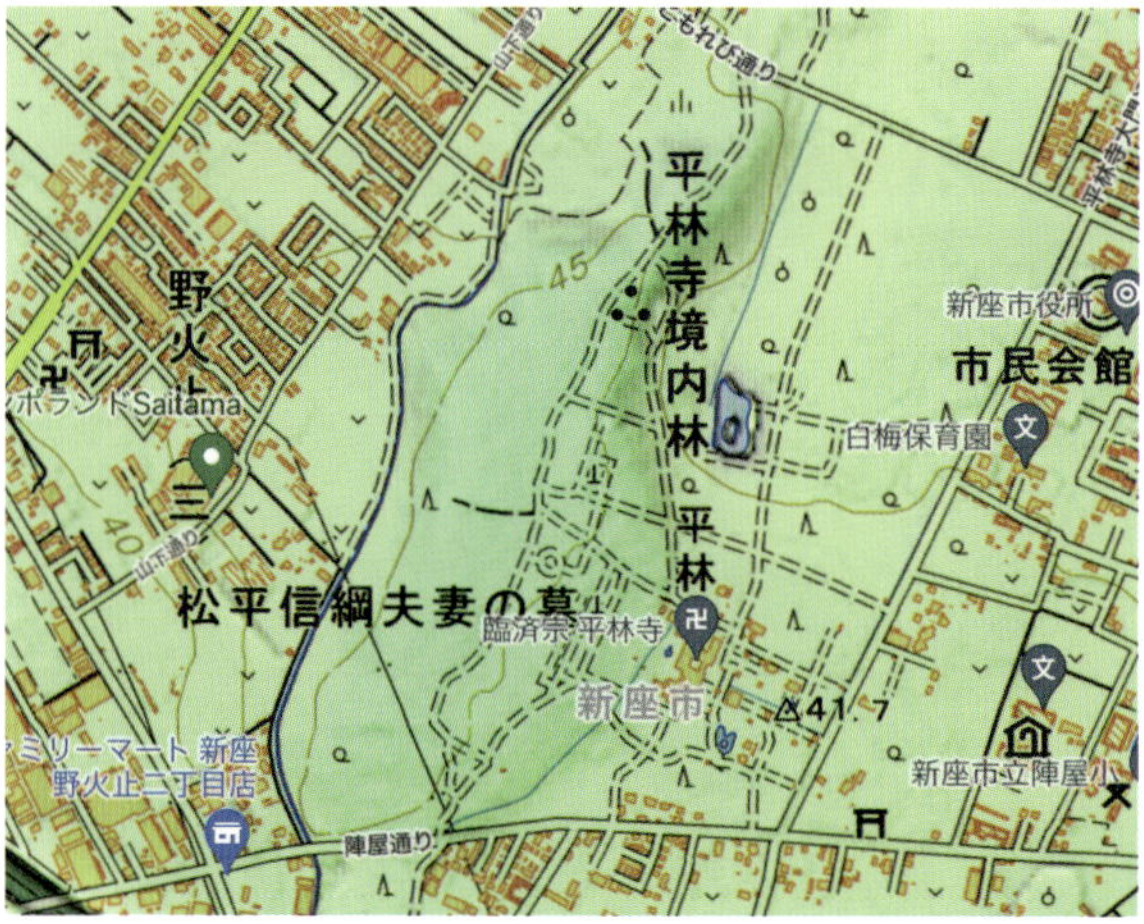

図 4-9　モバイルアプリ「スーパー地形」から平林寺とその周辺
「野火止塚」は侵食残丘面の中央、「松平信綱夫妻の墓」の「墓」の文字に接する円形庭園路の中に位置する。境内の西側を野火止用水が北流する。

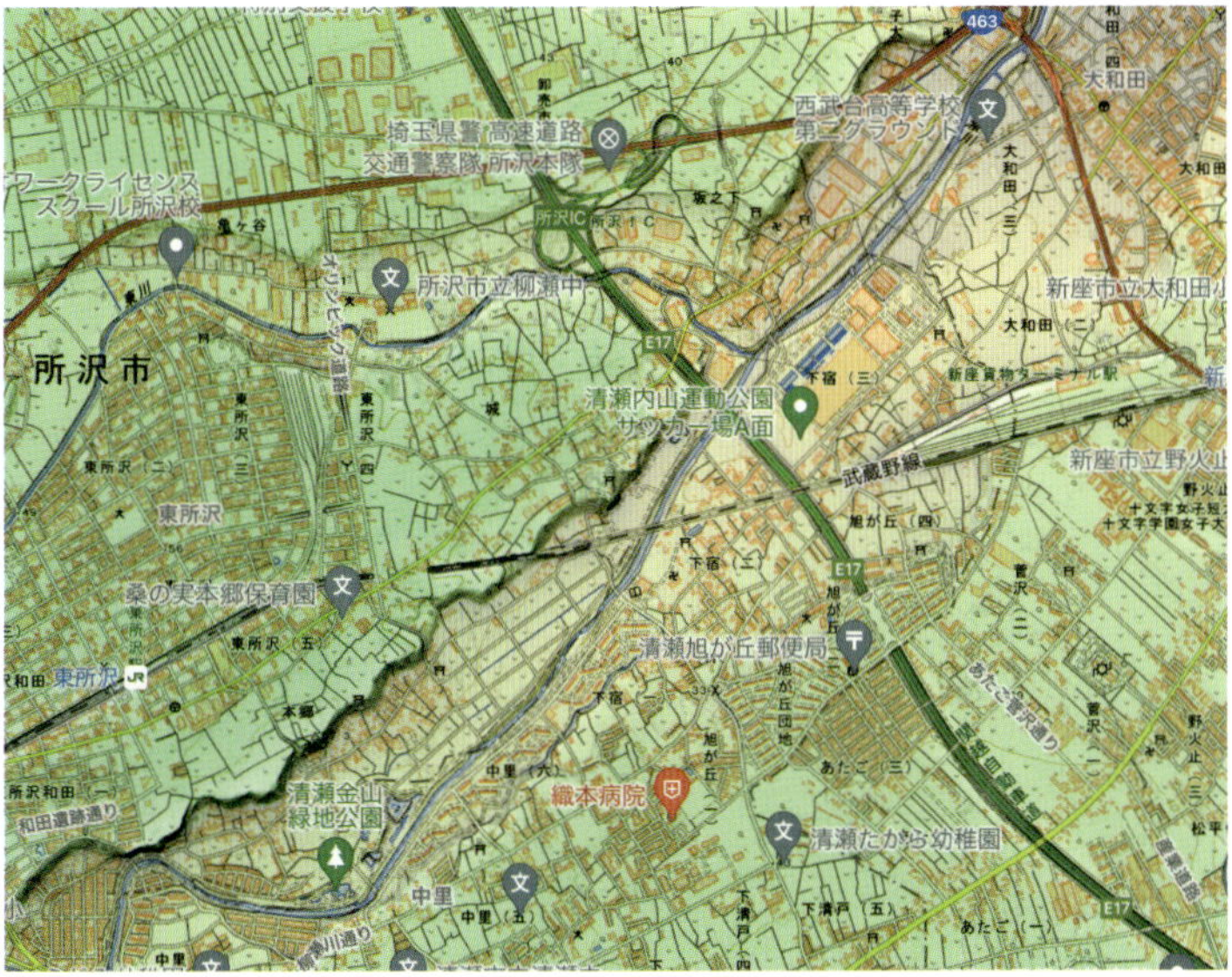

図 4-10　タブレットアプリ「スーパー地形」から、柳瀬川とその支流東川の谷
谷壁斜面が顕著。平林寺は右下図外、左上に新田開発地割が明瞭。

新田入植以前、一円に人家を見ないのですから、中世の修法壇《しゅほうだん》（註9）として使われた、もしくはそのために新たに造営された可能性は低いでしょう。

以上「武蔵国図」に拠って、武蔵野地域の特徴的な描写を見てきました。この図のカラー複製を附録とした埼玉県史は他に例のないこの図の意義を認めつつ、山ではなく川に着目し「足立郡の辺に荒川に沿った架空の川が書き込まれているなど、まれに注意を要する部分もある」と書いています（註10）。足立郡近辺の川についていま詳《つまび》らかにする用意はありませんが、近世の書上げや伝聞資料から作成されたこのような小縮尺地図（絵図）が曖昧、ないし今日からすれば誤りとされるような表現を伴うのはよくあることです。しかしその内容を仔細に検討すれば、存外に的確と判断される場合があります。すくなくとも入間郡の「山」は、架空ではありません。ヤマは入会地、入会地はヤマなのでした。

註

1 川村博忠『江戸幕府撰国絵図の研究』一九八四年、五二二ページ。

2 日本民俗学で「山中他界」とは、海と並んで山を死者や祖先すなわちこの世ならざるものの領域とするが、古代律令においては「自余の禁処に非ざらむは、山川藪沢《せんせんそうたく》の利は、公私共にせよ」（「養老律令」〈七五七年〉雑令第卅）とされていた。阿部猛編『日本古代史事典』（二〇〇五年）では「山川藪沢」について「文字どおり、山・川・藪・沢であるが、耕地化されず未開のままの利用地」とし、「特定の人による永続的占有を認めず、何人も自由に用益することができた。利用の具体的内容は、①果実などの採取、狩猟、漁撈、②燃料の採取、③建築用材の採取、④庸調の材料の採取、⑤飼料の採取、⑥肥料の採取、⑦鉱物など地下資源の採取、⑧灌漑用水の利用などであり、班田農民の再生産にとって重要であった。しかし、貴族・豪族ら有勢者によって山川藪沢が占有され、「公私共利」の原則が無視されたことは、多くの史料の語るところである。特に平安初期以降、権門勢家による山野占有は大きな政治・社会問題となった」と記す（二六一ページ）。「ヤマ」とは元来ヒトの支配の及ばない畏怖と畏敬の空間で、今日の用語では「自然」ないし「自然界」に相当する。その「ヤマ」は必ずしも地形上の凸部にかぎられず、人里離れた平坦部の「ノ」も「野辺送り」の語が示すように他界に通じる空間で、「ヤマ」と称されることもしばしばである。

3 国立公文書館所蔵の正保国絵図模写図には、松平乗命《のりとし》旧蔵「日本分国絵図」のほかに中川忠英《ただてる》旧蔵「日本分国図」がある（川村博忠『江戸幕府撰日本総図の研究』二〇一三年、二一一―二一四ページ）。中川本の武蔵国図には入間郡の「山」はなく、『新編武蔵風土記稿』の入間郡の「正保年中改定図」においても同様である（一九八ページ図E－6）。このことは逆に、松平本における入間郡の「山」加描の意味を際立たせる。

4 『三芳町史　通史編』一九八六年、第三章第二節「武蔵野秣場出入」一四三―一五二ページ。また、『小金井市史　通史編』二〇一九年、近世第五節、一八七―一九二ページ「秣場騒動」や『目黒区史』一九七〇年（第三版）の衾村秣場にかかわる記載（二四一―二四四ページ）も興味深い。

5 今日の東京に「箱庭」的に残る「武蔵野」を求めるとすれば、武蔵野台地の東端に近い、港区白金台の「国立科学博物館附属自然教育園」に見出されるだろう。

6 佐藤孝之・天野清文編『近世古文書用語辞典』二〇二四年、五七二ページ「まぐさば」の項に見られるように「春時《はるじ》分秣《ぶんまぐさ》場《ば》江野《えの》火附申《びつけもうし》 候《そうらえ》 得者《ば》」は近世古文書における類型的表現である。

7 国立公文書館デジタルアーカイブ「新編武蔵風土記・巻一五六、入間郡之一、郡図、正保年中改定図」には入間村から南入曾村、所沢村、北秋津村を経由する一里塚のある道の記載がみられる。

8 『中世日記紀行文学全評釈集成　第七巻』（二〇〇四年）「廻国雑記」の章（五九ページ）に「此のあたりに野火どめのつかといふ塚あり、けふはなやきそと詠ぜしによりて烽火忽にやとまりけるとなむ。それより此の塚をのびどめと名づけ侍るよし国の人申し侍りければ」とある。

9 国分寺市西元町四丁目、国分寺崖線の上位面で発掘された盛土遺構は、底辺約二二メートル、高さ約三メートルの扁平な方錐体で、伝祥應寺にかかわる中世の修法壇跡とされる（国分寺市教育委員会の現地説明板記事）。

10 『新編埼玉県史　通史編3　近世1』一九八八年、付図袋裏解説。

第5章

ミチの武蔵野

線分のミチ

第1章で述べたように、武蔵野が成立したのはおよそ五千年前の縄文文化最盛期であったと思われます。それはヒトの意識的かつ組織的な野焼きによって創出され、以後春先には休むことなく繰り返された結果、「ノ」は近世まで維持されてきました。そのノを地図から、あるいは地図的認識によって、考察するうえでもっとも重要なのは「ミチ」でしょう。何故ならばヒト社会の地図の基幹構成子は、通常は「ミチ」だからです。ノ成立当初頃の武蔵野のミチはどのようなものだったでしょうか。日本列島の新石器時代、すなわち縄文時代の道路遺構は、集落内およびその近縁に見出されています。集落の中心から幅約一二メートル、長さ四二〇メートル以上にわたって海につづく浅い溝状のミチが検出された大規模集落、青森県の三内丸山《さんないまるやま》遺跡の道路跡はとくに著名でしょう（註1）。

武蔵野の近隣では、入間川左岸飯能市岩沢の加能里《かのうり》遺跡で検出され、二〇一七年に「縄文時代の舗装道路」として話題になった約三千五百年前の縄文後期後半の遺構が知られます。幅三～四メートル、長さ二〇メートル以上にわたって帯状に石を敷き詰めたミチですが、その敷設プロセスは浅掘して砂利を盛り、上部を石で密に覆い、路面を当時の地表面から盛り上げて緩やかな凸状とし、さらに路肩を大きめの石で覆って雨水や流水侵食に備える、舗装道路なみの念の入ったものでした（註2）。この道路構築には、遺跡一帯の地名「岩沢」が示すように、路材として用いる石が至近の入間川から容易に調達できる点で、関東ローム層が広範かつ深厚に覆う武蔵野台地中央部とは、また別の条件が存在したと言わなければなりません。

なお新潟県村上市の奥三面《おくみおもて》遺跡群元屋敷遺跡では、数十センチを掘りくぼめ砂利を敷いた幅約二メートルの国内最古と言われる舗装道路遺構（約三千年前）が発掘されています（註3）。

加能里遺跡から南東へ約一六キロメートル、狭山丘陵南斜面下、北川の旧河道とその支流の合流点に立地した縄文時代後期を中心とする東村山市の下宅部《しもやけべ》遺跡では、検出された水場遺構の杭列が木道跡の可能性があり、また斜面に設置された丸太材（図5-2）は一種の階段で、坂道にほかなりません。縄文時代

図5-1　加能里遺跡で発掘された道路遺構（上）とその縦断模式図（下）（いずれも朝日新聞社提供）

図 5-2　東村山ふるさと歴史館『下宅部遺跡展「縄文人の植物利用」』（1990 年）から「斜面に設置された丸太材」

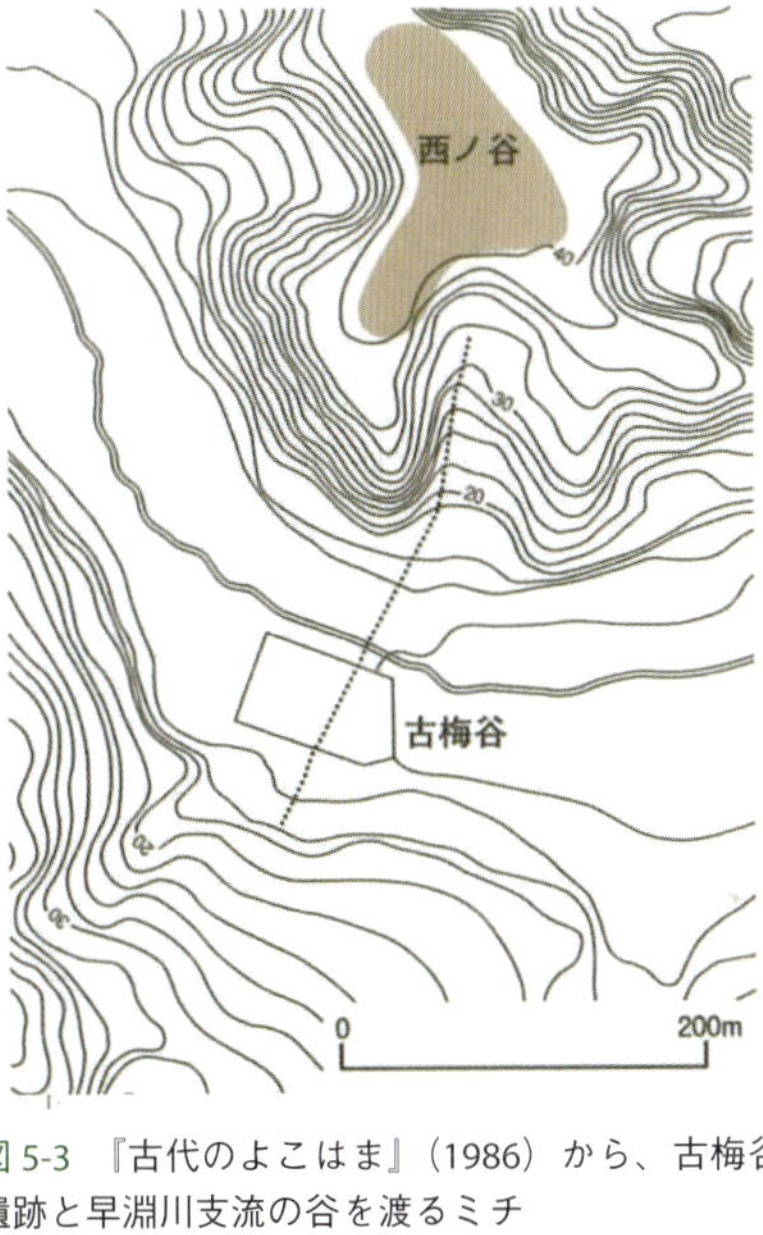

図 5-3　『古代のよこはま』（1986）から、古梅谷遺跡と早淵川支流の谷を渡るミチ
木道はこのミチの一部であった。

後期の木道と言えば、横浜市都筑《つづき》区の古梅谷《こうめやと》遺跡では全長七〇～八〇メートルあったと思われる木道の渡り木や枕木、杭などの一部がそのままの形で出土しました。それは早淵川《はやぶちがわ》支流の谷に渡されていたのです（図5-3）。『古代のよこはま』（註4）では次のように解説しています。

古梅谷の木道は、おそらく西ノ谷のムラの人々がふもとの谷を渡るために設けたものである。ムラ人はこの橋を渡って狩に行き、他のムラへ出かけていった。当時の集落はすべて台地の上にあり、ムラとムラとは谷や川でへだてられていたが、陸上の道の他は、大きな川は丸木舟を使い、小川や湿地には木道をもうけて行き来したのであろう。人々はさまざまな物質や情報をたずさえていきかい、こうしてムラとムラの交流が行われたのである。

武蔵野の加能里遺跡や下宅部遺跡の位置については、本書一九ページの図1-8で確認できますが、そこに明らかなように、遺跡は湧水や流水すなわち地表水の至近に立地していました。逆に言えば、恒常的に水を得られる場が近くになければ、居住地は存立し得なかったのです。しかし繰り返し述べてきたように、武蔵野の大部分は水場に疎遠な乏水地帯でした。それゆえに、武蔵野は縄文のムラの後背に展開する狩猟採集のフィールドつまり各ムラの入会地（ノ）とされ、そのかぎりにおいて豊穣の沃野《よくや》として維持されてきたのです。広大な入会地武蔵野を通る縄文時代のミチは文字通りの草分けミチで、それはムラとムラの連絡路であり、また回遊性をもつケモノたちを追い、待ち伏せ、罠を仕掛けたミチでもあったでしょ

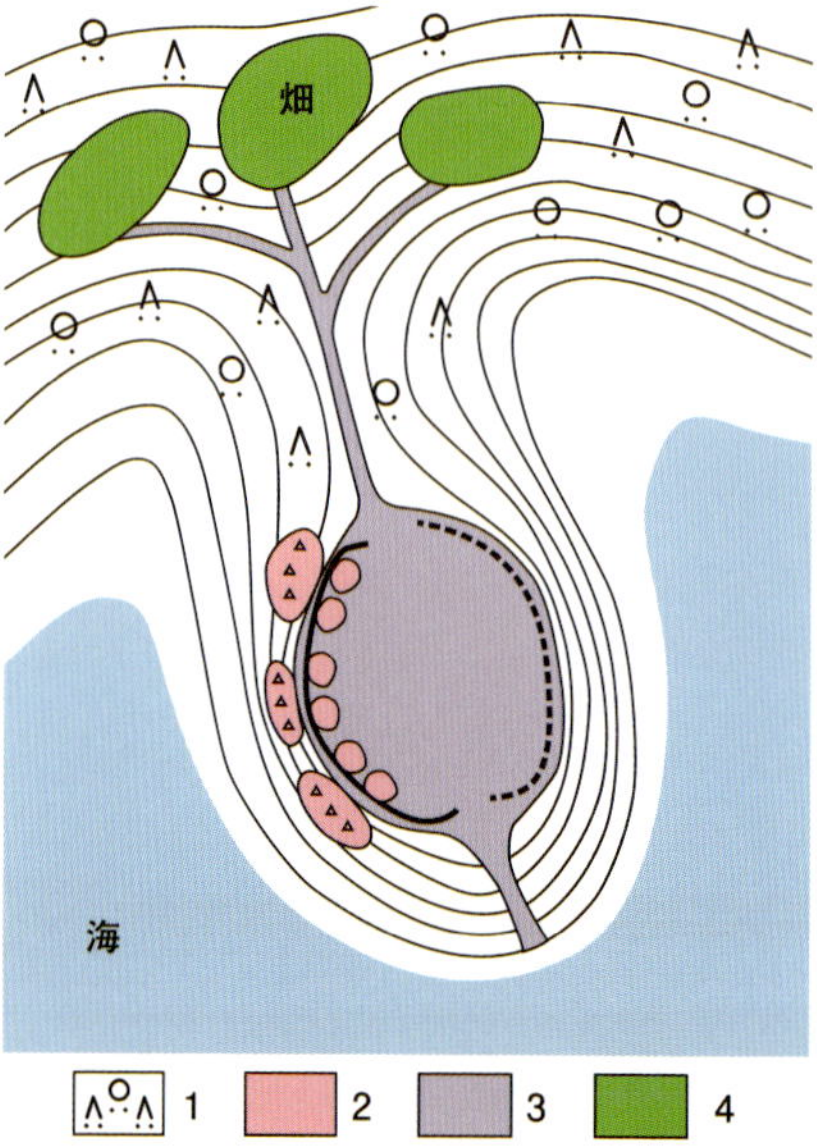

図 5-4　水野正好「縄文時代集落研究への基礎的操作」（『古代文化』1969 年 4 月）から、「村の用益図」を改描

1：原生林（狩場）、2：家族用益地（住居・貝塚）、3：村の用益地（道路・広場）、4：本来村の用益地であるが家族に用益の認められるもの（畑）。

う。しかしそのフットパスを見極めることは至難です。

縄文時代のムラの拠点である環状集落のミチについては、**図5-4**の模式図が参考となるでしょう。家々はムラビトの集まる広場を囲むのですが、広場の中心は墓域で、広場全体はおそらくニハ（庭）と呼ばれていました。しかし広場を抜けて集落の外に向かう、もしくは集落の外部からその中心を目指す経路がミチと言われていたわけではありません。もちろんおもなミチは、ムラビトの共同作業として造成されたことは疑いないのです。だからわざわざ尊称「ミ」を冠する必要はありませんでした。

私見では、ミチの「チ」とは領域（テリトリー）を含意する縄文語で、そもそもは異界（ノ・ヤマ・ウミ）に対するヒト領域を指していました。それがミを付して開発道路を意味するようになったのは、身分制社会に分化して後のことであったと思われます。


約一万二千年つづいた縄文時代は草創期から晩期まで六期に分けられ、ムラの様相に変遷はあるものの、水田農耕に基盤を据えた後世のムラとは本質を異にしていました。ヒトは旧石器時代と異なり一定の居住地すなわちイエをもったとはいえ移動となお無縁ではなく、エリアは占有はしても占拠（所有）するものではありませんでした。依存する世界は自然環境それ自体でしたから、それが定常よりも変動を本質とし、畏怖《いふ》すべき存在であることは意識するしないにかかわらず認知されていたのです。

土地の占拠と自然改変に基盤を置く異族との間に執拗な戦いが繰り返され、その最前線と「ミチ」が列島を東進し北上するのは、縄文文化が盛時を過ぎ二千年も経って後のことでした。それは生活形態の戦いであり、世界観の戦いでもありました。前線では捕囚《ほしゅう》が発生しました。『後漢書』や『魏志倭人伝』に見える倭から大陸に献上された「生口《せいこう》」はその一端で、それは形を変えて二世紀以上におよぶ「蝦夷《えみし》戦争」となり「俘囚《ふしゅう》」の語を生み出しました（註5）。したがって「日本はゲリラ戦のなかった国」などといった言説は「常民バイアス」とでも言うべき短絡なのでした（註6）。

縄文のミチには、①高位の居住地と低位の水場の間を往復するもの、②居住地とノ・ヤマ・ウミの狩猟採集地の間に設けられたもの、③ハタケやハヤシ（縄文農耕地）、水さらしなどの作業場に至るもの、④拠点集落どうしすなわちムラとムラを連絡したもの、⑤拠点集落と枝集落ないし単独のイエ、および狩猟などのための一時的な居住地（ハナレ）を結んだもの、⑥ノ・ヤマの中にあって狩猟採集時に用いられたもの、といった類別が想定できますが、実際は各要素が兼ね合うミチが多かったでしょう。ただし前述の鋪石を伴った道路遺構は①、三内丸山のミチは②、湿地に渡された木道は③といった見立てが可能です。

いずれにしても縄文のミチは必要に応じ、踏み分けられて自然にできるか、ムラビトの共同作業によって敷設されるかのいずれかでした。この時期の列島のヒト社会は比較的小さな地域的分節であり、線分（セグメント）のミチがそれを繋《つな》いでいました。武蔵野にあっても、ミチは基本的に踏み分け（草分け）ミチとしてノに入り込み、縦横また斜行していたのです。

オブシディアン・ロードとジェイド・ロード

ところで、狭山丘陵の東南裾に位置し、武蔵野の一角にあたる前述の下宅部遺跡から出土した縄文時代後・晩期の黒曜石製石器を蛍光X線分析したところ、産出地は次の一〇か所にわたることが判明したといいます（註7）。

それは長野県の諏訪星ヶ台、同和田鷹山、東京都の神津《こうづ》島恩馳島《しまおんばせじま》、長野県和田小深沢、静岡県天城柏峠、栃木県の高原山《たかはらやま》甘湯《あまゆ》沢《さわ》、長野県蓼科冷山《たてしなつめたやま》、同和田土屋橋西、同和田土屋橋北、神奈川県箱根畑の各黒曜石産地です。

長野県の産出エリアと下宅部遺跡は約一二〇キロメートル、栃木県高原山とは一二五キロメートル、神津島に至っては一八〇キロメートルも離れていて、しかもその間に流れの速さで知られる黒潮の海域が横たわっています。神津島の南、三宅島の沖合からは黒潮の分流が北上し、伊豆南端の石廊崎《いろうざき》沖はいまなお貨物船が「風待ち」をする太平洋沿岸航路の難所のひとつと言います（註8）。

しかしながら下宅部遺跡出土の各種黒曜石は、当時それぞれを運んだヒトとミチが存在したことを、疑問の余地なく指し示しています。日本列島における黒曜石の原産地はきわめて限られていますが、その器材の鋭利さのため旧石器時代と縄文時代を通じて広く用いられました。武蔵野エリアでも黒曜石は多数の遺跡から出土します。武蔵野には、黒曜石が移動したミチが各処に通っていたのです。

この場合のミチとは荷を伴ったヒト移動のルートで、遺構として残るものではありません。その経路を語るのは、点々と残された遺物と遺跡、そして地形ですが、それをたどればセグメント（線分）ではなく、紐《ひも》状に伸びるトレイル・ラインが浮上するでしょう。

そのラインを具体的にトレースするのは難しいとしても、いくつかの手掛かりから地図の上で想像を逞《たくま》しくすることは不可能ではなく、また無意味でもありません。とりあえず往古ヒトがたどったおもな経路を類別すれば、ひとつは分水嶺ないし微高地を伝う尾根ミチ、もうひとつは川に沿った谷ミチ、そして海上をわたる海ミチの三類となるのです。

日本列島の地形は起伏をもってその特徴とし、全面積の七五％は山地とされます（註9）。山地は谷に刻まれ、斜面は多くが急傾斜ですが、武蔵野を擁する関東平野はそのなかの最大の平野（平坦地）です。したがって外燃および内燃機関の出現以前、また大規模な自然改造以前は、ヒトの長距離移動におけるアップ・ダウンの労度回避は最大の課題でした。

山がちの地形のトレイルにまず谷ミチをとった場合、渓谷に沿って上りつめればそこは分水界で同時に山稜の鞍部《あんぶ》すなわち峠（パス）となります。峠に立って、左右いずれかの分水嶺を上れば尾根ミチに取りつき、反対側に下ればまた谷ミチをたどります。

ところで、作家の瓜生卓造《うりゅうたくぞう》は読売文学賞を受賞した作品で次のように書き残しました（註10）。

> 檜原には縄文各期の二十七ヶ所の遺跡が確認されている。なかでも四十九年に発掘された中之平遺跡は有名である。（略）遺跡は藤倉小学校から一時間余も急登した尾根上の小さな平坦地にある。標高九五〇メートル、東京都最高点の遺跡とされている。（略）遺跡から長野県産と思われる黒曜石が発見された。彼らは信州のどこかから尾根伝いにやってきた。あるいは山梨に入り、秩父の稜線を伝ってここまできたのかもしれない。

藤倉小学校は一九八六年に合併閉鎖して建物だけが残り、かつてヒトが息を切らして急登したミチはいま自動車道の都道二〇五号に変じました。道路際には「陣場尾根　中ノ平遺跡」の石碑が建てられています（図5–5）。

諏訪湖の北三〇キロ圏内、和田峠、霧ケ峰、八ヶ岳一帯産の黒曜石は「元祖！信州ブランド」のキャッチフレーズで観光案内に利用されていますが、標高一五〇〇メートルほどの山の中で採り出された黒曜石がいくつかの峠を越えて標高九五〇メートルの東京都檜原村の中ノ《なかの》平《たいら》に到達しているなら、関東山地を抜けて標高百から数十メートルの武蔵野台地にもたらされるのは自然の成り行きでしょう。

図5-5　陣場尾根　中ノ平遺跡の石碑
ここは東京で最も標高の高い遺跡として知られる。撮影安孫子昭二氏。

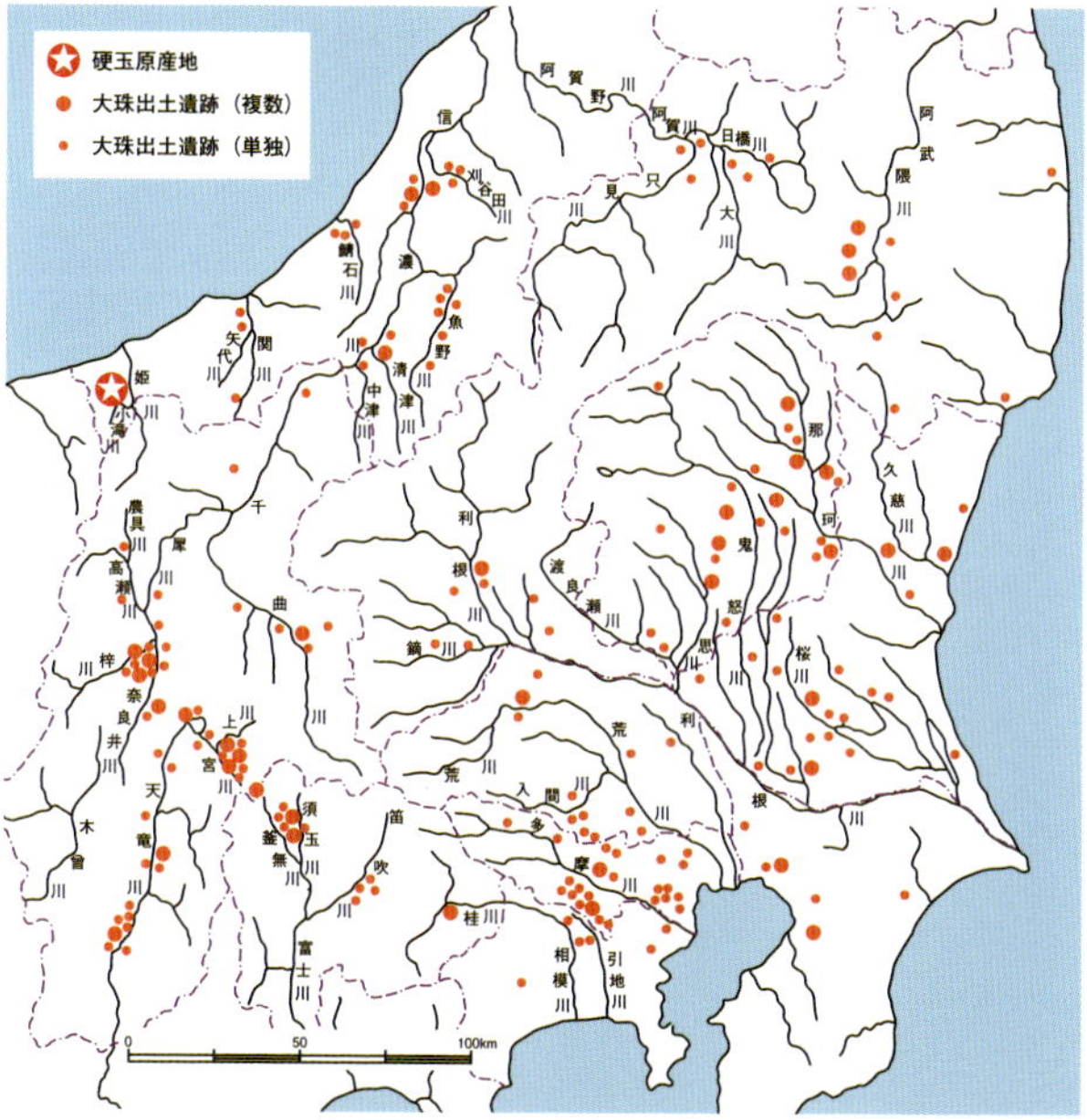

図 5-6　硬玉製大珠分布
栗島義明「硬玉製大珠の交易・流通」『季刊考古学』No.89（2004 年 11 月）をもとに作成。おもな河川名を加筆。

オブシディアン（黒曜石）・ロードとも言われるそのミチ（註11）は、黒曜石とヒトだけが移動したわけではありません。東京都八王子市堀之内の多摩ニュータウンNo.72遺跡や東京都北区の西ヶ原貝塚などからは硬玉（ヒスイ）製の大珠が出土していますが、ヒスイの産地は新潟県の西端、糸魚川市の姫川と小滝《こたき》川下流域にほぼ限定されます。そのため、「長野から山梨を経由して東京西部へと至る「ジェイド・ロード」とも言うべき大密集地の存在」（註12）が指摘されているのです。

図5-7で、「東京西部」に至るジェイドすなわちヒスイと黒曜石のトレイル・ラインをたどってみましょう。

スタート地はヒスイ原産地の姫川と小滝川合流点❶で、そこから最初のヒスイ製品の出土密集地の松本盆地、奈良井川と梓川の合流付近の❷まで、まずは姫川沿いにほぼまっすぐ南下します。日本海側の山裾から谷の細かな蛇行に貼り着くように遡行《そこう》し、小谷《おたり》や白馬《はくば》、簗場《やなば》といったウインタースポーツ・メッカの山稜地帯を抜けてようやく松本盆地（安曇平＋松本平）に下る、緩傾斜をたどる谷ミチです。

この経路には二〇一五年に開業一〇〇周年を迎えたJR大糸線（糸魚川駅―松本

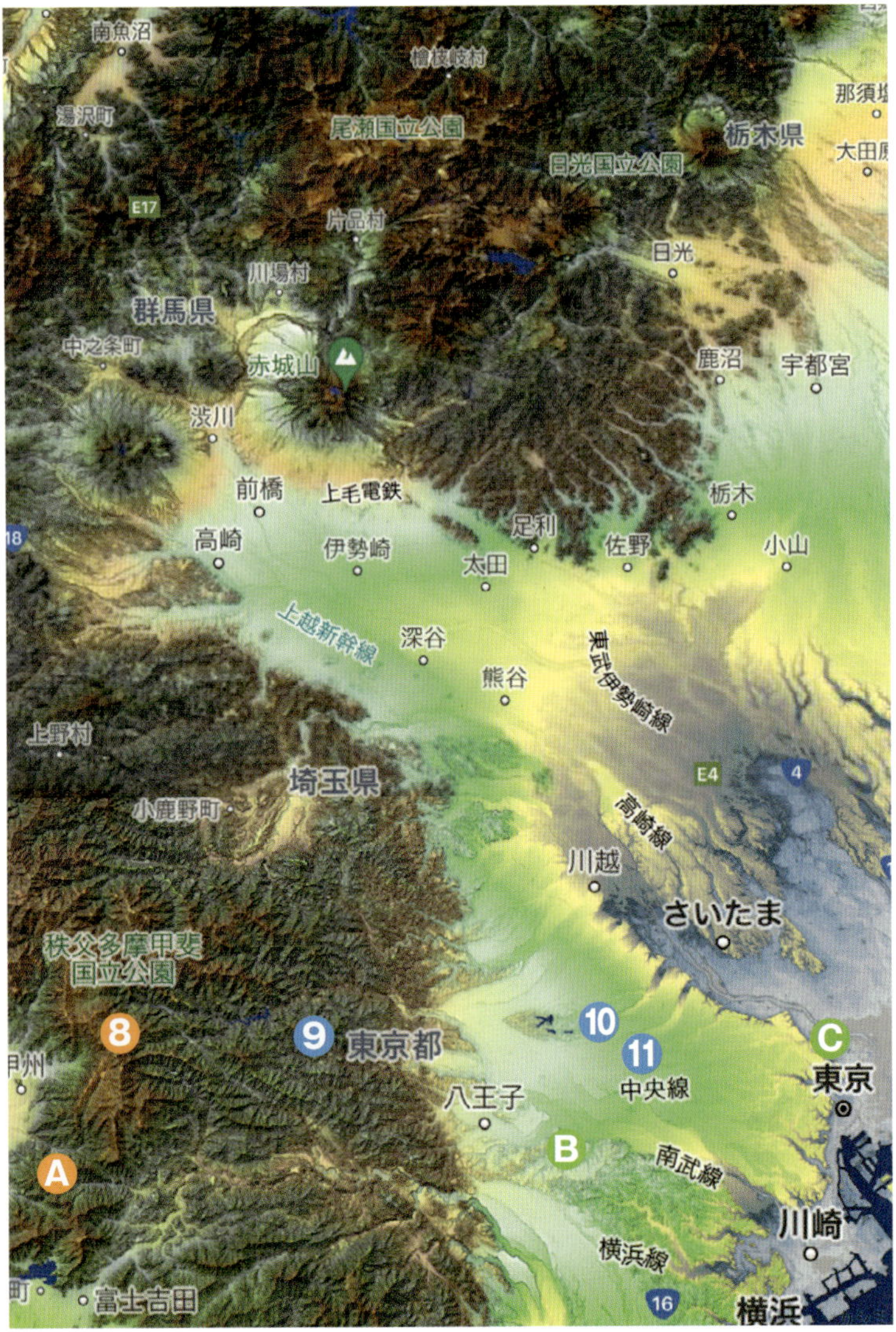

市大泉町西井出、天神遺跡。標高約 900m） ⑦甲府盆地東。笛吹川左岸。（笛吹市御坂町竹居、三光遺跡。標高約 300m） ⑧大菩薩峠（山梨県甲州市と同北都留郡小菅村の境の鞍部。青梅街道の旧峠は同街道最大の難所。標高 1897m） ⑨中ノ平遺跡（東京都西多摩郡檜原村。標高 950m） ⑩下宅部遺跡（東京都東村山市多摩湖町。標高約 73m） ⑪鈴木遺跡（東京都小平市鈴木町。標高約 75m） Ⓐ笹子峠（山梨県甲州市と大月市の境の鞍部。旧道の標高は 1104m で甲州街道最大の難所） Ⓑ多摩ニュータウン No72 遺跡（東京都八王子市堀之内 2 丁目。標高約 93m） Ⓒ西ヶ原貝塚（東京都北区西ヶ原 3 丁目。標高約 23m）。糸魚川から安曇野を抜けて飯田に至る「大地溝帯」の西縁線が明瞭である。

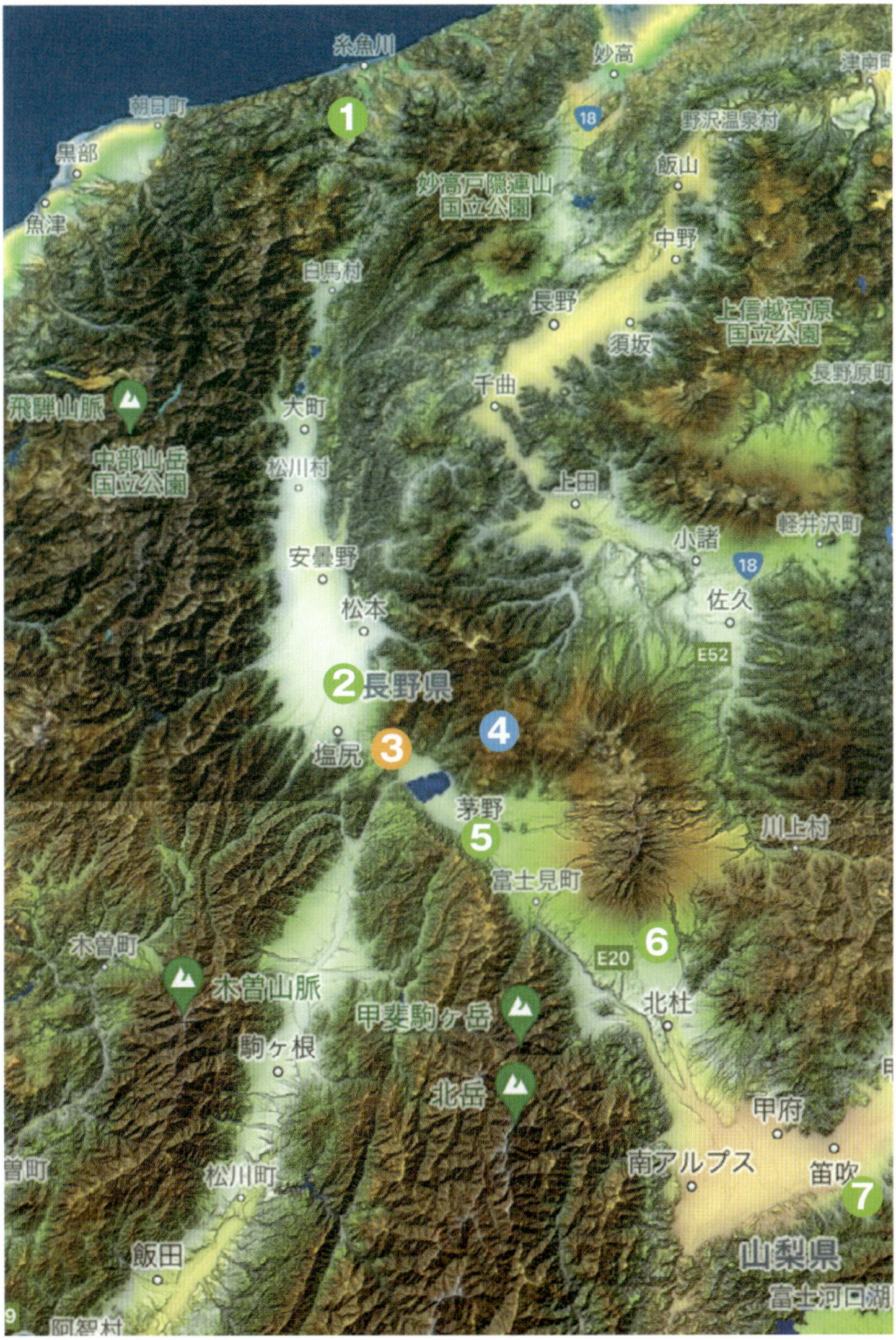

図 5-7　タブレットアプリ「スーパー地形」の地図に数字、アルファベットを付け加えた。緑の丸はヒスイ、青は黒曜石、橙色は峠にかかわる地点を表す

❶スタート（新潟県糸魚川市の姫川と小滝川の合流点付近、標高約 117m）❷長野県の松本盆地、奈良井川と梓川（犀川の上流部）の合流点付近（松本市寿小赤赤木、北原遺跡。標高約 642m）❸塩尻峠（長野県塩尻市と同岡谷市の境の鞍部で、旧中山道の峠は標高 1055m）❹霧ケ峰山塊北東部黒曜石産出地（長野県下諏訪町、星ヶ台・星ヶ塔。標高約 1400m）❺諏訪盆地、宮川と上川の合流点付近（茅野市塚原 2 丁目、聖石遺跡、標高約 800m）❻甲府盆地西。釜無川と須玉川の合流点（北杜

駅）が通り、またそれと絡むように、一般国道一四七号（新潟県糸魚川市―長野県大町市）と一四八号（大町市―松本市）が走ります。そうしてこのヒスイの通ったミチは、今日では「千国《ちくに》街道　塩の道」として「糸魚川―松本間約一二〇キロ」を分割した一一コースが古道ガイドされているのです。

ウォーキングの「一万歩」は平均で約七キロメートル、休みを入れて二時間を目安とすると、一日八時間で歩けるのは二八キロメートルとなりますがそれは現代人の話で、江戸時代にヒトは三〇～四〇キロメートル歩いたと言われますから、縄文時代でも糸魚川―松本間を歩き通せば三日から四日の行程だったでしょう。

古道ガイドのように、ジェイド・ロードの一部はいま塩の道として知られますが、それは諏訪大社の成立と「国譲り」神話にかかわる大国主《おおくにぬし》の子のひとり、建御名方《たけみなかた》がたどった逃竄《とうざん》のミチでもあったのです。しかしそもそもはプレート移動の結果出現した大地溝帯の西縁、日本海と太平洋にまたがる一本の溝で、ヒトにとってこの溝は、列島の脊梁《せきりょう》を横断するまたとない緩傾斜の谷ミチでした。

さて、最初のヒスイ大珠集中出土地である松本盆地から次の集中出土地諏訪盆地に至るには、東の山稜を越えなければなりません。その山越えの塩尻峠❹は中山道の難所のひとつとして知られていますが、古い山越えには他のルートも認められると言います。ともかくも古墳時代出雲のキミ（王族）建御名方（諏訪神社の祭神）はいずれかの峠に立って諏訪湖を眼下にし、かつての「縄文王国」を征してこの地におさまりました。ここに至るには、かの大国主と「越の国」の沼河日売《ぬなかわひめ》との「結婚」（註13）という伏線もあったのです。

ところで「縄文王国」と言われるほど多数の遺跡が立地する信州スワ地方ですが、その力の源泉のひとつとも言えるのが前述の黒曜石❹で、産地の称「星糞峠《ほしくそとうげ》」や「星ヶ台」「星ヶ塔」の「星」とはキラキラと輝く黒曜石の切片にちなむと言います。星ヶ台から南西に約一一キロ、高低差約八〇〇メートルを下ればそこは諏訪大社（下社春宮《しもしゃはるみや》）です。その近辺でかつては黒曜石交易の市《いち》がたてられたと夢想するのも強《あなが》ち的外れではないでしょう。

もっとも、産地のひとつである和田峠は後世中山道最大の難所と言われたところですから、縄文時代にもプロト中山道は通っていて、石はそのラインをヒトの背に負われ、諏訪に下ることなく直接東に運ばれたでしょう。往古のミチは地形に沿い、基本的な地形は万年を単位として変わらないのです。

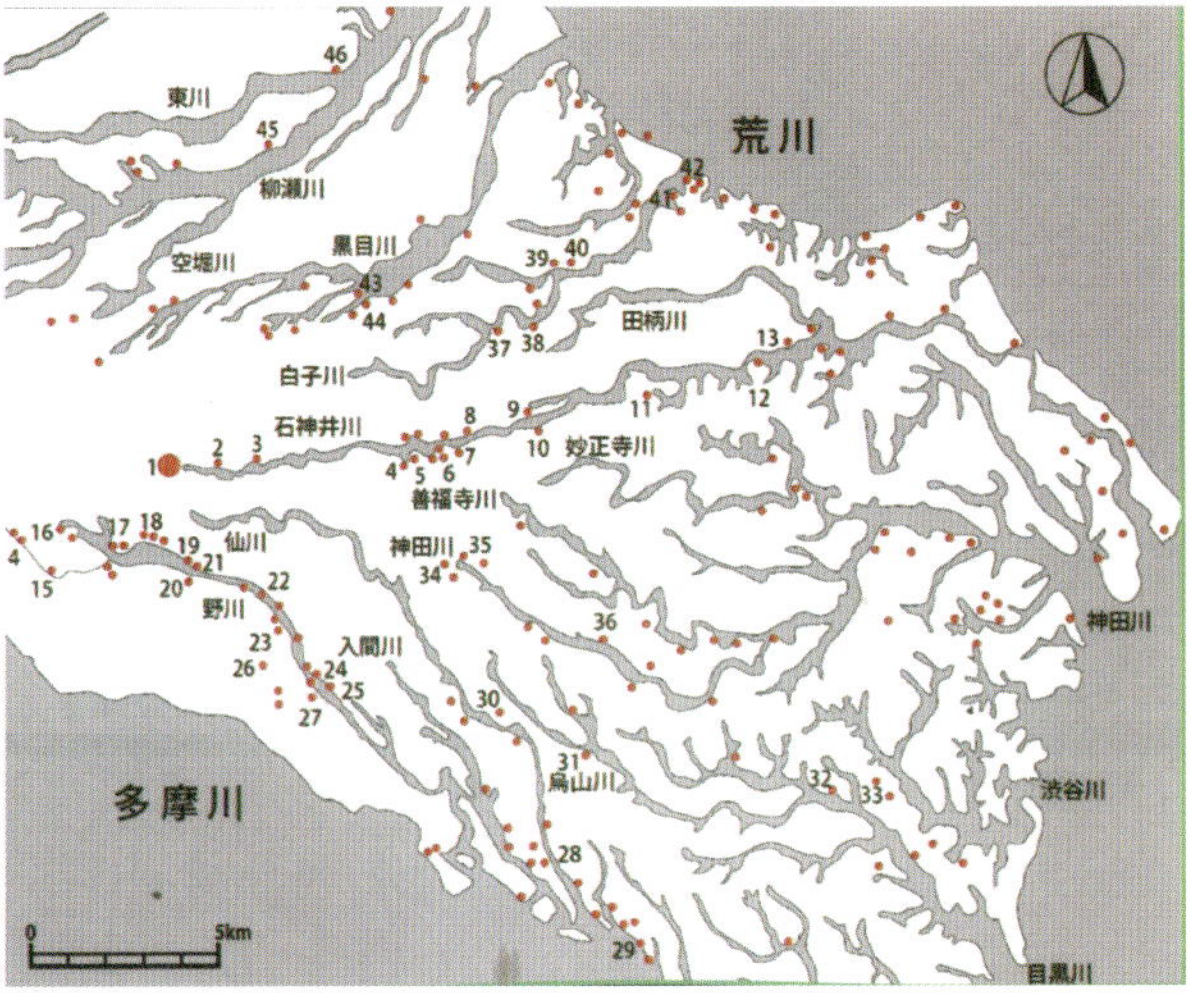

図 5-8　鈴木遺跡の位置　小平市教育委員会の冊子『国史跡鈴木遺跡 東京都小平市の旧石器時代』（2003 年）から「武蔵野台地上の旧石器時代遺跡の分布と鈴木遺跡の位置」

鈴木遺跡（図の左中央「1●」）は石神井川の古い谷頭湧水に依存した。縄文時代以降は谷頭湧水は下流に転移した。

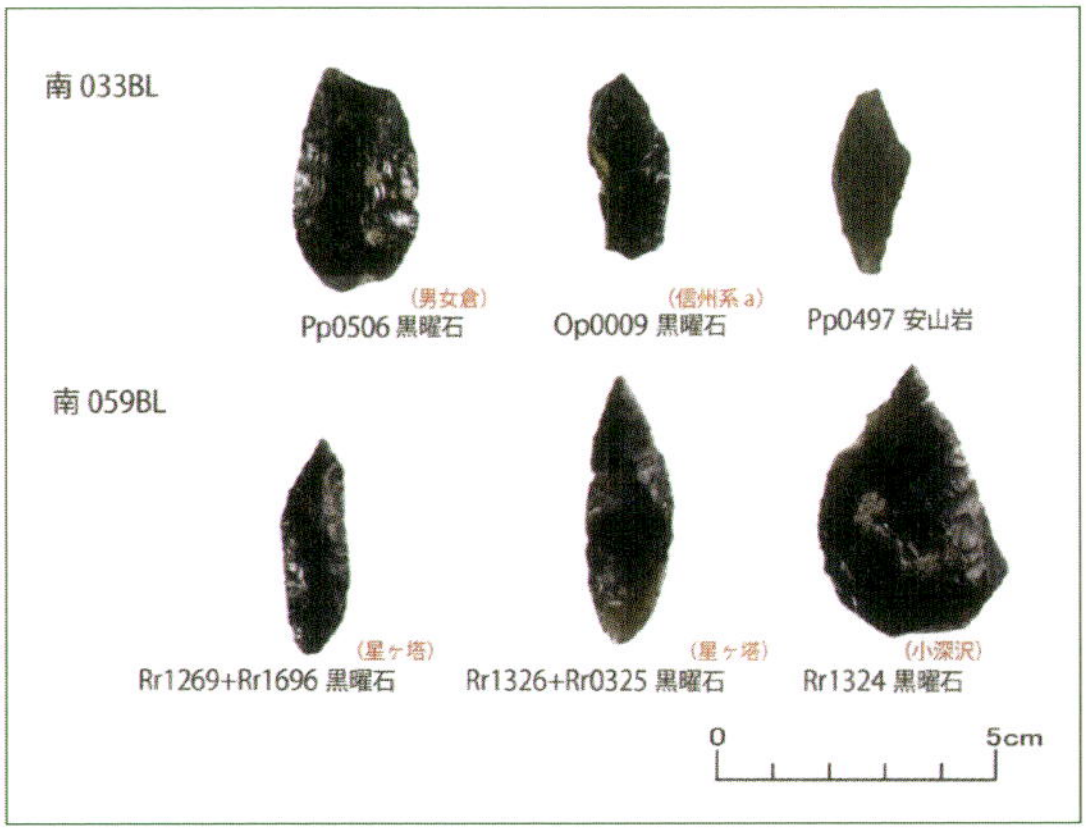

図 5-9　小平市教育員会の冊子『国指定史跡　鈴木遺跡解説書 旧石器時代の鈴木遺跡』（2021 年）の 35 ページから「鈴木第 2 文化層」出土石器とその原産地（赤文字）

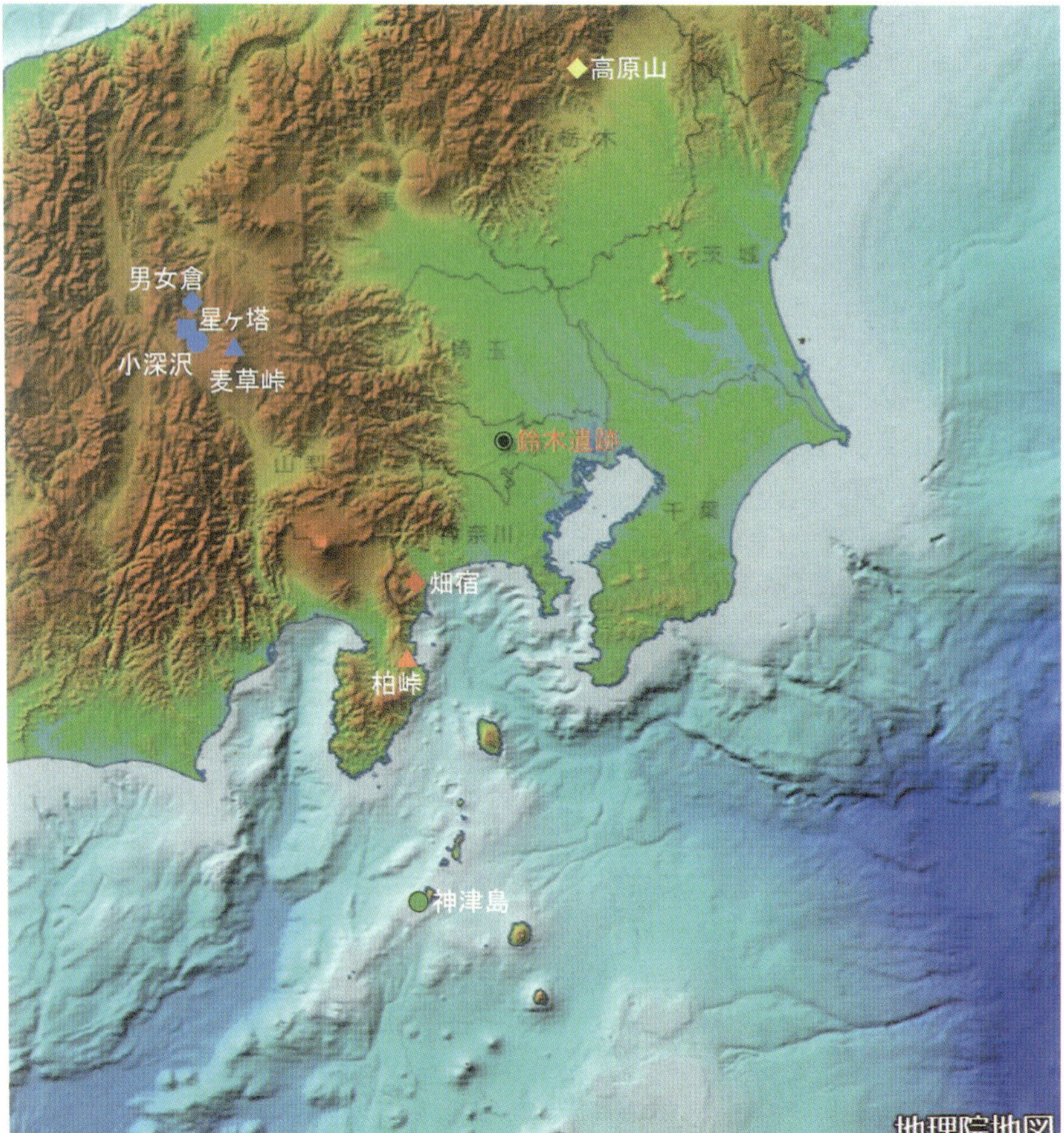

図 5-10　小平市教育委員会の冊子『国指定史跡　鈴木遺跡解説書　旧石器時代の鈴木遺跡』（2021 年）の 10 ページから「鈴木遺跡で見つかった黒曜石石材の推定産地」

白の文字が黒曜石の原産地で、①八ヶ岳周辺（青印）、②箱根および伊豆半島（赤・橙印）、③日光・那須山地の高原山（黄色印）、および④伊豆諸島神津島（緑印）の 4 グループに分かれる。ベース地図は地理院地図（加筆）。

プロト中山道では荷は黒曜石に特化していたかも知れませんが、松本盆地から峠を越し諏訪から甲州を目指すトレイルは、ヒスイも黒曜石もあるいは塩もと、運ばれるモノは多様だったでしょう❺❻❼。

ここで誤解のないよう付け加えておかなければならないのは、「元祖！信州ブランド」黒曜石が列島の各地に拡散して使用されたのは、縄文時代だけではなく、後期旧石器時代も同じだったという点です。旧石器時代から縄文時代（新石器時代）の間に激変したのは自然環境とそれに伴う行動形態であって、すくなくとも縄文／弥生のような断絶はなく、ヒトとミチは連綿とつながっていたのです。そうして武蔵野における旧石器遺跡の代表としてまずとりあげられるべきは、⓫の鈴木遺跡でした。

そこは武蔵野南部の中央、小平市の一角、江戸時代も初期、承応二年（一六五三）の玉川上水通水を受けて明暦二年（一六五六）に小川村が成立するまで、また享保期に鈴木新田が許可されるまで、「ムサシノA」の無人地帯がつづいていたところと思われていました。けれども発掘によって出現したのは、約三万八千年前から後、二万二千年の長きにわたる後期旧石器時代の一二層をなす文化の痕跡で、それも二二万平方メートル、出土石器約三万七千点という大遺跡でした（註14）。

考古学では「人跡水に沿う」と言われますが、そこは当時は東にほぼまっすぐ流下する石神井川の谷頭、武蔵野台地でも豊かな水が湧き出していた特別な場所でした。そうして、本書第1章図1-3「最近7万年間の地球気候変動グラフ」でも明らかなように、当時は気候の変動幅はきわめて大きくかつ不安定を常態としながら平均気温は現在よりも五ないし七度低く、花粉分析から低い灌木《かんぼく》と針葉樹の疎林がひろがる亜高山帯なみの環境であったことが確認されています（註15）。それは「ムサシノ・ゼロ」の景観でした。しかし出土した黒曜石の分析から、おおよそ四か所の原産地が推定され、後期旧石器時代の交易ネットワークの存在が明らかになったことはまことに重要です（図5-10）。

黒曜石は三万五千年前の長野や東京の遺跡から発見されていますが、なかでも神津島産の黒曜石はそれよりも少し遅れ、二万五千年前以降関東や中部地方に分布し高い使用率を示したと言います。神津島から伊豆南端石廊崎までは五五キロ以上の海域で、前述のようにその間には速い速度の黒潮が流れています。海上交通とそれを利用した交易の歴史は、確実に二万五千年前に遡り、その経路は二万年を超えて縄文時代に受け継がれていたのです（註16）。

註

1 青森県三内丸山遺跡センターのサイト「縄文時代の扉を開く」から。https://sannaimaruyama.pref.aomori.jp/

2 『朝日新聞』二〇一七年五月一〇日朝刊（埼玉版）二九面。

3 『アサヒグラフ』一九九八年一二月二五日、八ページ「道路状遺構」の写真。

4 横浜市港北ニュータウン埋蔵文化財調査団編『古代のよこはま』一九八六年。

5 『日本国語大辞典　第二版　第11巻』の八四五ページ「俘囚」の項は「②奈良・平安時代、律令国家に帰順した蝦夷の称。夷俘より順化したものをさす。＊続日本紀・神亀二年〔七二五〕正月己丑「俘囚百卌四人、配于伊予国」としている。工藤雅樹『蝦夷の古代史』（二〇一九年）も参照。

6 宮本常一は「日本人と食べもの」『塩の道』（文庫版、一九八五年）で、日本の戦争は「内乱」で「農村社会と武士社会とは別の社会」だったとし、したがって「日本はゲリラ戦のなかった国」と語り（八五―八九ページ）、認識の限界を示した。

7 以下列挙は出土点数順。望月明彦「蛍光X線分析による下宅部遺跡出土黒曜石製石器の産地推定」『下宅部遺跡1』二〇〇六年。

8 池谷信之「世界最古の往復航海」『科学』二〇一七年九月、八四九―八五四ページ。

9 貝塚爽平『日本の地形』一九七七年、一五四ページの表の山地、火山地、丘陵、山麓・火山麓の合計は七六パーセントである。

10 瓜生卓造『檜原村紀聞』一九七七年。

11 藤森栄一『古道』（文庫版、一九九九年）では「黒耀石の貿易路（トレイド・ルート）」と記す（一二二ページ）。

12 栗島義明「硬玉製大珠の交易・流通」『季刊考古学』八九号、二〇〇四年一一月。

13 『新編日本古典文学全集1　古事記』一九九七年、八七ページに沼河日売、一〇九―一一〇ページに建御名方の記述が見える。

14 『小平市史　地理・考古・民俗編』二〇一三年、一二〇―一二六ページ、および『多摩のあゆみ』一六〇号、二〇一五年一一月、七二―七四ページ。

15 当時の植生と気候に関しては、一九三六年（昭和一一）に直良信夫によって発見された中野区の江古田植物化石層がよく知られている。江古田一丁目、江古田川に架かる東《あずま》橋西詰に中野区教育委員会による「江古田植物化石層」の説明板が立つ。

16 小田静夫「黒曜石の道　神津島産黒曜石の交易」『武蔵野』第七四巻第一号（通巻三二七号）一九九六年一月。四―七ページ。小田は「旧石器時代には海の利用が少なかったと考えられ、まして「舟」は未だ登場していないとされていた。しかし神津島へ黒曜石を採りに行くには外洋を航行しなければならず、舟の使用があったことは確かである。世界に先駆けて海上交通が、旧石器時代の日本で行われた証拠である。ちなみに、ヨーロッパでは一二〇〇〇前頃に地中海地域で黒曜石貿易が認められ、海上交通が初めて行われたとされている」（五―六ページ）とも指摘した。

第6章

ムラヲサの武蔵野

これまで折に触れて武蔵野の概念に言及してきましたが、『広辞苑』（註1）の武蔵野の項は「①（ア）関東平野の一部。埼玉県川越以南、東京都府中までの間に広がる地域。広義には武蔵国全部」と記しています。多くの場合、武蔵野の範囲については武蔵野台地と一致させたり、武蔵国の山地を除いた平野部つまり低地、台地、丘陵の広がりとするのですが、「武蔵国全部」とは、これまた豪快な定義と言うほかありません。第1章で指摘したように「武蔵野」は景観用語ですから、山地に武蔵野を見立てるのは無理でしょう。また往古は台地のみならず低地

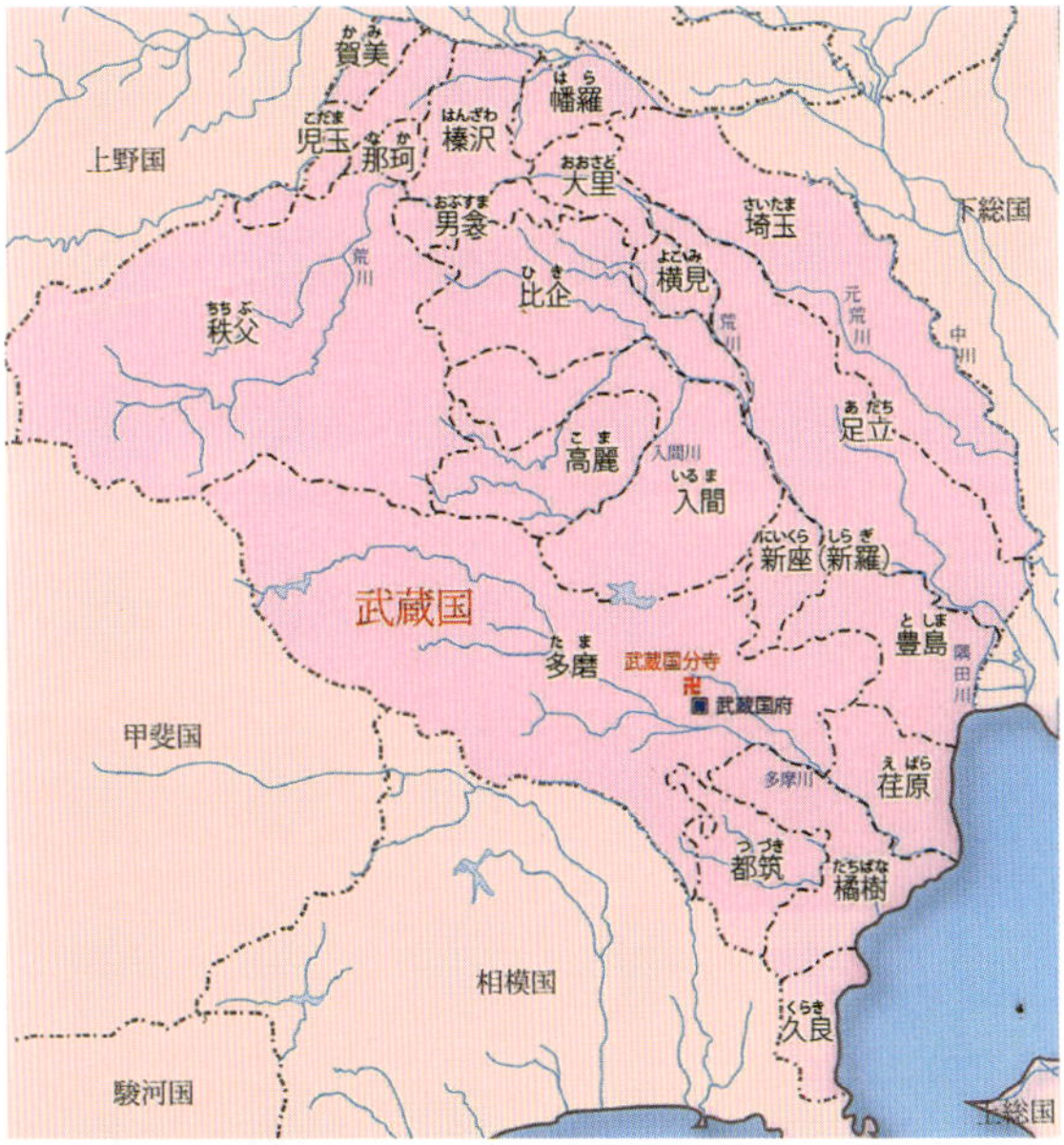

図 6-1　武蔵国の範囲と郡

国分寺市教育委員会『古代道路を掘る』（2023 年改訂版）から、武蔵国の諸郡。武蔵国分寺跡資料館提供。

も武蔵野と称した例がありますから（四五ページ）、結論として近世までは武蔵国の山地を除いた草本卓越地帯に武蔵野が見出されたと考えてよいでしょう。これまた繰り返しになりますが、その広大な草本景観はヒトが創出し、維持してきたのでした。

そもそも武蔵国の範囲は、**図6－1**に見るように現在の埼玉県と東京都のほぼ全域に加え、神奈川県川崎市の全域と同横浜市の四分の三ほどを擁し、北西から南南東にかけてすぼまった楔型、と言うよりはむしろ妖怪一反木綿の形をなしています。ここに取り上げるのは、この一反木綿の足元近くの丘陵地帯、古代には都筑郡の中心であったエリアについてです。

防人歌

万葉集の最終巻第二十の巻頭に掲げられた「目録」には、天平勝宝七年（七五五）二月、遠江《とほつあふみ》、相模《さがむ》、駿河《するが》、上総《かみつふさ》、常陸《ひたち》、下野《しもつけ》、下総《しもつふさ》、上野《かみつけ》とならんで、武蔵国の「部領防人使《さきもりのことりづかひ》」が十二首を上進したとあります。いわゆる防人歌ですが、武蔵国の防人歌で特徴的なのは、そのうち八首が四組の男女の組歌となっていることです。その一組、巻第二十の四四二一番と四四二二番歌は次のようなものでした。

我《わ》が行《ゆ》きの息づくしかば足柄《あしがら》の峰《みね》這ほ雲を見とと偲《しの》はね
　右の一首は、都筑郡《つづくのこほり》の上丁《じやうちやう》 服部於由《はとりべのおゆ》。

わが背《せ》なを筑紫《つくし》へ遣《や》りて愛《うつく》しみ帯は解《と》かななあやにかも寝も
　右の一首は、妻服部呰女《はとりべのあざめ》。

「新日本古典文学大系」（註2）の脚注では、それぞれ「私の旅が気がかりでならない時は、足柄の峰をはう雲を見て偲んでください」「私の夫を筑紫へ送り出してせつないので、帯は解かずにそのまま寝ようかなあ」と訳していますが、いわゆる相聞歌とも異なる夫妻歌です。両歌左注の人名冠称「服部《はとりべ》」はいわゆる姓ではなく、古代部民《べみん》制における所属称と見られ、実際のところ他の三組、荏原郡、橘樹郡、埼玉郡の夫婦《ペア》の冠称は別々なのです。また前歌左注の「上丁」は防人集団の統率者の謂いとされます（註3）が、「丁」とは古代律令制における課税対象成年男子を指しますから、本来その意味するところはより広いものと思われます。

その於由の歌の「足柄」は峠すなわち坂（＝境）で、そこから東が「坂東《ばんどう》」つまり吾嬬《あづま》となる境域でした。四三九八番の大伴家持《おおとものやかもち》歌「難波に来居て、夕潮に、船を浮けするゑ」に見えるように、難波《なにわ》（大坂）からは瀬戸内海を船で筑紫（北九州一帯の称）に向ったとしても、武蔵から難波までは陸路をたどるわけです。ただし当初は所属郡の郡庁に召集され、さらに「部領使《ことりづかひ》」が陣取る武蔵国府（府中）に集結したのでしょう。武蔵国府から難波の津までの行程を約五一〇キロメートルとして、休みなく一日三〇キロメートルを歩いても一七日間の行程。そこからは船路をたどりますが、筑紫に至るまでひと月は見ておかなければならないでしょう。ちなみに「延喜《えんぎ》主計《かずえ》式」の諸国日数行程（調庸の運搬に要する日数）は、武蔵国から京の往路を二九日としているのです（註4）。

呰女歌の「帯」や、同じ防人歌四四二七番に見える「紐」は、万葉の歌詞《うたことば》としては男女の交わりを端的に表徴するものでした。往復に要する日月は服務期間の三年には含まれず、またその間病死や逃亡に加え現地で別所帯をもってしまう例、また帰路に斃死《へいし》する例もすくなくなかったでしょうから、徴された本人も家族も、悲哀と憂いは大きかったのです。推定平均寿命三〇歳の当時、於由がグループリーダーとしていささか有利な立場にあったとしても、三年を勤めあげて無事帰還し、呰女とまみえることができたか否か、定かではありません。

さて、四四二一番歌が注目されるのは、防人夫妻の夫歌であると同時に、「都筑郡」の文字が確認される最古の文献だからでもあります。そうして、於由が生まれ育ったであろうムラが都筑郡のどこであったかは別として、郷長《さとをさ》によって駆り出され、向かわなければならなかった場所は、現在の横浜市都筑区の西隣、青葉区荏《え》田《だ》西二丁目八番地の一画（荏田猿田公園付近）であったのはまず間違いないのです。

長者原遺跡

渋谷から東急田園都市線中央林間行き各駅停車に乗車して約四〇分、一九六六年（昭和四一）に開業した江田駅は、そのすぐ東側で東名高速と国道二四六号が交差する要衝です。国道二四六号は都区内では青山通りで、江戸時代には大山詣《おおやままい》りの大山道として知られ、また足柄越えの東海道脇街道矢《や》倉沢《くらざわ》往還とも称されましたが、現在は厚木街道の名が一般的です。時代を遡れば、中世鎌倉街道中道《なかつみち》、さらに古代官道延喜式路が通る歴史的重要地点でもありました（註5）。

要注意なのは地名表記で、駅名は開業当時の当用漢字により「江田」とされたものの、住居表示は「荏田」。『地名用語語源辞典』（註6）では、「エダ」は「江」・「処」で「湿地」の意、また「枝」は分岐した地形を表すとしています。江田駅一帯は一九八〇年以降宅地開発による地形改変が著しいのですが、元来は侵食地形が複雑に入り込んだ丘陵地で、七千年ほど前の縄文海進最盛期には約八キロメートル東の綱島付近までは海であったと考えられます。**図6-2**の東を南東に下るのは鶴見川支流の早渕川《はやぶちがわ》で、西には鶴見川上流部の谷《や》本川《もとがわ》が南下しています。荏田の自然地形は、二つの川に挟まれた丘陵と、その支流・細流である樹枝状の谷によって構成されているのです。

江田駅から南へ約四〇〇メートル、荏田西二丁目八番地に所在するのは荏田猿田公園です。『新編武蔵風土記稿』に見える小名地名「猿田谷」（註7）に因《ちな》む公園は、東が急崖を伴った谷地、北に緩い斜面をも

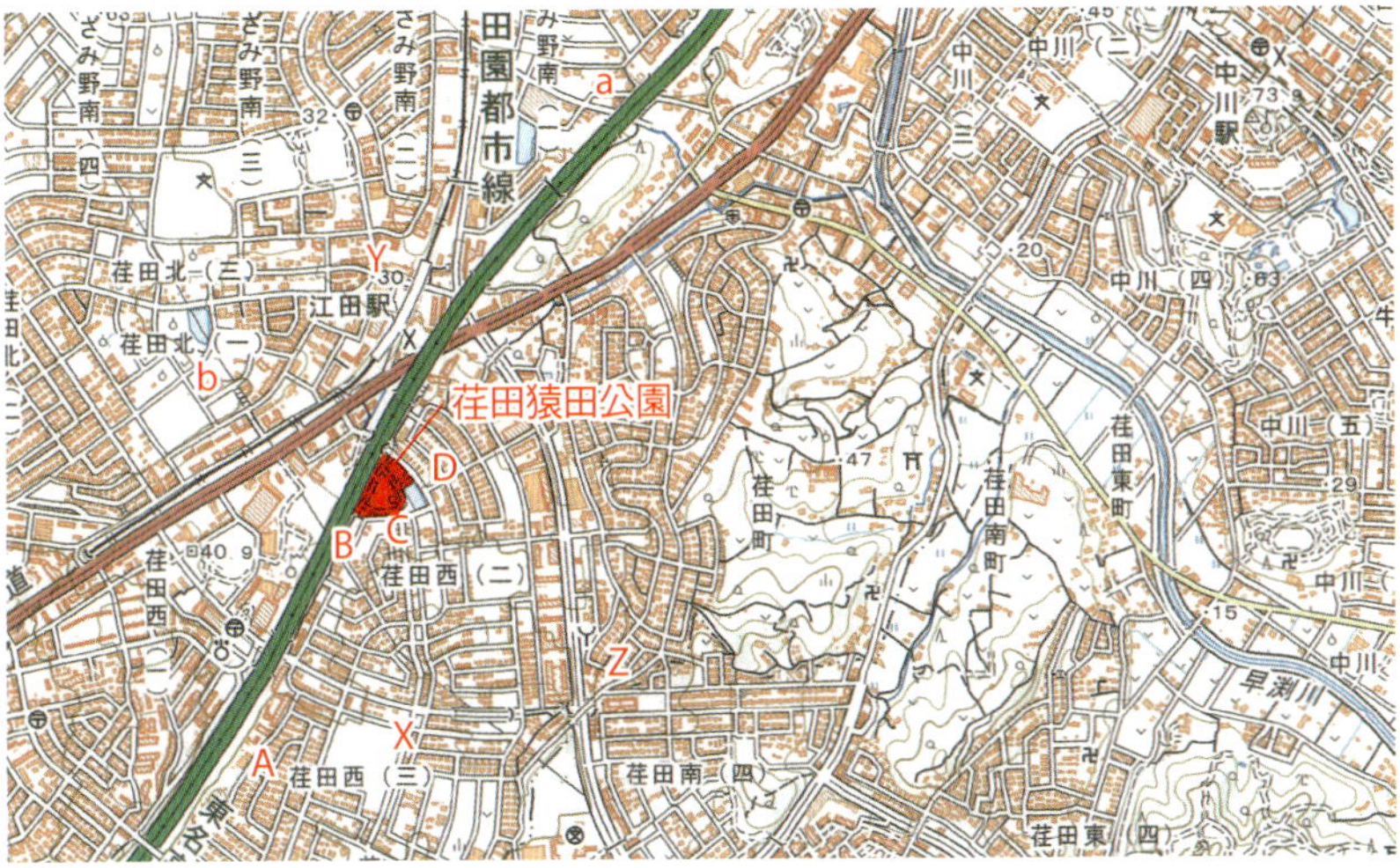

図 6-2　2 万 5 千分 1 地形図「荏田」（2018 年）の一部に加筆（原図原寸）
下の図 6-3 と較べると、一部を除き、宅地造成のための盛土と切土を主体とした地形改変が大規模に進行した様子が見てとれる。ただし江田駅のホームは、図 6-3 中央の「水田」の文字の西側の街道に沿ってカーブしている。加筆したアルファベットについては、95-97 ページを参照（図 6-3 も同様）。

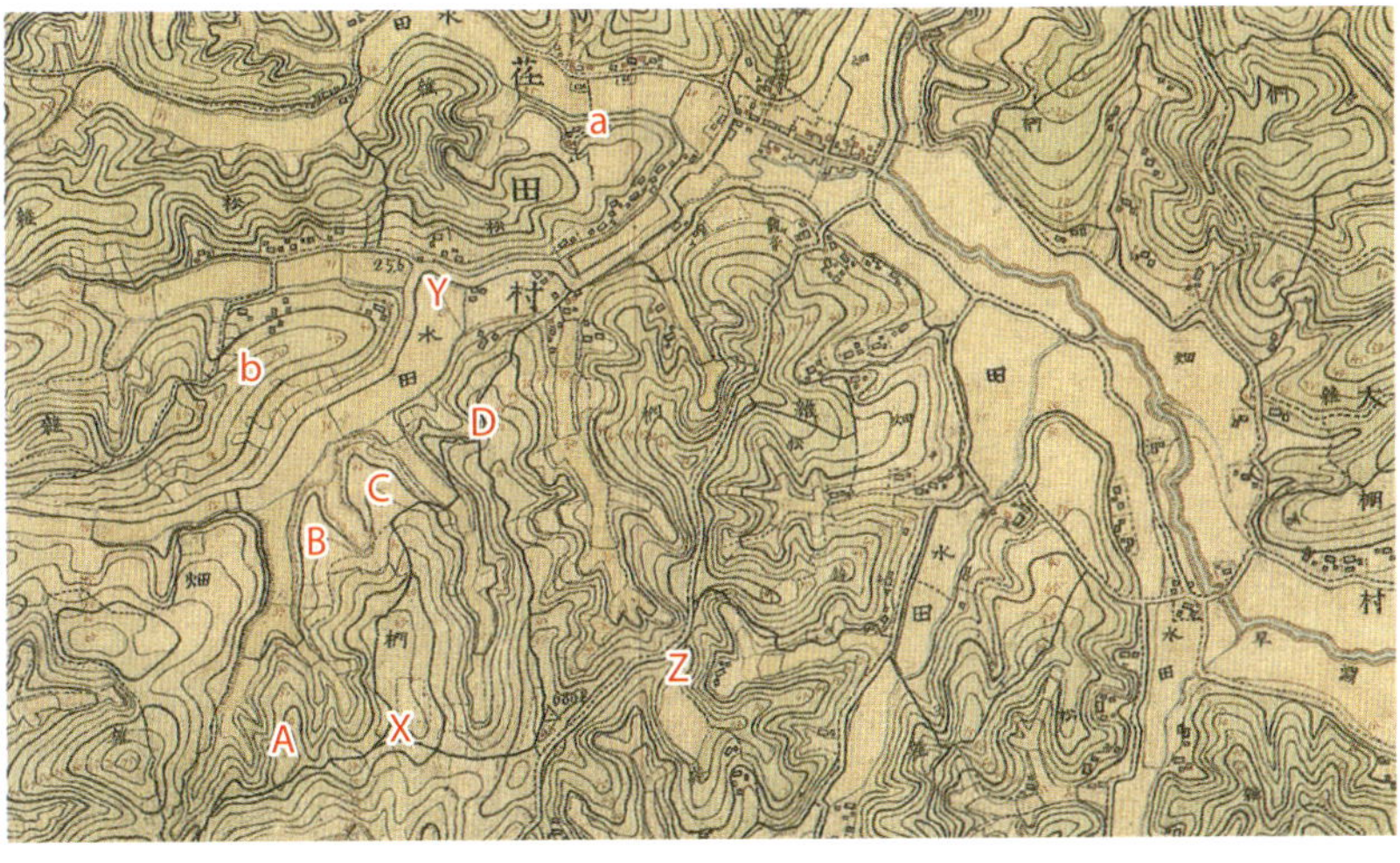

図 6-3　上図と対応する二万分一迅速測図の原図「神奈川県武蔵国都筑郡石川村荏田村」（1880 年）の一部（80%に縮小）

つ標高四二から三三メートル、約九千平方メートルの広がりです。次の二図を対比すれば、この地は北西に向けて突き出した小さな舌状台地の先端のひとつで、その先端の中央を、北東から南西にかけて東名高速道路が断ち割っているのが見てとれるでしょう。公園の北入口付近には横浜市教育委員会が一九九二年に設置した「長者原遺跡」の説明板があって、冒頭と末尾には次のように記しています。

図 6-4　荏田猿田公園と「長者原遺跡」の説明板
公園地は写真右側（北）に傾斜している。撮影筆者。

この荏田猿田公園と周辺の台地上は、土地区画整理事業にともなって行なわれた昭和54～56年の発掘調査によって、かつて古代の武蔵国都筑郡の役所である郡《ぐん》衙《が》が存在していたことが明らかとなりました。

北側の谷すそを通る国道246号は、8世紀後半の頃は相模から武蔵にいたる東海道であったと考えられており、都筑郡衙が当時の幹線道路ぞいに設けられていたことを示しています。

説明の中央部では遺跡と発掘された建物群に触れていますが、それは次の図6–5を見るほうが理解が早いでしょう。この図で荏田猿田公園に該当するのは、中央の「郡庁」を含み、東名高速の一部を左斜辺とする、ほぼ三角形のエリアです。公園から約三キロメートル東の横浜市歴史博物館の一画にはこの遺跡地図に対応する模型を常設展示し、また図録にもその写真を収めています。下掲の模型写真中央上寄り、「品」字型に配列された建物が郡衙の中心をなす郡庁で、八世紀代の「正殿」と「脇殿」です。

於由たちはこの脇殿を両側にした広場で点呼点検を受け、国府に向けて北の街道側に設けられた衙門を出たのでしょう。今日、インターネット地図で荏田猿田公園から武蔵国府跡までの経路を検索すれば、一七キロメートル、徒歩三時間四三分と液晶表示されます。

ところで「長者原」という地名ですが、これも『新編武蔵風土記稿』都筑郡荏田村に小名「長者丸」と

図 6-5　『日本古代の郡衙遺跡』（条里制・古代都市研究会編、2009 年）から

図 6-6　『古代の役所と地域社会』（横浜市歴史博物館、2010 年）から

あり、注記に「長者すみし故にこの名あり」としつつ当の長者については「詳らかにせず」と記していいます（註8）。しかし西の谷本川（鶴見川）左岸に市ヶ尾古墳群、東の早淵川右岸に荏田古墳群、北に赤田古墳群と、長者原遺跡が言わば古墳に囲繞《いじょう》されている状態は、歴史時代以前からこの丘陵に「長者」が連綿として存在していた有様を示唆しているのです。

線刻画縄文土器

荏田猿田公園を中心とする長者原遺跡は、その一部を高速道路建設によって破壊されてしまったとはいえ、発掘成果は着実に古代郡衙の様相を明らかにしました。その陰に隠れ今日までほとんど注目されることはありませんでしたが、実はこの武蔵野南端の丘陵地帯の一画から、さらに時代を遡った、まことに特

図 6-7 『考古学雑誌』（Vol.67,No.4,1983 年）の浅川報告から長者原遺跡の写真
手前×印の土壙から縄文土器が出土。

図 6-8 同、線刻縄文土器の全体写真

異な資料が出土していたのです。それは一般に認知されていれば、日本地図史のみならず文化史までを書き換える可能性のある重要資料でした。

『考古学雑誌』第六七巻第四号（註9）の一〇一ページから一一〇ページにわたって掲載された浅川利一氏（註10）の「特異な線刻画をもつ縄文土器について―横浜市荏田町長者原遺跡発見」と題する報告は、地図や歴史を学ばんとする者にとって、まことにエキサイティングな内容をもっています。以下浅川氏の報告から、いくつかの図を中心に、要点を紹介します。

その土器が出土したのは**図6-7**の手前の土《ど》壙《こう》（×印）で、遠方には東名高速道路の遮音壁が写っています。土壙以外の穴は七世紀後半に比定される建物址の柱穴痕で、土壙は報告に台地の縁辺寄りとあります。すなわちこの場は長者原遺跡の一画で、**図6-11**の地図中央左下「C」の北の「●」の位置にあたります。

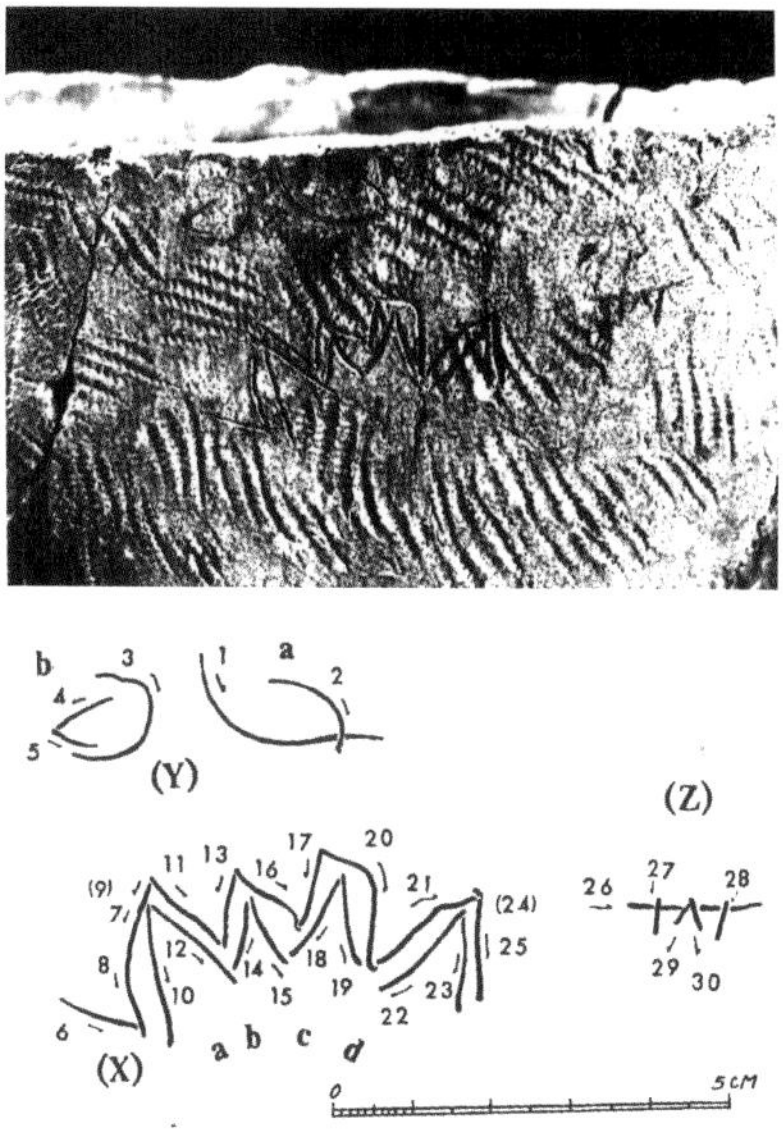

図6-9　同、土器の線刻部分と浅川氏の線刻筆順分析

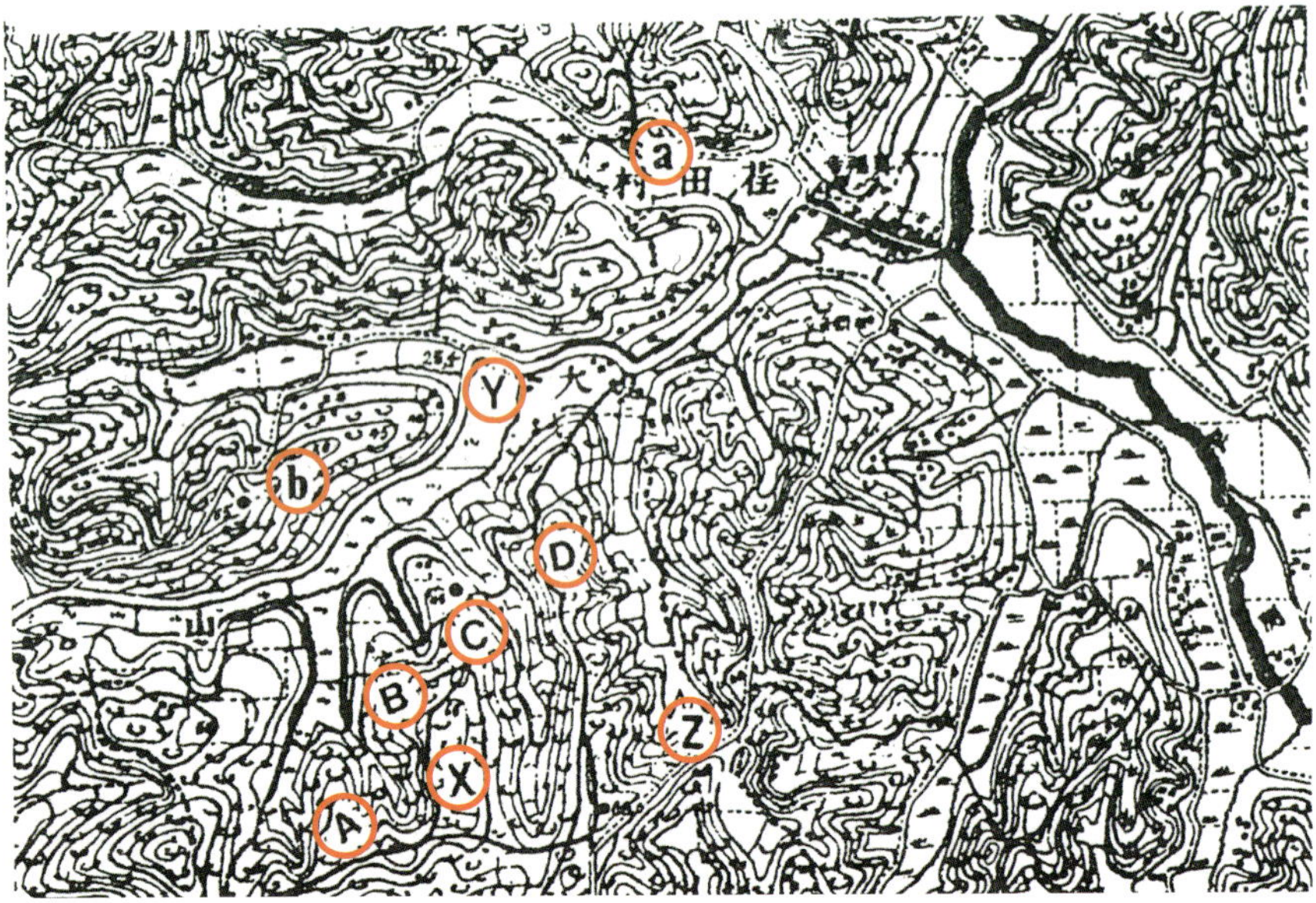

図 6-10　浅川利一氏による線刻画の想定図。迅速測図「荏田村」（1881 年測量）に加筆
図中の ABCD は、図 6-9 の線刻筆順分析 abcd に対応。

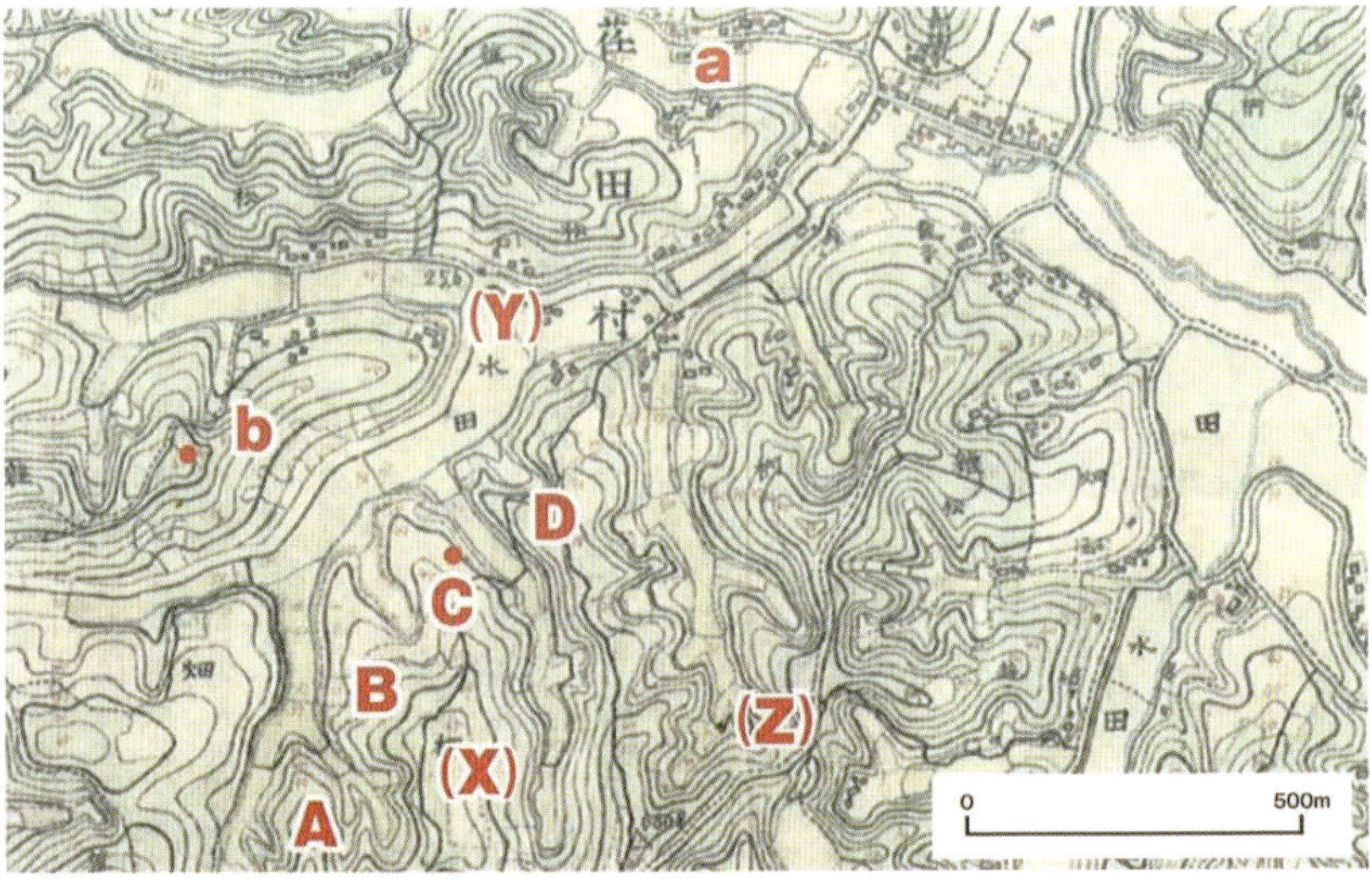

図 6-11　図 6-10 の記号を図 6-3 の拡大図へ転記した
アルファベットは図 6-9 の筆順分析に対応する。

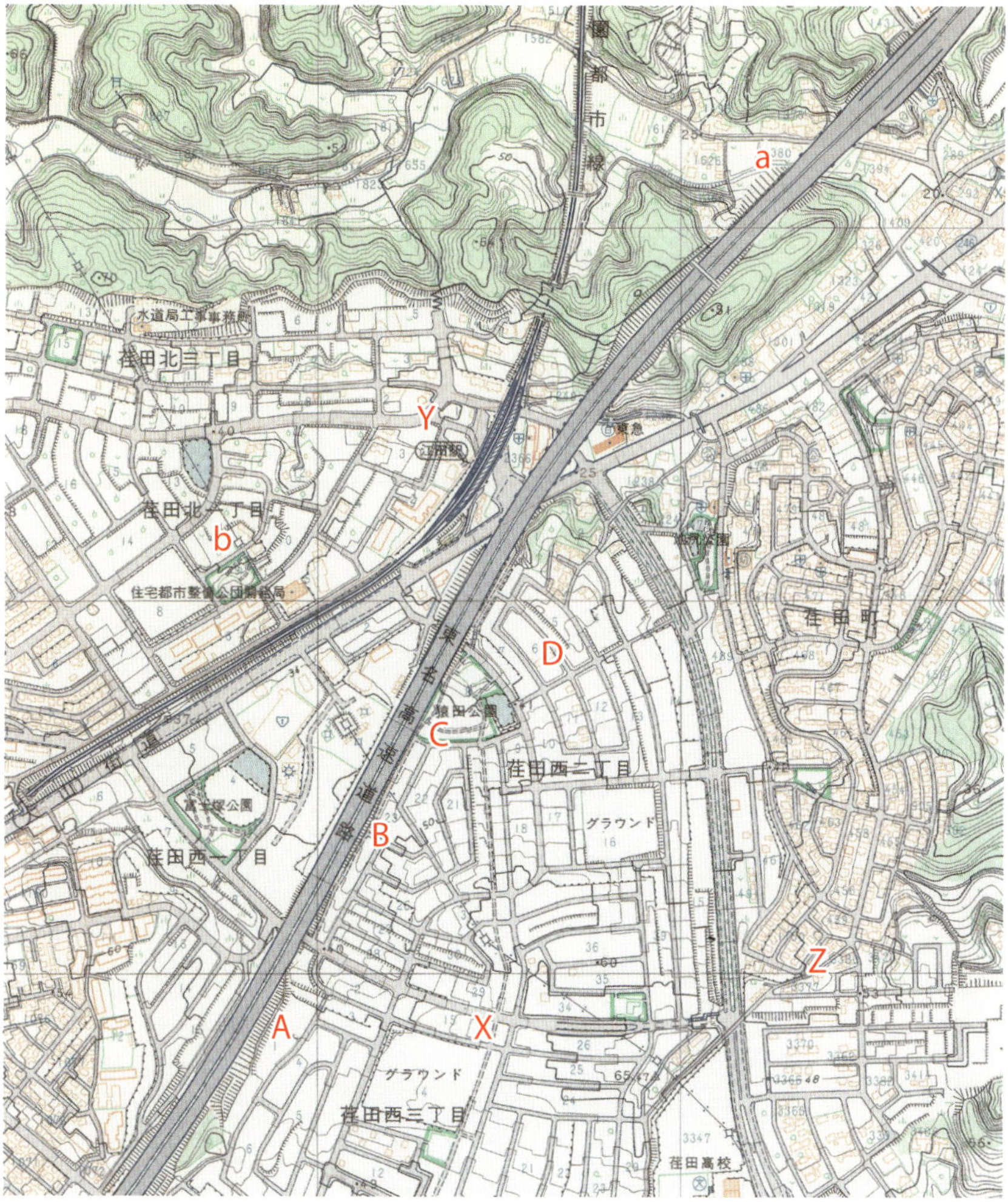

図 6-12　図 6-11 に対応する 1 万分 1 地形図「荏田」（1984 年編集、1985 年発行）の一部に加筆、80%に縮小

丘陵地帯の都市開発は、一般的に旧地形を造域（切土・盛土）して土地を人工被覆で覆うため、現地の元地形を見極めるのはかなり困難である。

図6-13　浅川報告の「Z」地点を望む写真（左）とそれに対応すると思われる現在地の写真（右・筆者撮影）

出土したのは底部を欠かれた土器で土圧のために割れていたものの円形を保ち、内部に充填物があったことを示しています。土壙は埋葬施設つまり土壙墓で、出土品は被葬者にかかわる副葬土器と考えられ、図上復元では器高約二八センチ、底部の径約一〇センチの鉢型をなし、縄文時代前期中葉、つまり約五千五百年前のものと考えられます。

その土器の特異である所以は「口縁部直下に明瞭に描かれた図様構成の線刻画」で、他に類例を見ないものであるためでした。図6-9は当該土器の線刻画の部分写真、および浅川氏による線刻の筆順分析図です。その丹念な分析の結果下されたのは、「三分《ぷん》以内」でシャープに描かれたこの線刻画は、「縄文前期時代の集落群とその生活圏」を図化した「領域地図《テリトリーマップ》」であるという結論でした。そうであるならば、これはまさしく日本列島最古の地図で、北イタリアの世界遺産カモニカ渓谷の「ベドリーナ図」より二千年も古いのです（註11）。

とくに刻線の「山形は縄文集落を表現しているが同時に1軒の住居の形でもある」としたのは慧眼《けいがん》と言わざるを得ません。それは原初の地図記号にほかならないからです。また四つの山形すなわち集落の、さらに外郭をめぐる連続した折線は、北西に突き出した四つの舌状台地を示すと言います。浅川報告の想定図（図6-10）を、一九世紀末の迅速測図（註12）の原図に転記してみるとまことによく符合します。

線刻筆順分析などから浅川氏は、これを描いた人物を「洞察力に富む知性派で、かつ行動的な指導者タイプ」であると推定しました。さすれば縄文時代の村長《むらをさ》の墓の副葬品であるのは道理、約六千年前の彼もまた、「長者」のひとりにほかなりません。

しかしながら今日では、その説を裏付ける遺跡や遺構の有無も、土器そのものも、確認することはまず不可能となり、大規模宅地開発以前、近代最初の実測地形図のみが辛うじて遺されたのでした。

図6-12は大規模な市街地開発を経た後の一万分一地形図「荏田」の一部で、**図6-11**に対応する地点を転記したものです。約四〇年前のこの地図も今日ではすでに旧版地図で古地図の類、デジタル時代にあって紙地図は更新もされず、地形の人工改変後、道路や建物建設途上の大規模な地表空白部を記録にとどめているだけなのでした。

註

1　『広辞苑』第七版、二〇二一年、二八五三ページ。
2　「新日本古典文学大系　4」『萬葉集　四』二〇二三年、四三九―四四〇ページ。
3　『日本国語大辞典　第二版　第7巻』二〇〇一年、二〇四ページに「上丁　じょうてい　③奈良時代、防人の集団を統率する者。「かみつよぼろ」ともいう」とある。
4　『新訂増補國史体系26　交替式・弘仁式・延喜式』（一九六五年）六〇六ページに「武蔵国　行程上廿九日。下十五日。」とある。
5　立石友男ほか編『地図でみる　東日本の古代　律令制下の陸海交通・条里・史跡』二〇一二年、一二二ページ参照。
6　楠原佑介・溝手理太郎編『地名用語語源辞典』一九八三年、七四ページ。
7　「新編武蔵風土記」（国立公文書館デジタルアーカイブ）都筑郡之七（巻之八七）「荏田村」の項、小名を列挙したなかに「猿田（サルダ）谷」が見える。
8　前註6「荏田村」の項。
9　『考古学雑誌』第六七巻第四号、一九八二年三月。
10　浅川利一。元玉川考古学研究所所長。一九一七―二〇〇二年。
11　若林芳樹『地図の進化論』二〇一八年、二七ページ。
12　迅速測図については一五九―一六〇ページを参照。

第7章

地名の武蔵野

長者地名・殿地名

前章では武蔵国南端付近の都築郡衙遺構「長者原遺跡」と、そこから出土した領域地図を線刻したと見られる縄文土器を紹介し、併せて遺跡が位置する台地端が古代のみならず縄文時代から連綿とつづく「長者原」つまり地域集団とその統率者の拠点であった可能性について触れました。

この「長者原遺跡」は横浜市青葉区に所在していますが、Wikipediaの同項冒頭には「大分県日田市にある長者原遺跡《ちょうじゃばるいせき》については「穴観音古墳」を、新潟県糸魚川市にある遺跡については「長者ヶ原遺跡」をご覧ください」の注意書きが付されています（註1）。しかし、実は「長者」地名は全国にわたって分布していて

図7-1　佐渡市南西端、小木半島中央部標高175mの丘陵頂上部の「長者ヶ平遺跡」の標柱と説明板
撮影小塚勝昭氏。

その名のつく遺跡も数多く、なかでも福岡県行橋《ゆくはし》市の福原長者原《ふくばるちょうじゃばる》遺跡は大規模な掘立柱建物が整然と建ち並び、古い豊前《ぶぜん》国府跡と目されています。

新潟県糸魚川市の長者ヶ原遺跡は、日本海に注ぐ河口まで約二・五キロメートル余りの姫川下流右岸標高約九〇メートル、一三・六ヘクタールに展開する大集落跡で、縄文時代中期の石斧や硬玉（ヒスイ）の加工・交易拠点として知られ（七九ページ図5-6参照）、国の史跡に指定されています。また同佐渡市の長者ヶ平《ちょうじゃがだいら》遺跡も小佐渡丘陵南西端、標高約一七五メートルに位置する縄文時代中期を中心とした約一万二千平方メートルの大遺跡で、火炎土器など特徴的な出土物で知られています。こちらも一九八四年に国指定史跡とされました。

そうした遺跡も含み「長者」がつく地名は、『角川日本地名大辞典・別巻Ⅱ・日本地名総覧』（註2）や植物学者金井弘夫氏の文字通りの労作にして「二万五千分一地形図地名三八万余件完全収録」を謳《うた》った『新日本地名索引』（註3）、さらに『日本歴史地名大系・第四九巻・総索引』（註4）を閲《けみ》すれば、全国におよぶ「長者地名」一三〇件あまりを検索できます。それらすべてにかつては「場所の物語」があったとは限りませんが、その残照を見ることは否定できないでしょう。

ただしすくなくとも以上の地名三典拠からは、いわゆる武蔵野つまり多摩川以北の東京都西部と埼玉県南部にまたがる地に「長者地名」を見つけることはできません。そのかわりとして、「長者地名」とは趣《おもむき》も出自も異にしますが、中世の匂い濃厚な「殿地名」を手掛かりに、武蔵野の一角の地形と地名の関係を探ってみましょう。

該当するのは前掲『総索引』に拠れば「殿ケ谷遺跡」（東京・瑞穂町）、「殿ヶ谷新田」（同・立川市）、「殿ヶ谷戸遺跡」（同・国分寺市）、「殿ヶ谷戸北遺跡」（同・国分寺市）、「殿ヶ谷戸庭園」（同・国分寺市）、「殿ヶ谷村」（同・瑞穂町）、「殿ヶ谷用水」（同・立川市）の七件となります。しかし立川市の「殿ケ谷新田」は瑞穂町の「殿ケ谷」（「殿ヶ谷村」）を親村とした開発村で、「殿ケ谷用水」も享保期の開削になるものですから、つまるところ武蔵野の「殿地名」は、『日本地名総覧』に挙げる「殿ケ谷」（東京・瑞穂町）と「殿ヶ谷戸」（同・国分寺市）の二件だけとなります。そのうち瑞穂町の「殿ケ谷」については、同書に『新編武蔵風土記稿』（註5）に拠ったと思われる「中世に武蔵七党の一つ村山氏の館があった」ためと地名由来記載がありますが、国分寺市の「殿ヶ谷戸」は地名ゆかりの典拠が見あたらないのです。

図7-2　国分寺駅南口の都立殿ヶ谷戸庭園
庭園中央の芝生は傾斜地で、東側の谷底低地に向かってその傾斜を加速度的に増していく。撮影筆者。

現在「殿ヶ谷戸」として人口に膾炙するのは、特別快速の停車するJR中央線国分寺駅南口から徒歩二分の「都立殿ヶ谷戸庭園」です。都立公園は二三区で四二か所、多摩地区に三〇か所、計七二か所（註6）に所在しますが、都立庭園は九か所のみ。それも二三区に八か所、多摩地区ではこの国分寺市の殿ヶ谷戸庭園ただ一か所なのです（註7）。

殿ヶ谷戸庭園は一九七二年の国分寺市による旧岩崎別邸を含めた駅前商業地開発への動き（都の公園指定解除）に危機感をもった市民の運動が実を結び、一九七九年に都立庭園として八番目に開園したものですが（註8）、アクセスの良さではトップにランクされます。

この庭園が「谷戸」地形を利用したものであることは田中正大著『東京の公園と原地形』（註9）でも明らかです。しかし、この地の「殿」とはいったい誰だったのでしょう。

そもそも貴人の邸宅を意味した語がヒトの敬称に転化したのが「殿」でした。その一方で「谷《やつ》・谷戸《やと》」については、『常陸国風土記』の「夜刀《やとの》神《かみ》」の例（註10）を示すまでもなく、古来水田開発適地と目され、数十年前までは北日本と山岳地帯を除き、利水可能な谷という谷には稲が植え付けられていたと言っていいのです。谷地は軟弱土質と冷水温に憾《うら》みがあるものの（註11）、大規模な制水を不可欠とする河流域よりも水田化が容易だったからです。したがって「殿ヶ谷」「殿ヶ谷戸」とは何某の領地のなかの直轄田を指したと考えるのが適切でしょう。瑞穂町の「殿ヶ谷村」の南に残堀川《ざんぼりがわ》が流れますが水量は細く、そこは畑作卓越地帯でした。図7‐3のように、水田は台地上ではなく、狭山丘陵の侵食谷に営まれたのでした。

図 7-3　二万分一迅速測図原図「神奈川県武蔵国北多摩郡中藤村外三村及西多摩郡殿ヶ谷村」（1882 年測図）の一部（87%に縮小）
左下「殿ヶ谷村」の文字の間を抜け図の下に向かう曲線は残堀川。

地点地名・領域地名／地点地図・領域地図

ところで前章で紹介した縄文土器の例はありますが、採集や狩猟を専らとした移動社会の地図は無形の「口承地図」であるのが一般的で、そこでは地名とは地形に即した地点地名が主体であったと思われます（註12）。その反面、農耕定住社会にあって地名は集落名を含む領域名、すなわち柳田国男の言う「占有地名」（註13）を専らとするため、たとえばその由来となった地形と地名表示の位置は一致しないことが多いのです。

『地図学用語辞典』の「地名」の項は「土地の表面の一部につけられた名称。本来は自然物・人工物その他の名称であったが、それから転化して土地の機能・性質を表わすようになった名称を含む」（註14）と書いていますが、後半はむしろ「本来は地形やランドマークの名称であったものが、それから転化して領域名を表わすようになった例が多い」としたほうが適切だったと思われます。

歴史以前あるいは文化の非文字平原を眺望する視野に立てば、ヒトの空間認知にはパラダイム転換とも言うべき巨大な画期が確認できるでしょう。地名のみならず地図においても、地点地図と領域地図は認知と時間の位相を異にするのです。わたしたちが目にする地図の多くは、領域を主としそこに地点が従属している、あるいは領域地図に地点が埋め込まれ、かつまたそれがズレている場合が多いのです。特異例を除き、外化された空間認知すなわち地図は、一般に国家の発生と軌を一にするからです。

なお地形図においては、図郭内の地名を含むすべての文字表示を「注記」と称する（註15）ため、本章でも地形図における地名表記については「注記」と書くことにします。以下、地点と領域、ないし地形と注記（地名）との関係を、まずは旧陸地測量部、現国土地理院作成の地形図類をベースに見ていくことにしましょう。

南下する「殿ヶ谷戸」

前ページ図7－3の左下に見える縦文字注記「殿ヶ谷村」は、地名由来の「谷戸」と、その集落の位置がズレる例のひとつです。もちろん伝承の「館」が谷中に造営されるはずもありません。

それでは図7－4の「殿ヶ谷戸」はどう考えるべきでしょうか。現在「都立殿ヶ谷戸庭園」のある中央線南側とはかけ離れ、国分寺駅（当時は国分寺停車場）の北約五〇〇メートルの位置にそれは鎮座しています。図7－5は図7－4から七年後刊行の五万分一図の一部ですが、こちらの「殿ヶ谷戸」も、位置は少し異なるもののやはり中央線の北側です。

図7－6は図7－4の二五年前、一八八一年の図です。それは一八八九年の甲武鉄道敷設以前、現国分寺駅のある段丘面一帯は楢（コナラ）を主体とした雑木林および畑地で、人家は存在しませんでした。この

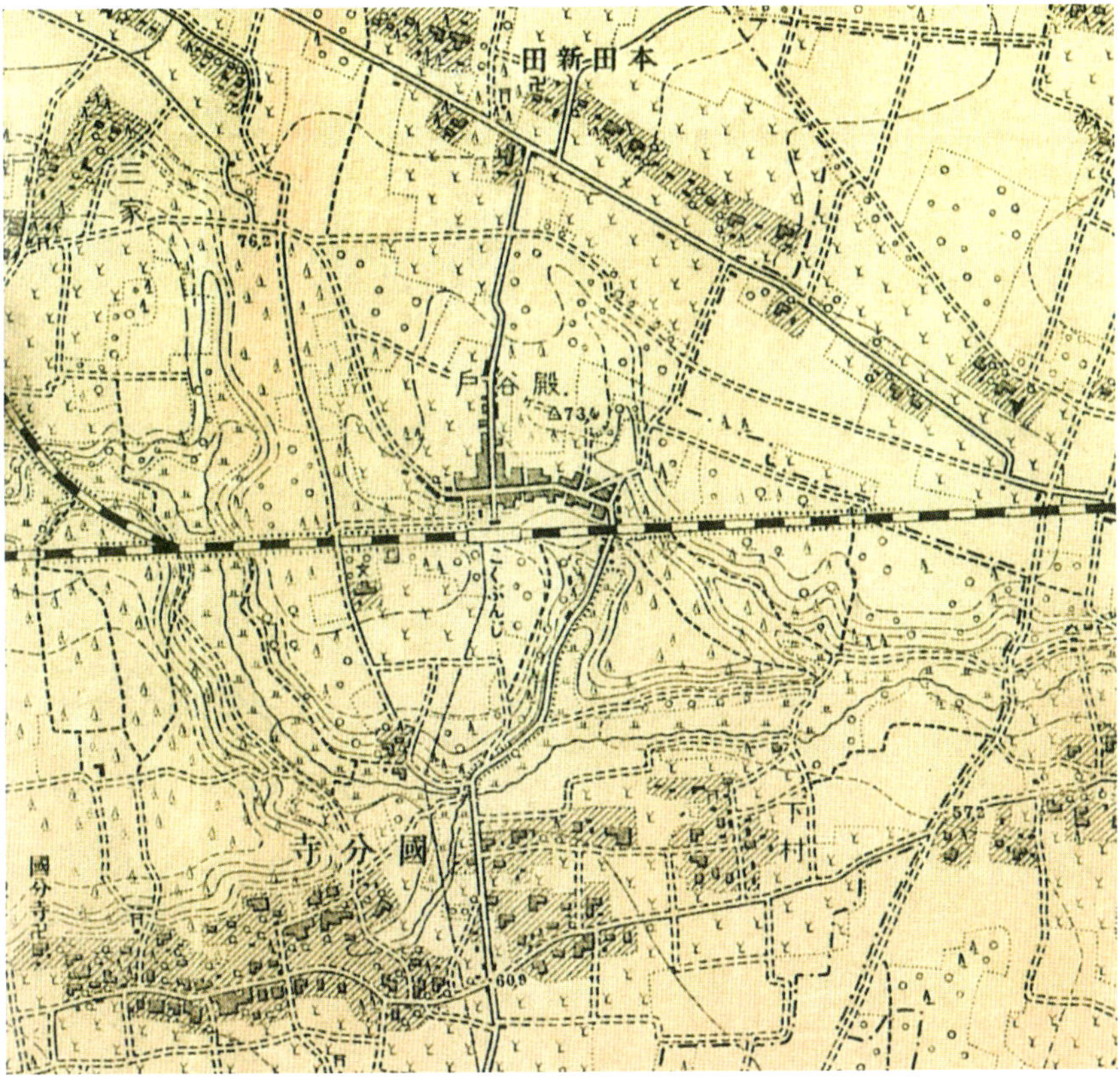

図 7-4　正式二万分一地形図「府中」（1906 年測図 1909 年製版）の一部（115%に拡大）
注記「殿ヶ谷戸」は中央線の北側、東から延びる開析谷の谷頭付近に置かれている。

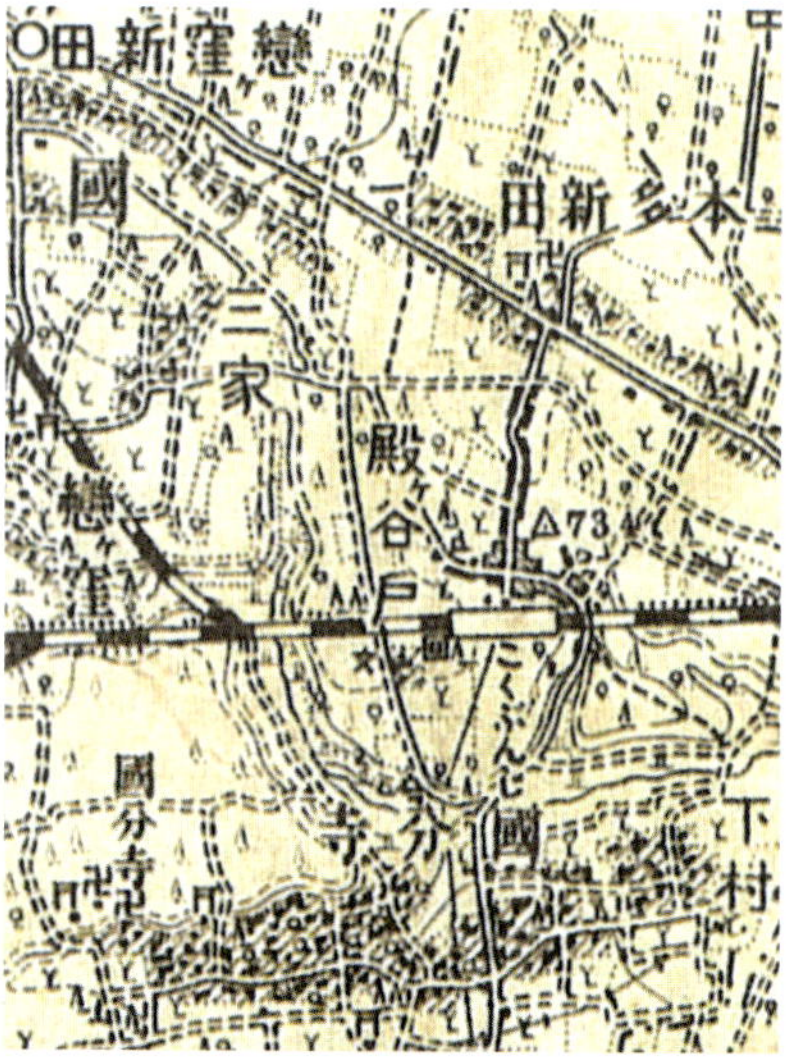

図 7-5　5 万分 1 地形図「青梅」（1916 年改版）の一部（150%に拡大）

注記「殿ヶ谷戸」は中央線の北側だが、左右の開析谷の中央に位置しているように見える。5 万分 1「青梅」の「殿ヶ谷戸」は 1909 年図と 1912 年図およびこの図にのみ認められる。左上隅の○は当時の国分寺村役場を示す。

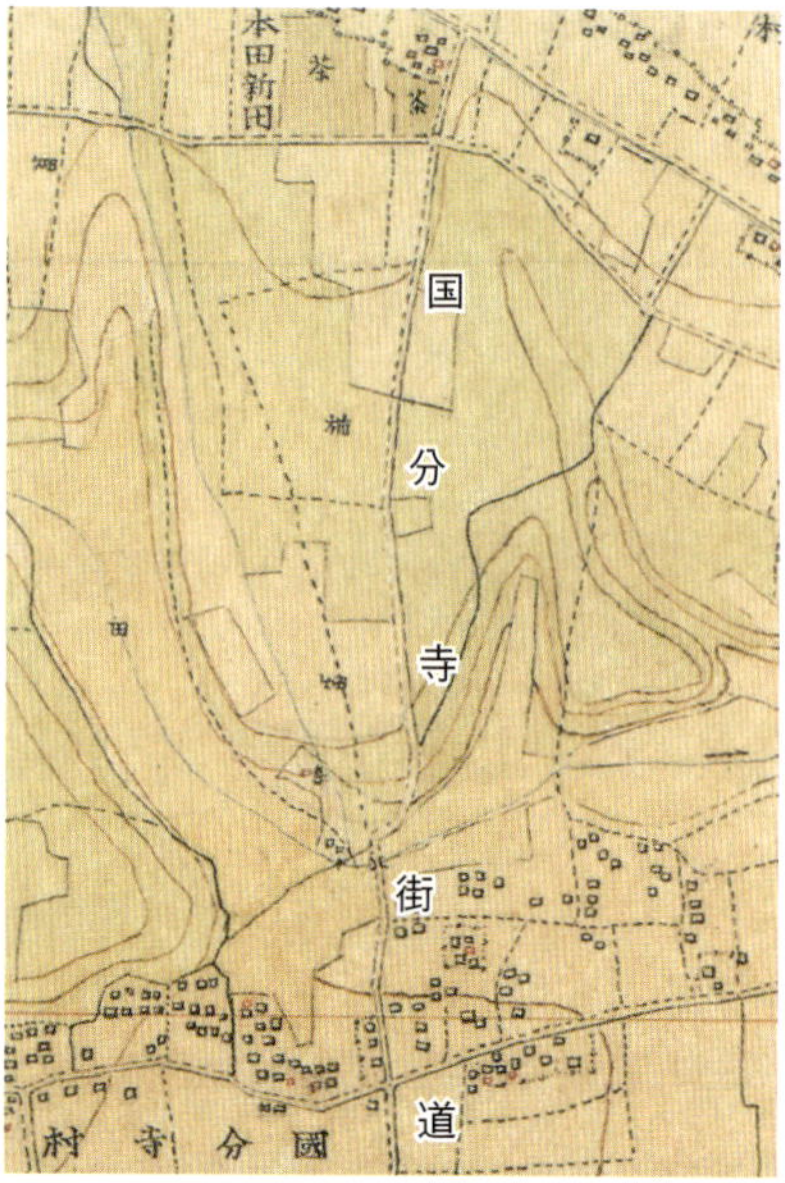

図 7-6　二万分一迅速測図原図「神奈川県武蔵国北多摩郡国分寺村」（1881 年測図）の一部に加筆（97%に縮小）

甲武鉄道国分寺停車場の開業は 1889 年。現国分寺駅一帯は「楢」の雑木林で人家は見えない。

ときまで国分寺村集落は、段丘崖下の湧水で涵養《かんよう》された野川流域に立地していたからです。

一九〇八年から作成開始され、五万分一図にかわって基本図とされた二万五千分一地形図では、現国分寺市域に「殿ヶ谷戸」が記された例はありません（図7-7・図7-8）。

基本図ではないけれども主要都市部に作成された一万分一地形図にはさすがに「殿ヶ谷戸」が記入されていました（図7-9）。しかし戦後まもなく作成されたこの地図でも、五〇年以上前の位置からは南下したものの「殿ヶ谷戸」は依然として中央線の北側です。しかし、現「殿ヶ谷戸庭園」の位置には「岩崎邸」の文字が見えます。それから三〇年あまりを経て、「殿ヶ谷戸」は地名ではなく施設名注記として地形図に登場します。前述のように旧岩崎別邸が都立庭園として一九七九年に一般公開されたからです

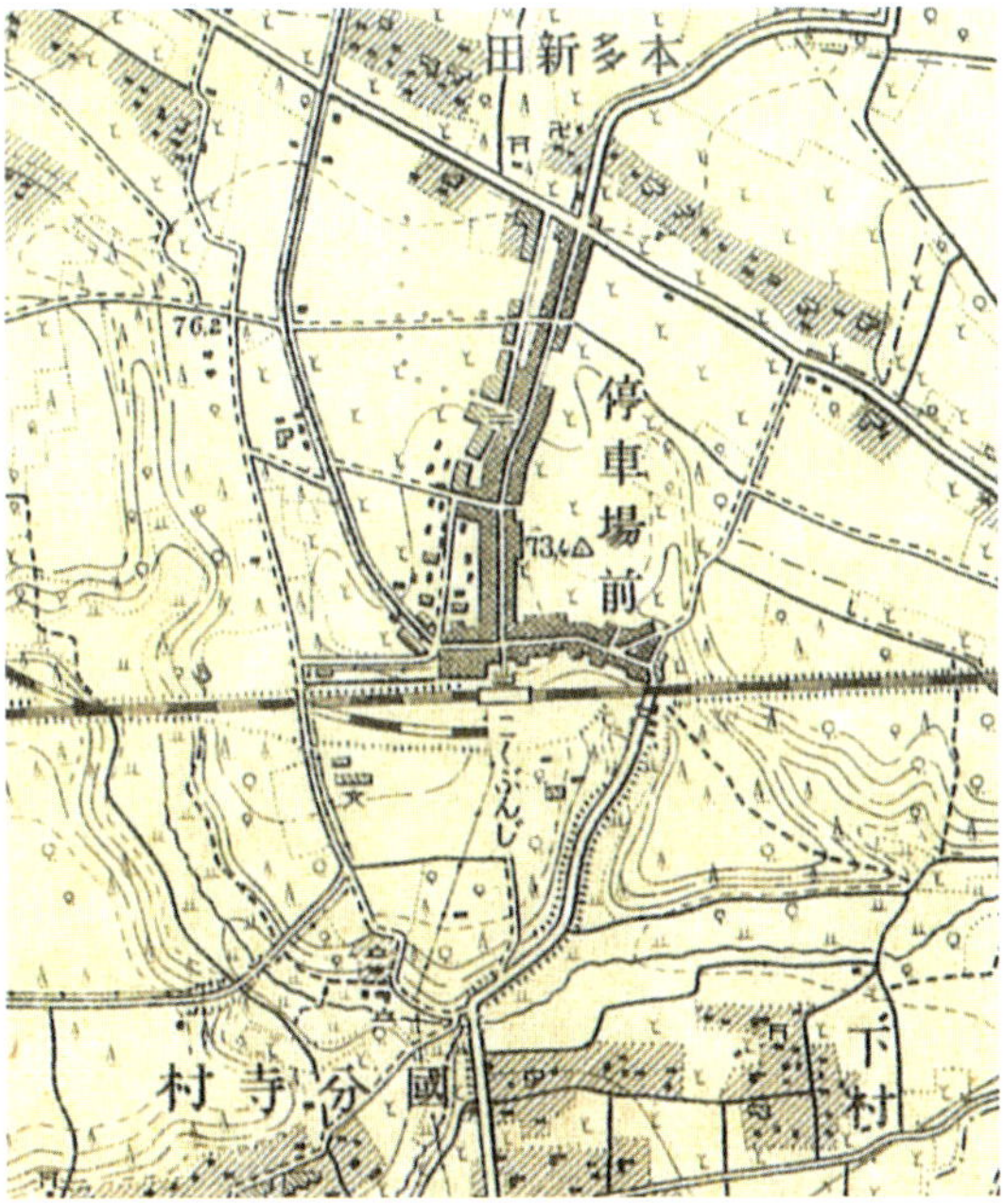

図 7-7
2万5千分1地形図「府中」（1921年測図1927年部分修正）の一部（120%に拡大）

停車場は通例改札一か所であったため、北側に駅前集落が発達した。府中につづく国分寺街道は駅前から東に迂回し踏切で線路を渡り、谷戸沿いに国分寺崖線を下った。

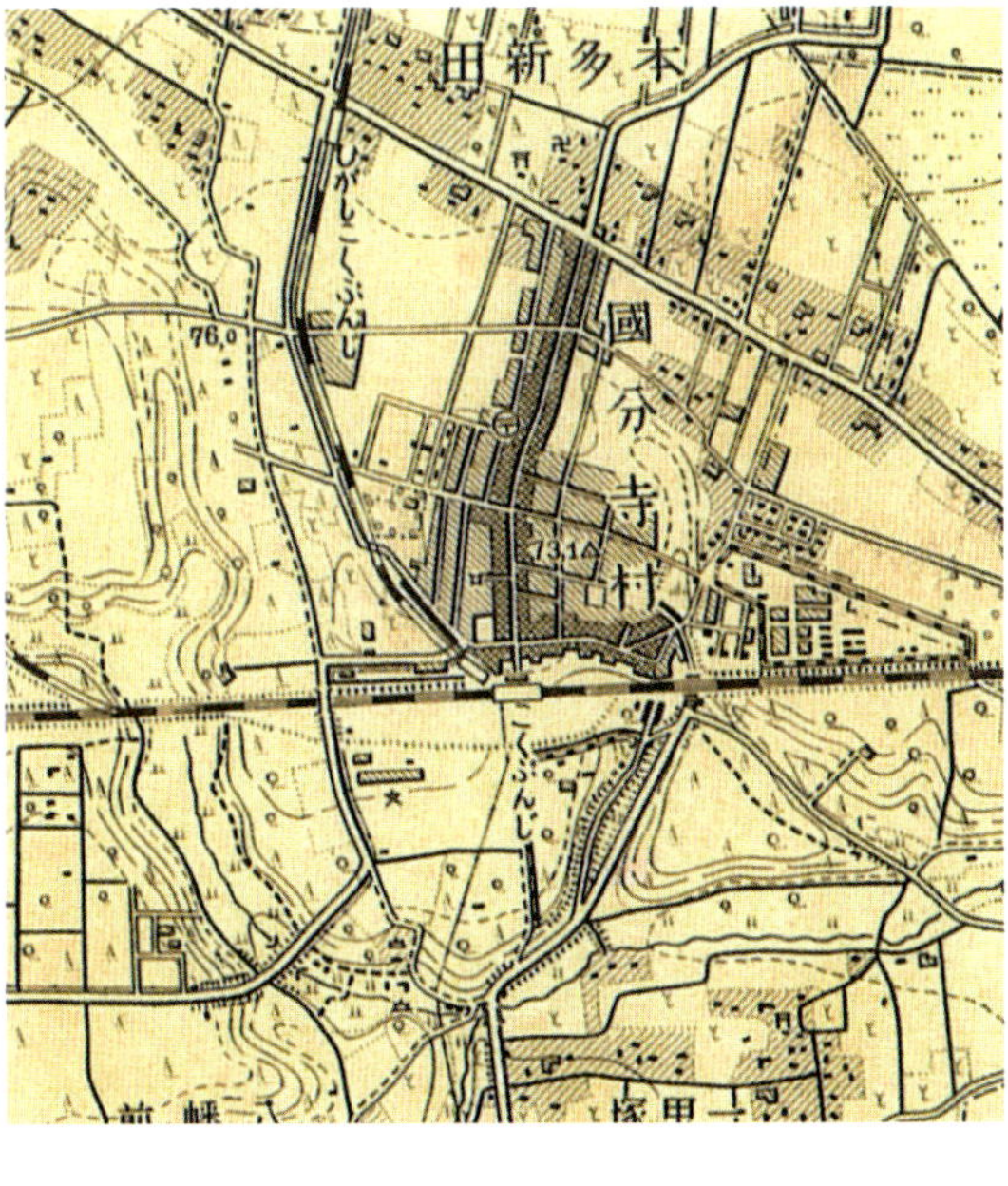

図 7-8
2万5千分1地形図「立川」（1937年修正測図）の一部（120%に拡大）

国分寺停車場の東側踏切は廃止され、通称「丸山」の台地端を開削し旧道の東側に建設された迂回路は、中央線をガードでくぐった。停車場北側の集落が拡大し、注記「国分寺村」も中央線の北に転移した。

（図7‐10）。

以上の地形図類のうち、とりあえず地名記載がもっとも古い図7‐4の注記位置に注目してみましょう。モノクロ図のため、等高線が注記（地名）によって抹消され、地形は図から判別できません。ただ幸い今日では、空中からのレーザー測量によっておもな地域の微地形データが得られており、それを用いかつ地表の凹凸をわかりやすく表現（シェーディング）した図がリリースされています（図7‐11・図7‐12）。

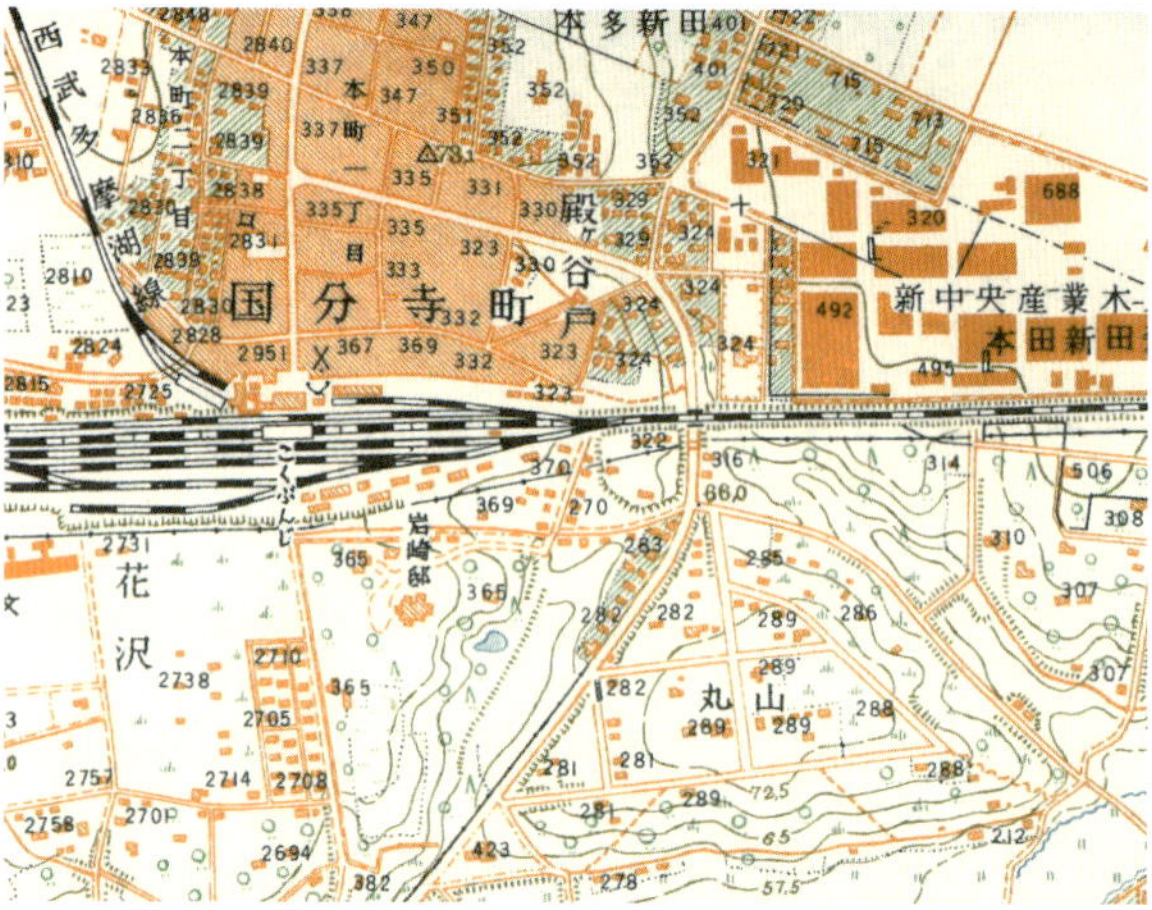

図7-9　1万分1地形図「武蔵府中」（1952年測量）の一部（90%に縮小）

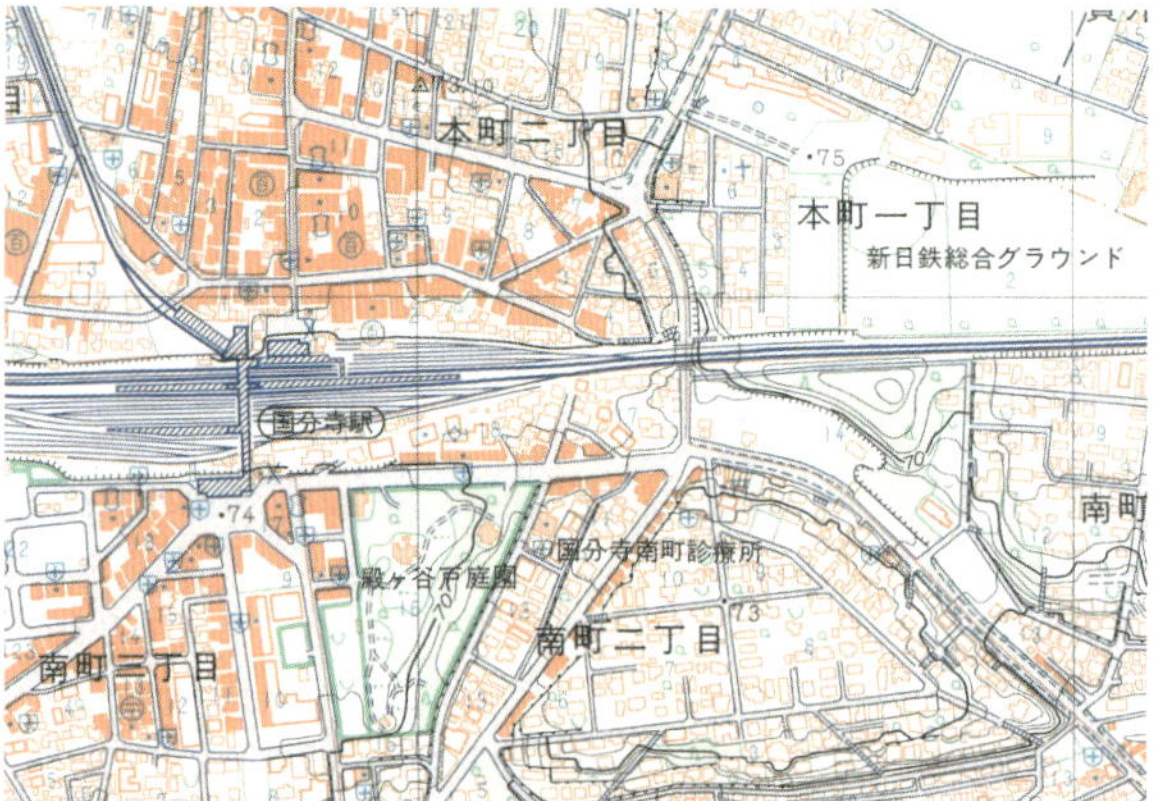

図7-10　1万分1地形図「国分寺」（1986年編集）の一部（90%に縮小）
地名「殿ヶ谷戸」は消え、1979年開園の施設名「殿ヶ谷戸庭園」が国分寺駅南に記入されている。

図7-12の上辺中央、逆「く」の字型の窪地は、図7-11では国分寺市立第二中学校と第七小学校の敷地（いずれも現アドレスは国分寺市本多一丁目）です。人工的に整地拡幅された跡が明瞭ですが、この地形が元来は南側からつづく自然地形の延長で、開析谷の谷頭であることも了解できるでしょう。図7-4に照らせば、注記「殿ヶ谷戸」はこの窪地を覆《おお》って記載されたように見えます。「谷戸」はひとつづきですから、その下流側図7-9の注記「殿ヶ谷戸」の位置もズレているとはいえ地形にかかわる地域名として不自然

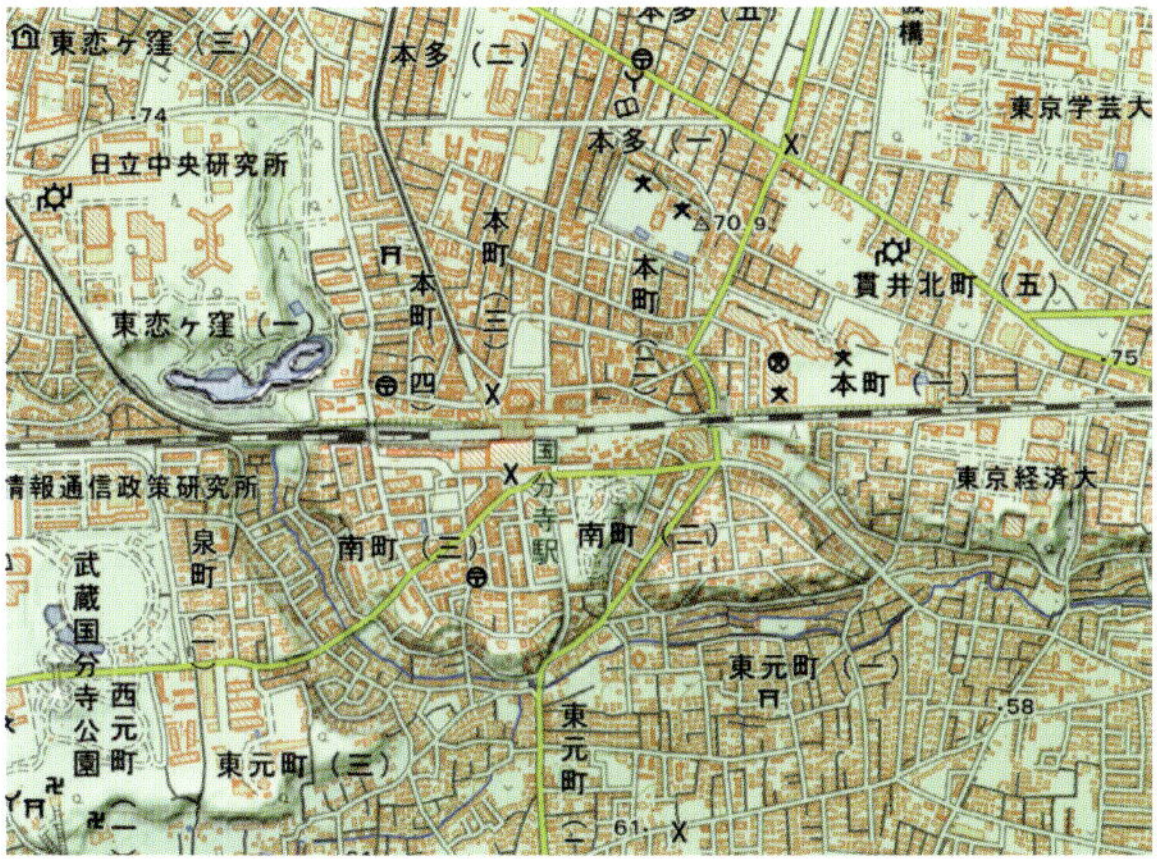

図7-11　タブレットアプリ「スーパー地形」から、国分寺駅付近の「スーパー地形＋地図」表示

地図中央上辺の窪地に学校の記号が二つ見えるのは、国分寺市立第二中学校と第七小学校。

図7-12　「スーパー地形」から上図同範囲の「スーパー地形」表示

図中央上寄り国分寺市立第二中学校と第七小学校の窪地がよくわかる。この窪地の形は、旧谷戸の谷頭が人工的に拡張されたことを物語る。それとは逆に、停車場は自然の浅い谷のなかに開設された。

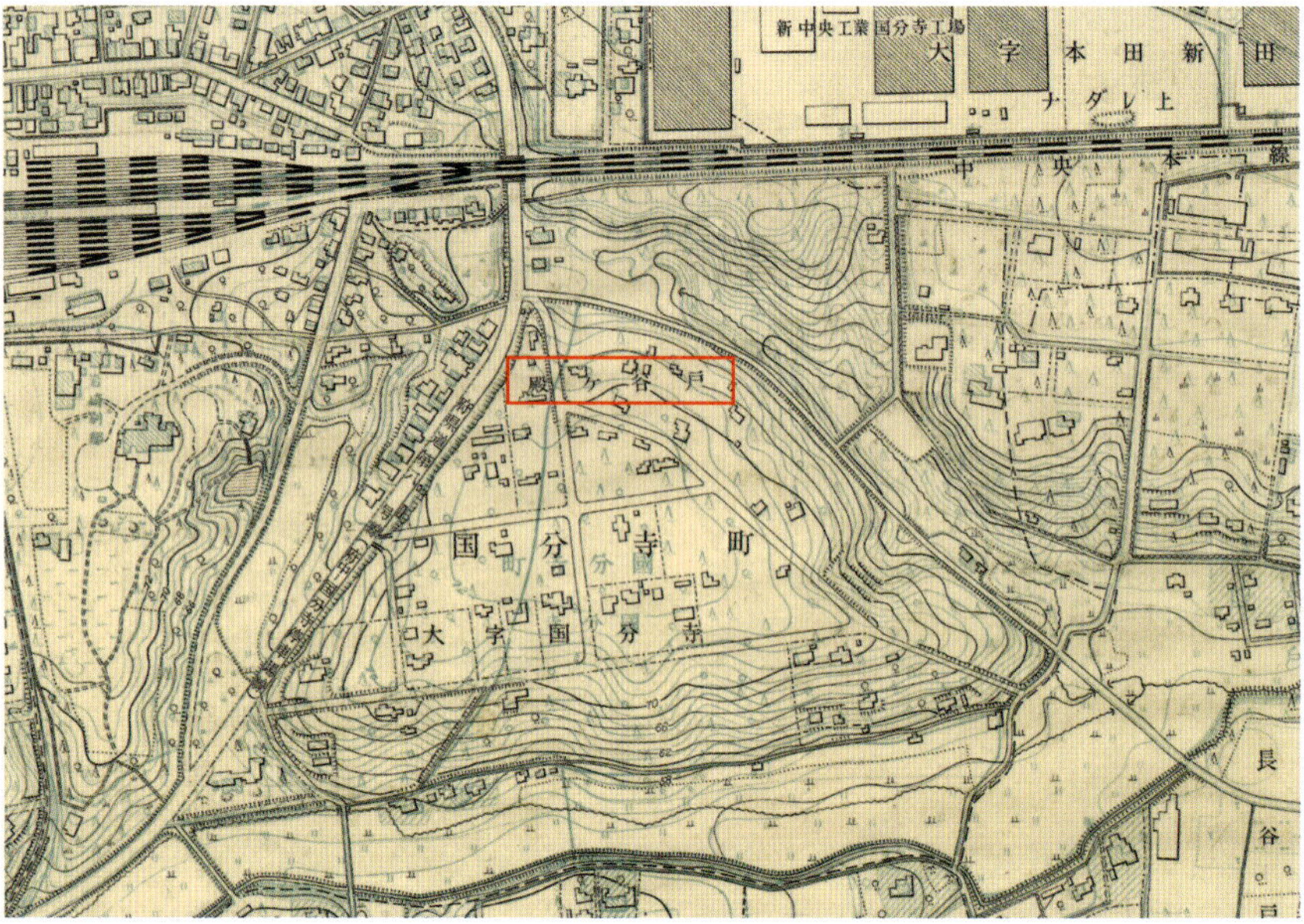

図 7-13　「三千分一東京西部十八号ノ三　国分寺」（東京都建設局、1953 年）の一部（48%に縮小）
薄藍で印刷された下図は 1943 年測量の旧図。赤囲みを加筆。

ではありません。

ところで谷戸のような微地形を探るには、大縮尺の地形図を参照するのがもっともわかりやすいでしょう。幸い筆者の手元には、東京都建設局が作成（一九五三年三月）した三千分一の都市計画図の原図があります（図7-13）。これを見れば、「ハの字型」二つの開析谷によって形成された段丘端の独立丘的な地形（旧小字名「丸山」。図7-9参照）の頂点付近に「殿ヶ谷戸」と明記されているのです。注記「殿ヶ谷戸」はここにおいてはじめて中央線を南に越えたのですが、「谷」そのものの位置はなお判然としません。ただ丸山の東の谷に残されていた細い水流は明瞭に描き込まれています。なおこの図描が黒と薄藍の二重なのは、薄藍が大戦末期一九四三年測図の内容で、その印刷図の上に戦後の写真測量の結果を墨で描き直しているためです。ちなみに、国分寺町（一九六四年市制施行）域の近代水道通水開始は一九六〇年で、図の当時は湧水利用を残しつつ基本的に浅井戸（一部深井戸）に依存していました（註16）。

註

1 二〇二四年八月二七日閲覧確認。https://ja.wikipedia.org/wiki/ 長者原遺跡。

2 『角川日本地名大辞典・別巻Ⅱ・日本地名総覧』一九九〇年。

3 『新日本地名索引』（全三巻、一九九三年）は、植物学者金井弘夫氏が植物分布基礎資料の必要上、独力で成し遂げた仕事で、二万五千分一地形図四四〇〇枚以上から採取した地名約三八万余件とその経緯度位置を網羅した、地図と地名にかかわる金字塔である。

4 『日本歴史地名大系・第四九巻・総索引』二〇〇五年。「日本歴史地名大系」は日本地名研究所の谷川健一企画になり、二〇年余りをかけて完結した。都道府県別の巻構成ながら体系的記述と内容を特徴とする地名辞典で、各巻末に索引を付す。

5 『新編武蔵風土記稿』巻一二〇、多磨郡三二の山口領「殿ヶ谷村」の項に「当村ハ領主村山土佐守ノ居住セシ所ナレハカク唱フト。村山ハ武蔵七党ノ内ニテ当国ノ旧家ナリ。子孫小田原北條家ノ幕下タリシカ天正年中北條家滅亡ノ時此家モ共ニ絶タリト云」とある。

6 東京都建設局のデータによる。

7 東京都建設局のデータによる。

8 住吉泰男『殿ヶ谷戸庭園』二〇〇七年、四七―六四ページ。

9 田中正大『東京の公園と原地形』二〇〇五年、一六五―一七一ページ。

10 『新編日本古典文学全集 5 風土記』一九九七年、三七七―三七八ページ（常陸国風土記 行方の郡）。

11 木村礎『村の語る日本の歴史』（一九八三年）の一二四ページには「谷田の多くは台地の下側部から出る湧水を利用した湿田である。その湧水の近くは水が冷たすぎてハゲタになる。こうした所では水を引き廻して水温を上げる。これをヌルメという」とある。武蔵野に数少ない田の多くは「谷戸田」で、それは段丘開析谷の湧水に依存する谷底湿田であった。

12 M・R・オコナーは『WAYFINDING 道を見つける力』（邦訳二〇二一年）で、「一部の言語学者の説によれば、最終的に記号的言語へといたる人類の原言語は、動物の居場所や水源などの特定の状況や場面を自分以外の者に説明しようとする狩猟採集民の努力から生まれた可能性があるという」と記している（一三九―一四〇ページ）。また工藤雅樹は『蝦夷の古代史』（二〇一九年）で、チェンバレンやバチェラーの初期アイヌ語地名説について「地名はもともとはごく狭い範囲について、地形や動植物などの特徴をとらえて命名されたものであり（小地名）、現在の市町村あるいはそれ以上の広さの地域を意味する大地名は新しい要素であった。したがって能登とか出雲などの大地名をアイヌ語で解いて見せてもほとんど意味をもたない」（一八二ページ）と書いている。

13 柳田国男は「地名と地理」（『地理学評論』一九三二年五月・六月）の第六節で「私はこの旧地名をまた二つに分けて、その比較的新しいものを「占有地名」といおうとしている」と書きつけた。

14 『地図学用語辞典』増補改訂版、一九九八年、二二五ページ。

15 前註14、二二七ページ。また国土地理院の「平成25年2万5千分1地形図図式（表示基準）」の第61条を参照。

16 国分寺市の上水道沿革は、国分寺市環境部水道課『国分寺水道50年』（二〇〇九年）を参照。また北上水道事業と湧水涸渇の関係は、森田優『地下水は語る―見えない資源の危機』（二〇一二年）四八―八八ページ、湧水の現状は髙村弘毅『東京湧水せせらぎ散歩』（二〇〇九年）を参照。

第8章

地名の武蔵野・続

「殿ヶ谷戸立体」の出現

前章でも注意しましたが、一八八九年に開業した甲武鉄道の国分寺停車場は、南北に通っていた国分寺街道（前章図7-6参照）と交差する場所におかれ、改札は北側一か所でした。街道が分断されることに対応して、経路の一部は東回りの「つ」の字型に改変されました（同図7-4参照）。

北口一帯が再開発整地された二〇二〇年以降は想像もできませんが、街道は停車場北から鉄道が通る東

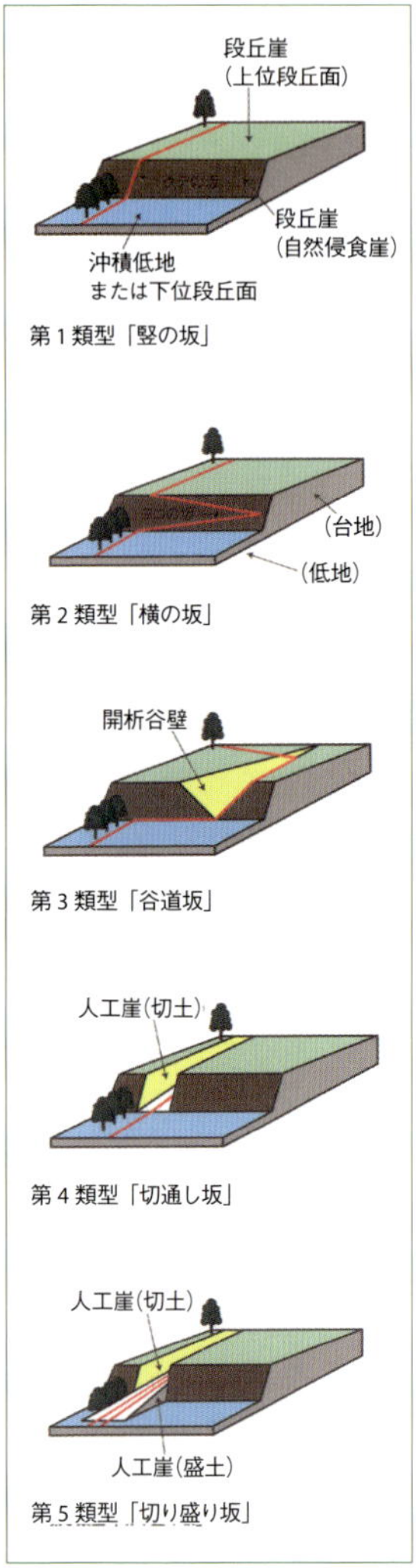

図8-1　坂の5類型
拙著『新版 古地図で読み解く江戸東京地形の謎』（2020年）より。

西の浅い窪地を東に迂回し、線路を平面交差（踏切）した後、国分寺崖線（段丘崖）を開析する谷の西側谷壁沿いに、緩傾斜で段丘崖を上り下りする経路となったのです。

　国分寺街道の「坂」に関して言えば、それまで段丘崖をやや斜めに上下していた傾斜はこれによって大幅に低減しました。つまり「坂の5類型」（**図8-1**）の第2類型から第3類型に転じた（註1）わけですが、問題は踏切でした。

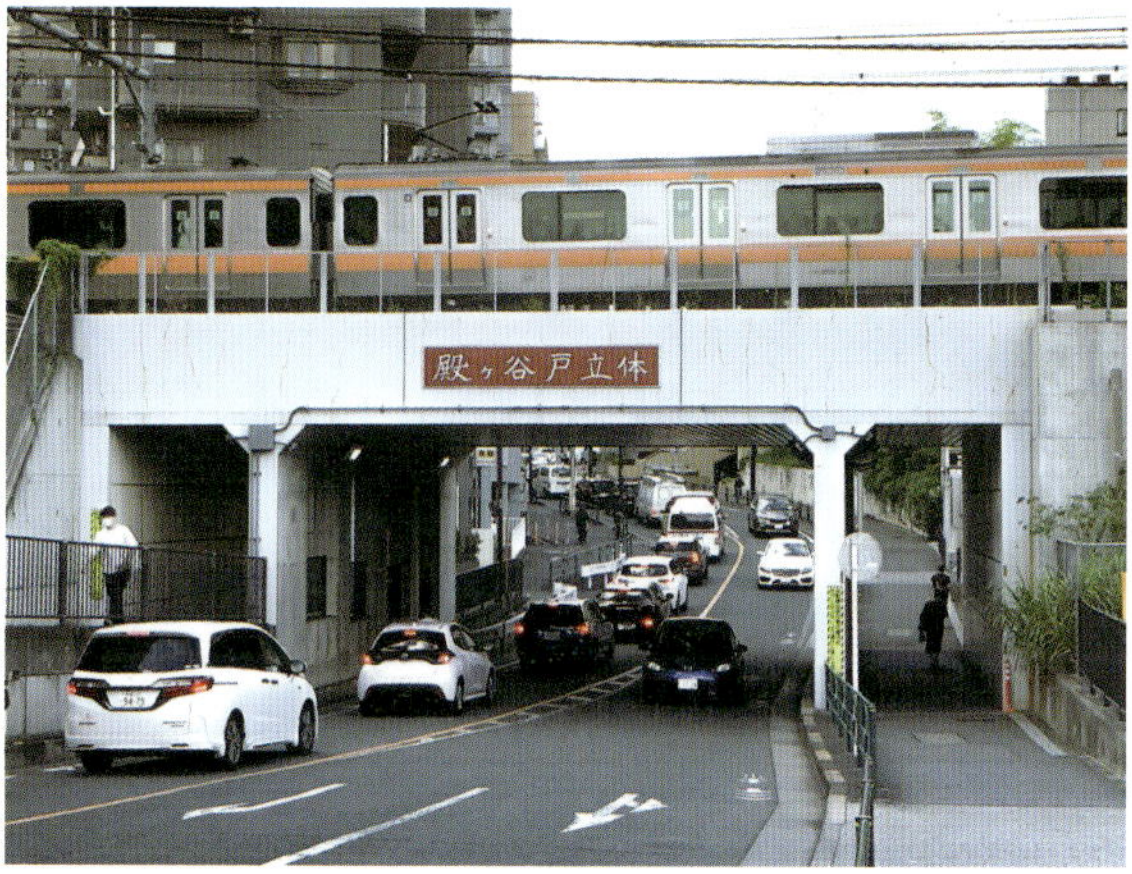

図8-2　2006年から2010年の三鷹 - 立川間の高架化に伴い「国分寺駅東側ガード」は拡幅、掘下げと歩道新設工事が行われ、「殿ヶ谷戸立体」の橋名板も加設された。筆者撮影。

図8-3
『国分寺市史』（下巻、1991）から、1927年の「国分寺駅東踏切」同年撮影。
　正面奥が当時の岩崎別邸の樹叢とすれば、中央線の旧北側踏切前の写真と思われる。武蔵国分寺跡資料館提供。

図8-4
同書から、踏切が廃止され、その東側の谷を利用して1930年に設けられた「国分寺駅東側ガード」武蔵国分寺跡資料館提供。

都市化の進展とともに「自動車と列車の衝突という人の死亡を伴う事故が続発したため」「それ以前はもう少し国分寺駅よりの場所に踏切があった」のを一九三五年に「場所を移して、今見るようなガード（当時のいいかたに従えば「地下道」）にした」（註２）のです。しかしこのガードも近年のモータリゼーションに適うものではなく、二〇〇六年から二〇一〇年にかけて行われた中央線三鷹―立川間の高架化に伴い、位置はそのままながら八〇年ぶりに拡幅、地面の掘り下げや歩道新設が加えられました。その際、**図8-2**に見えるように「殿ヶ谷戸立体」の橋名板が取り付けられたのです。名板の文字が不揃いなのは工事事務所が地元の青少年の文字を採用するためと言いますが、ともかくこの橋名板は「ここが殿ヶ谷戸」と場所に即して宣言しているわけです。

図 8-5　野川上流に架かる橋の名板
撮影筆者。

図 8-6
図 8-5 付近のバス停表示板
撮影筆者。

文字のアンバランスも伴って、これを目にした人のなかには首をかしげる向きもすくなくないでしょう。国分寺駅東側のガードが谷地形を利用して造成されたことは確かですが、田中正大『東京の公園と原地形』（二〇〇五年）一六九ページの図からも明らかなように、そこは中央線の北から下って東側で野川につづく「長谷戸《ながやと》」の一部で、西隣の「殿ヶ谷戸庭園」に接する谷地ではないからです。地形図に長谷戸の記載はないものの、その水流がかつて野川に合流していたあたり、通称丸山通りが野川を渡るところに架かる「長谷戸橋」に地名が残り

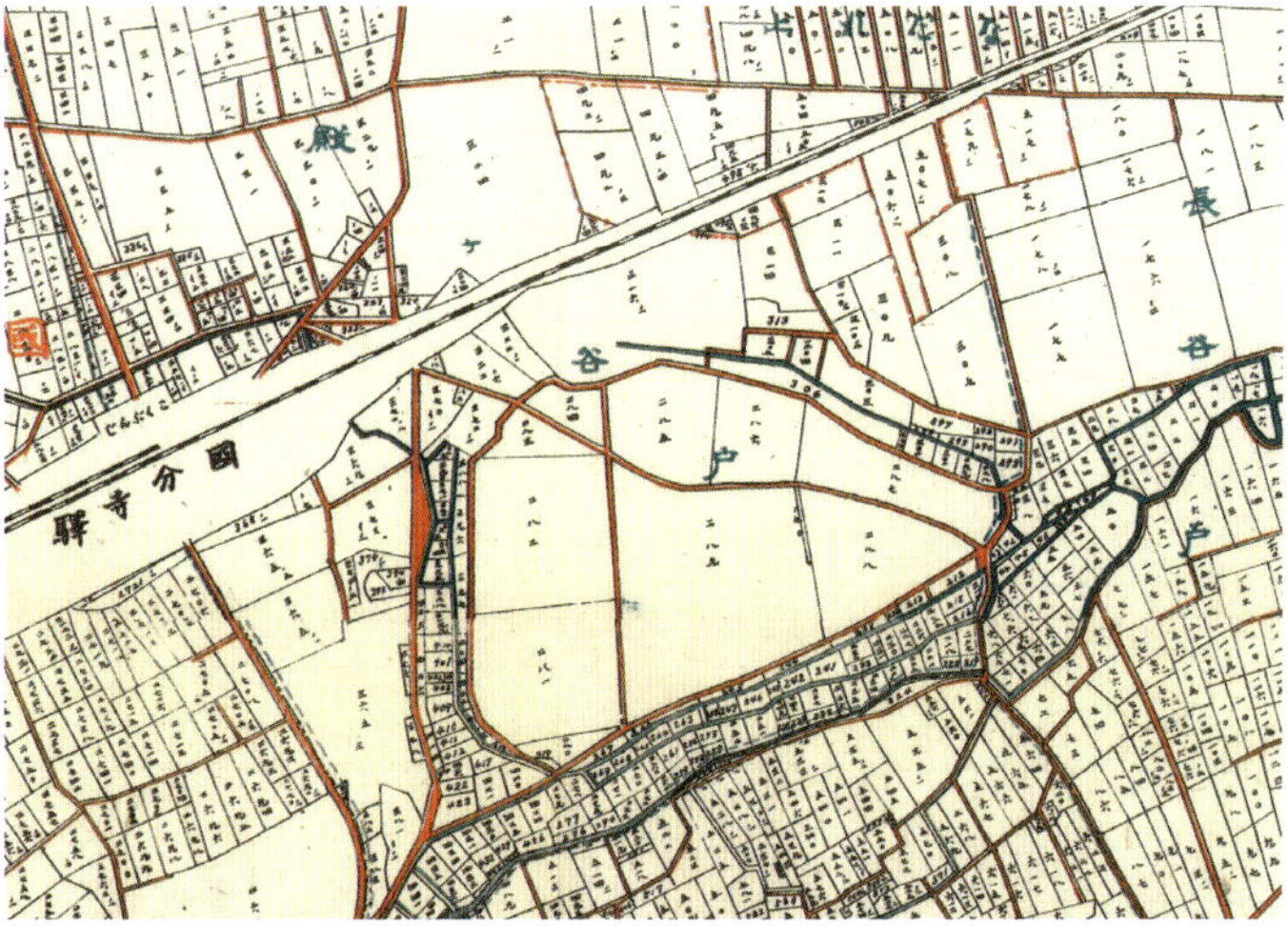

図 8-7 「東京府北多摩郡国分寺村全図　縮尺三千分之一」（1927 年、市町村全図社発行、国分寺村役場賛助）の一部
右上「なだれ上」の文字に注意。

ます。ちなみに至近のバス停は「長谷戸橋《はせどばし》」としていますが、これは誤読をそのまま通用させている例と言っていいでしょう。

図 8-7 に例示したのは、昭和と改元されて間もない一九二七年に作成された旧国分寺村の三千分一図で、地形図ではなく約百年前の一筆図ですが、ご覧のように「殿ヶ谷戸」は中央線に斜めにまたがって記載されているのです。これを見、また前述の橋名板の位置などを念頭にすれば、地形としては「長谷戸」が本来は「殿ヶ谷戸」ではなかったのかと考えるのは自然でしょう。それでは「長谷戸」はどうかと見れば、斜めに大きく東流する野川との合流点の東側に、これまた野川をまたいで記されています。

大縮尺地図と言えば、今日その代表には「住宅地図」が挙げられるでしょう。これは世界的には他に類例を見ない特異な存在なのですがその歴史は意外と浅く、戦後の高度経済成長期の初頭、全国主要都市域においてそれぞれ独自に叢生を見たのです（註3）。現国分寺市域においてもその一部が残されていますが、一九五九年に作成されたそれを見ると「殿ヶ谷戸」の表記はさらに南下していて、「丸山」そのものが殿ヶ谷戸となった観があります（図8-8）。

一方、それまで岩崎別邸とのみ呼ばれていた場所について、建設省は一九六二年六月に「殿ヶ谷戸公園《ママ》」の称をもって都市計画公園決定を告示（第一二七三号）しました。しかしそこは丸山ではなく、その西を画する谷戸地形の一部なのでした。

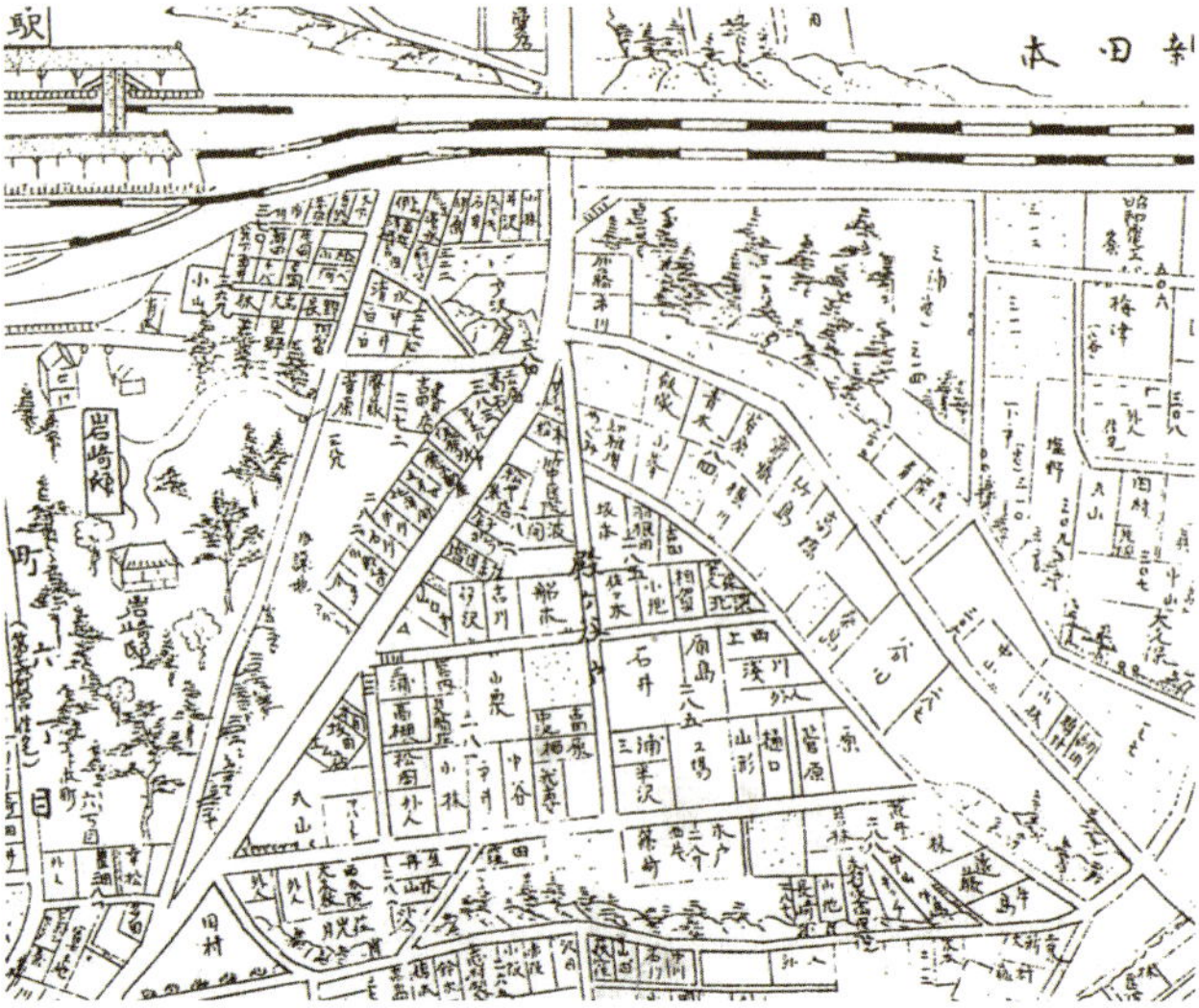

図 8-8　「国分寺駅南部住宅地図」（1959 年 12 月現在調査、富樫要吉発行）の一部
「殿ヶ谷戸」は中央下寄りに縦書き。

地名の発生と展開

ところで先に見た「地形図」類は作成時期が近代以降であるために、とりわけ都市化のすすんだ地にあってはその名に反して「地形」と「地名」の関係を探るには適切な資料とは言いかねる面があります。そのためには地形図以外の地図や資料に目を通す必要があるでしょう。

国分寺市発行『市報国分寺』の「地名から見る国分寺市の歴史」（註4）によれば、現在の国分寺市「南町二丁目の大部分」は大字国分寺の小字「殿ヶ谷戸」にあたり、また「南町」そのものが町名整理と住居表示実施により一九六四年に誕生した地名で、それ以前の小字名は西から花沢、殿ヶ谷戸、長谷戸（以上大字国分寺のうち）およびなだれ上（大字本多新田のうち）としています。

それは『国分寺市史』（下巻）に掲げられた図の通りです（図8-9）。ただし道路や鉄道が描かれていないの

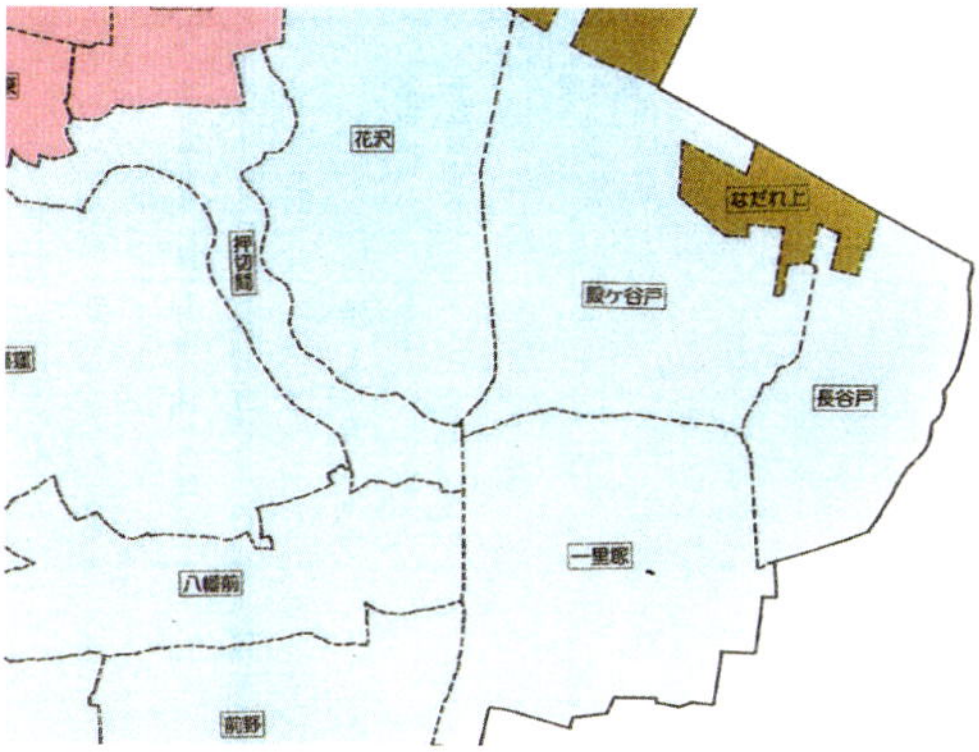

図8-9 「国分寺市域内大字・小字区分図」（『国分寺市史』下巻、1991年）の一部
「大正元年1月1日国分寺村全図より作成」と添書きがある。水色は大字国分寺、ピンクは大字恋ヶ窪、茶色は大字本多新田。中央右上「なだれ上」は現在の早稲田実業学校（初等部、中・高等部）および東京経済大学のキャンパスがかかる。小字「花沢」と「殿ヶ谷戸」の境界線は古い国分寺街道の経路に相当。武蔵国分寺跡資料館提供。

で、現在地との関係がわかり難い「領域図」ですが、境界線の一部は現在も道として残されています。

時代をさらに遡って、一八六九年（明治二）の「国分寺村絵図」を見てみましょう。原図は当時品川県に所属していた国分寺村の名主が地方取り調べに際して提出したもので、『国分寺市の今昔』（註5）にはそれをトレースしなおした図が収載されています。ただしそれには他の旧家に残る絵図の情報も整理統合したものと言います（**図8-10**）。

図中、字「殿ヶ谷」ないし「殿谷」の表記は四か所に見えますが、いずれも「トノガヤト」の音に対応したものと考えられます。その記載は、❶下辺左中央、田を表わす黄色の突出部に倒立した文字で小さく「字殿ヶ谷」とあり「下田」および「下々田」とするもの、❷その上（北）に同様の倒立文字で畑を示す緑色の地色、逆三角の区画のなかに「字殿ヶ谷」とし「下々畑」と書いたもの、❸その右上（北東）の緑の矩形《くけい》のなかの「字殿谷」は「下畑」「下々畑」、❹そのさらに右上（北東）に「字殿ヶ谷」とあり「林畑」および「下ノ下畑」としたもの、計四か所です。結論を先に言えば、この四か所の小字名の分布状態は、「殿ヶ谷戸」として後にひとつの小字域にまとめられる以前の姿なのです。

これらの「トノガヤト」のうち、水田耕作を行っていたのは❶のみであり、❷〜❹は畑、それも「下畑」「下々畑」や「下ノ下畑」「林畑《はやしばた》」といった地味下級の「新田」で、緑肥や木炭原木採取等を目的とした雑木林に畑が混じる状態でした。ともかくも、これらはすべて❶の土地の系譜が手掛

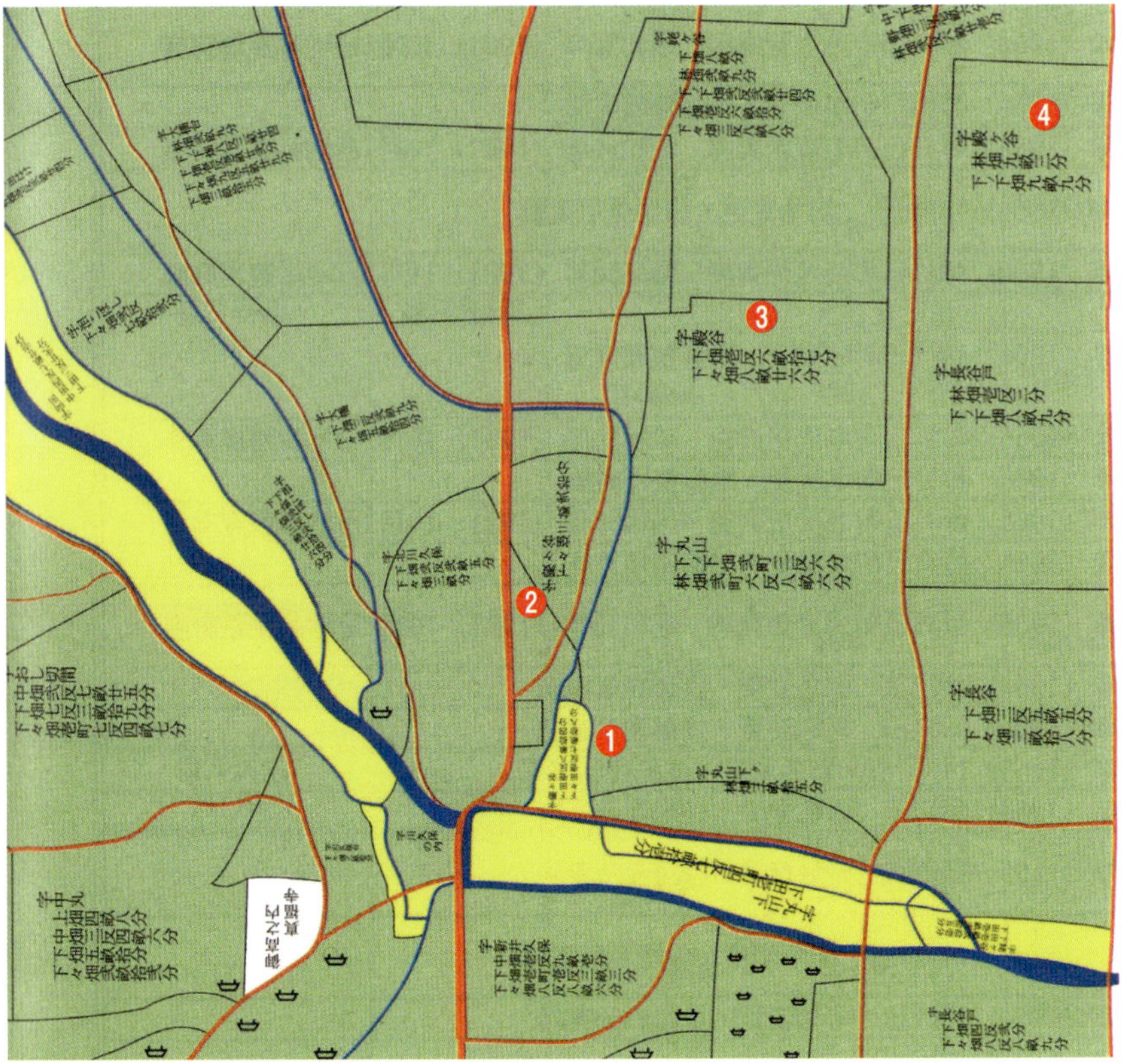

図 8-10 「国分寺村絵図」（1869 年 9 月、本多良雄家文書トレース図。国分寺市・国分寺市教育委員会『市制施行 50 周年記念　国分寺市の今昔』2015 年、所収）の一部。丸数字を加筆

黄色は田、緑色は畑を表わす。図中央の太い赤線は国分寺街道、それに斜交する太い青線は野川とその支流、左上から南下する細い青線は玉川上水の分水である国分寺用水を示す。中央で国分寺街道を横切った水路が大きく「つ」の字に曲がっているのは、後に国分寺停車場が収まる浅い窪地を迂回して流下させたためである。武蔵国分寺跡資料館提供。

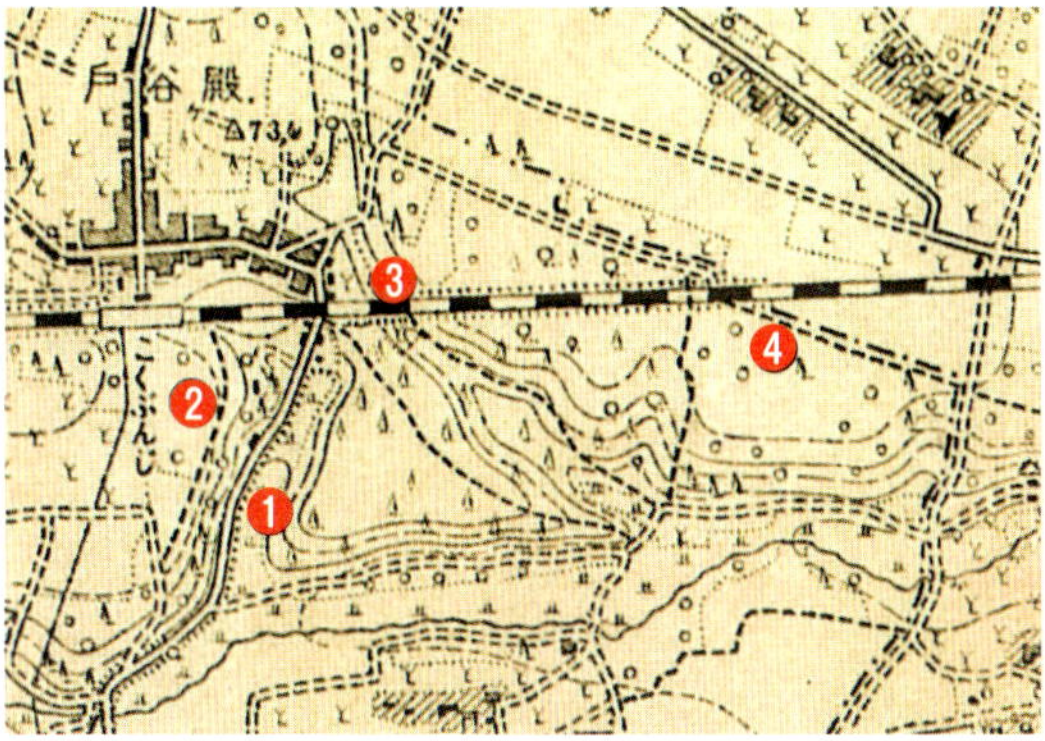

図 8-11　図 8-9 の字「殿ヶ谷」「殿谷」を 1909 年の地形図に対応させたもの
①は開析谷の谷底に営まれた水田、②～④は段丘面上に開発された新田すなわち畑と林畑林。

けた「新田」（持添《もちぞえ》新田）と考えて間違いないでしょう。その開発順序も❷～❹の順に行われたと考えるのが自然です。逆に言えば本来の地形地名「トノガヤト」は、❶の称であったと考えられるのです。

繰り返しますが、国分寺崖線を境にその上位段丘面は典型的な乏水地帯で、水田耕作は不可能でした。したがって図の緑色の部分は、おもに享保期に推し進められた新田開発以前は「武蔵野」（図11-1参照）で、一般には「ヤマ」と言い慣わされた入会地だったのです。その入会地も微細な地形や立木などの地物の特徴を目印に暗黙のテリトリーが画され、小字が成立する以前は入会者のみで通用する細かな「地名」も相伝されていたと思われます。

この図の中央右下に見える「字丸山」に関しては、他には「字丸山下」が存在するのみですから、明瞭なランドマークとして機能します。そのため「トノガヤト」や「ナガヤト」の位置もほぼ特定できるのです。ちなみに『国分寺市史』によれば、「丸山」は一八世紀の中頃まで幕府の「御林《おはやし》」として新田開発から除外されていたと言います（註6）。

地名の展開プロセスから見れば、この絵図には地名がその地形由来（地点地名）を記憶しつつも人為的に散開し、さらに広域の字名（領域地名）として他の小字名を併呑《へいどん》拡大する直前の姿が描かれていると言っていいのです。

なお絵図の位置関係は、東西と南北の距離がデフォルメされているため精確にはいきませんが、仮に❶～❹を地形図上に示せば、**図8-11**のようになるでしょう。

駅前集落注記

「殿ヶ谷戸」地名の出自を遡れば、それは現在中央線国分寺駅南の都立殿ヶ谷戸庭園の東斜面下、国分寺街道との間の開析谷を指すものでした。

そうであるにもかかわらず、近代地形図において長らく注記「殿ヶ谷戸」が中央線の北側におかれてきたのは、近代当初まで集落が皆無であった国分寺崖線の高位段丘面に鉄道が引かれ、停車場が開設されてそこに停車場前集落が出現した事情が大きくかかわっていたと考えられます。

地図の地名の採用について、『測量・地図百年史』の「地名調査」の項は「明治初期の『偵察録』『地名録』の後継と考えられる『地名調書』は、以後今日に至るまで地名資料の唯一ともいうべきよりどころをなしている。もとより体裁、様式は屢次にわたって改訂されたが『地名調書』となってからの根本的な性格は変わらず、地形図上の地名は市町村長の提出する『地名調書』に示された書き方と読み方によっている」と地元本位のように書いていますが（註7）、実は「地名調書」と、とりわけ「偵察録」の内容は全く別物でした。

後者は西南戦争に至る諸内乱を受けて、明治政府がかつての「敵地」である南関東の地理から人情までを軍事的視点から徹底調査したもので、そのタイトル（偵察録）のみならず報告記載に垣間《かいま》見える「土人《どじん》」という用語からも、作成の意図は明らかです（註8）。戦後の「地名調書」が現地主体を明確にしたのは、占領軍つまり米軍指導の結果でした。「地名録」は「市町村長」からの「書上げ」に拠ったかも知れませんが、敗戦までの地形図の地名注記には、現地ではなくあくまでも作成者の側つまり陸軍参謀本部に主体がおかれていたのです。

前章では地点地名と領域地名の区別について触れましたが、地形図そのもののタイトル（図名）については、図中の最大集落名を採用するのが原則のひとつです（註9）。もちろん集落名は現地の呼称が用いられます。ここでの本題は地図の図名でなく集落名ですが、甲武鉄道開通によって出現した国分寺村の停車場前集落は、図8-12・図8-13二図比較でわかるように小字殿ヶ谷戸と同花沢の境界である旧国分寺街道の両側に立地し、独自の称はありませんでした。しかし地形図上、一定規模以上の集落には名称が必要で、ましてここは停車場の前なのです。

図8-11は前章でメインに取り上げた一九〇九年製版の正式二万分一図地形図「府中」（図7-4）の一部ですが、ご覧のように「殿ヶ谷戸」が駅前集落にかかる注記として採用されていました。しかしそれにはいささかの無理があったようで長続きせず、次は通称となった「停車場前」が用いられ（図7-7）、さらに集落が発達して国分寺村の中心が国分寺崖線の北に転位するに至った段階で集落注記は村名そのものに置き換えられました（図7-8）。結局のところ、正式二万分一地形図や二万五千分一地形図、そして五万分一の地形図の注記「殿ヶ谷戸」は地形名ではなく「駅前集落注記」だったのです。対して戦後の一万分一地形図の「殿ヶ谷戸」は小字名でした（図7-9）。いずれも地名の元となった地形とは大幅にズレてしまったのですが、都立殿ヶ谷戸庭園が開園し命名されるに至って「殿ヶ谷戸」は本来の地形に接する位置に復したということができるでしょう（図7-10）。

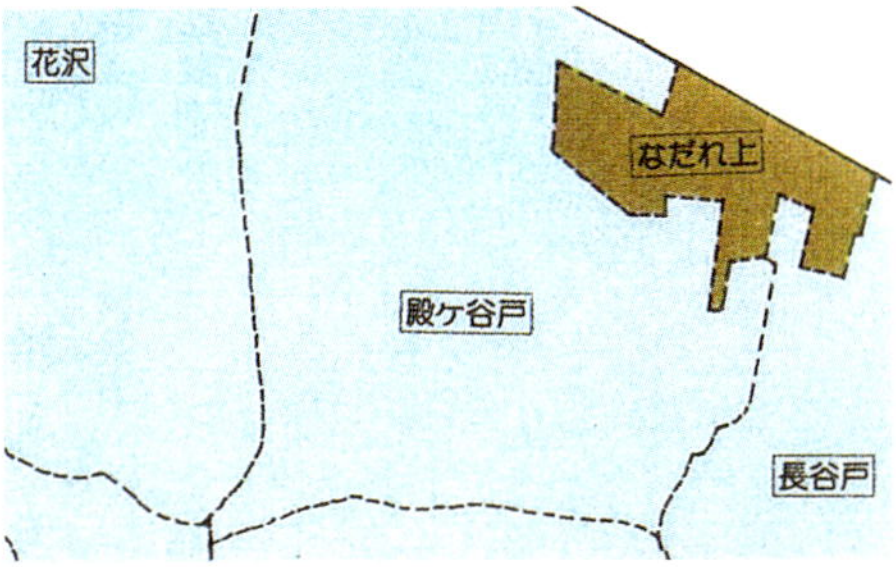

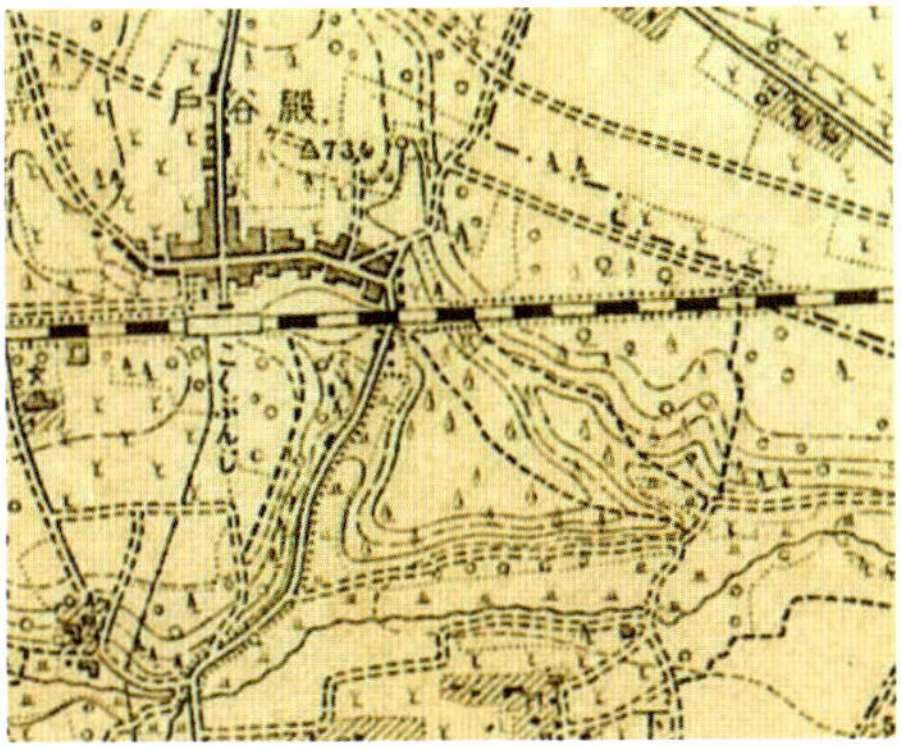

図8-12（上）　図8-9の一部
図8-13（下）　図8-11の一部
上下の図は概ね対応する。

四つの谷戸、そして補足

地名ではなく地形そのものの面からは、小字名「丸山」をつくる東西二つの開析谷は、図8－14に見るようにそれぞれ「本多谷」「殿ヶ谷戸谷」と命名されました（註10）。西側の二つの開析谷「三ツ家谷」（後に「さんや谷」と改定）と「恋ヶ窪谷」を合わせ、地形学的には四つの谷として明瞭に区別されたのです。「長谷戸」の名称が採用されなかったのは、それが下流部の字名で、かつ野川本流と区別が曖昧であったためと考えられます。

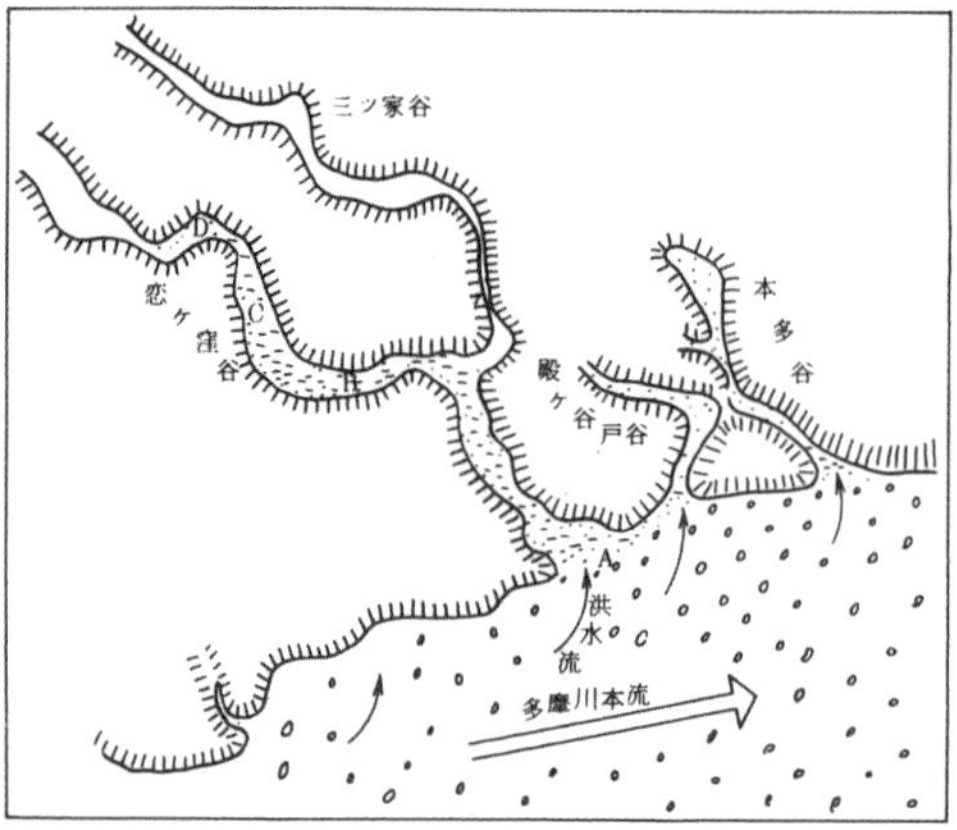

図8-14　鈴木隆介・片山恒雄『震災対策基礎調査報告書』（1974年）から「軟弱地盤の形成環境を示す概念図」

蛇足を加えれば、この報告書のための調査成果は、自治体のハザードマップとしては全国にも類例がないほど画期的な『国分寺市災害危険診断地図』（註11）に結実したのですが、それがいま生かされていないのは残念なことです。

前章からつづけて長者地名から殿地名に転じ、とりあえず地形と地名を追跡しましたが、「殿」そのものは依然として謎でした。地名由来を求めれば不確かばかりで「八幡の藪知らず」と言われて敬遠されることもありますが、謎はまた空想を育み、新たな伝説を生むのかも知れません。

補足しておかなければならないのは、武蔵野の「長者地名」と「殿地名」に関して参照可能な資料は前章で挙げた三つの地名索引（7章註2、3、4）のほか、『新編武蔵風土記稿　索引篇』（註12）および『新編武蔵風土記稿索引　多摩の部』（註13）の二点が存在することです。

このうちの前者には「長者カ跡」の項が見出されます。『新編武蔵風土記稿』多摩郡之三十一拝島領拝島村に「旧蹟長者カ跡」の記載があり、それに関連して『福生市史』(註14)では北条泰時の武蔵野開発にかかわり昭島市内の長者屋敷までの「長者堀」伝承を紹介し、発掘調査にも触れています。

他方、後者には「長者地名」は見あたらず、現東久留米市や東大和市などに「殿地名」が見えますが、ここではそれぞれが「土地の物語」を秘めている可能性を指摘するにとどめます。

註

1 サカはミチの傾斜部であり、その原地形はガケであった。サカに固有名詞を付す例は海外には存在せず、それはミチの一部にすぎない。ガケを上り下りするミチ（サカ）のイノベーションは、図8-1に示したように第1類型から第5類型までに分類できる。第1類型は神社などの石段坂が典型で、ミチがヒトではなくクルマのためのものとなった現在では、多くのサカが第5類型に変容した。拙著『新版　古地図で読み解く　江戸東京地形の謎』二〇二〇年、二一六―二一九ページ参照。

2 『国分寺市史』下巻、一九九一年、五五五ページ。

3 「住宅地図」は世界的にはきわめて特殊な存在で、海外には例を見ない。その淵源を近世城下絵図に求める説があるがそれは誤りで、住宅地図の原型は広告収入に依存した町の看板地図である。その発展形は明治末期から大正期にかけて出現した「商工地図」で、戦後まもなくから高度経済成長期にかけては全国の主要都市に「住宅案内地図」の作成会社が叢生した。現在のほぼ一社独占状態は「国盗り物語」（『ゼンリン50年史』一九九八年、第三章以降）の結果である。『地図の事典』（二〇二一年）四一八ページ拙稿参照。

4 『市報国分寺』「地名から見る国分寺市の歴史」第3回：南町①二〇〇六年一二月一五日。第4回：南町②二〇〇七年一月一五日。

5 『国分寺市の今昔　市制施行50周年記念』二〇一五年、一一二―一一三ページ。

6 『国分寺市史』中巻、二〇〇〇年、二〇〇―二〇一ページ。

7 建設省国土地理院監修『測量・地図百年史』一九七五年、三七四ページ。

8 「明治前期民情調査報告『偵察録』」（マイクロフィルム）一九八六年、およびその別冊解題（佐藤侊『偵察録について』）。

9 同じ地域を表わす地形図でも、図歴によって図名が異なる場合がある。武蔵野エリアの二万五千分一地形図の「吉祥寺」は最初期には「田無」（一九一七年）、「武蔵府中」は一九二九年図までは「豊田」、「立川」も一九三〇年までは「府中」であった。また旧一万分一地形図では、「新宿」が「四谷」（一九三七年まで）、「池袋」も「早稲田」（同）という具合である。『地図学用語辞典』（一九九八年）の「図名」の項には「地形図類では図郭内の著名な名称（主として都市名）を図名とする」（一六五ページ）とある。

10 鈴木隆介・片山恒雄『震災対策基礎調査報告書（地形・地質・地盤編）』一九七四年。

11 『国分寺市災害危険診断地図』一九七八年作成、二〇〇七年改訂。

12 『新編武蔵風土記稿　索引篇』一九九六年。

13 『新編武蔵風土記稿索引　多摩の部』一九九七年。

14 『福生市史』上巻、一九九三年。

第9章

彼方の地図と地図の彼方

リアル・マップ／イマジナリー・マップ

前章では武蔵野の地名「殿ヶ谷戸」を素材に、地図と地名注記の関係を探ってみました。今回は地図そのものについて、いささか考えるところを示しておきましょう。

二〇二二年六月一八日から八月一四日まで、札幌の北海道立文学館は「地図と文学の素敵な関係」と題した特別展を開催しました。図9-1はそのポスターの一部に使用された地図「『探偵はBARにいる』札幌ロケ地マップ」で、東直己《あずまなおみ》の推理小説「ススキノ探偵シリーズ」を原作とした、映画作品にかかわるものです。映画のロケ地の地図ですから、この地図は札幌市内で実際に撮影された場所、つまりリアル世界の地図なのです。

しかし映画の原作は、言葉でつくられたフィクションです。原作も場所すなわち想像空間に展開しますから、挿絵地図の有無にかかわらず、読者の脳内には文字を読み進むにしたがって物語世界の空間配置が構築され、了解されてゆくでしょう。これをリアル・マップに対してイマジナリー・マップ（想像地図）と呼んでおきましょう（註1）。大別すれば、地図にはリアルとイマジナリーの二類の地図が存在するのです。

北海道は所謂「新開地」です。リアル世界の近代地図作成においても、陸軍を差しおいて、開拓使が早

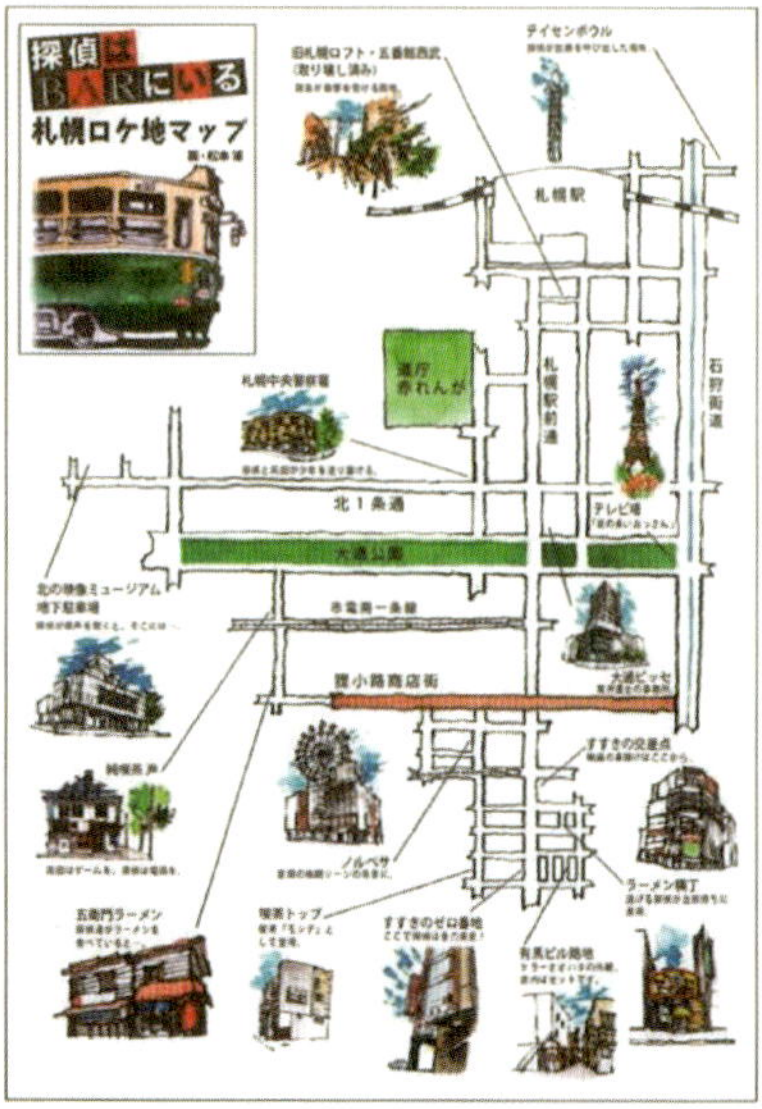

図 9-1　「探偵は BAR にいる」札幌ロケ地マップ（松本浦氏提供）
© 2011「探偵は BAR にいる」製作委員会。

くも一八七三年（明治六）に三角測量を開始した（註2）のは、地図と抜き差しならぬ関係をもった土地柄のゆえと言えるでしょう。その影響かどうか、地図エッセイで知られた北海道大学名誉教授の堀淳一氏（註3）は、生まれこそ京都であるものの幼少時から札幌で育ち、同特別展ではその著作コーナーも設けられていました。

ところで、同展のタイトルを見て、ファンタジー・マップ（註4）を想起する向きは多かったかも知れません。しかし同展の実際は、フィクションにかぎらず旅行記やドキュメントを含む様々なジャンルの本を取り上げて紹介しましたから、「地図と文学」とは展示の全容と言うよりは、その一部を取り上げたキャッチフレーズの趣きでした。地図にかかわるものであれば、リアル・マップもイマジナリー・マップもとくに区別されることはなかったのです。

地図の定義をめぐって

しかし一般の地図の定義は、第1章でも述べた通り「地表の形状を一定の約束に従って一定の面上に図形等で表示した画像」で、Wikipediaの同項でも、『ブリタニカ百科事典』を引用して「地球表面の一部または全部を縮小あるいは変形し、記号・文字などを用いて表した図」と記しています（註5）。つまりあくまでも、リアル世界の「画像」なのでした。「画像」であるからには、砂絵でも紙に印刷されたものでも、

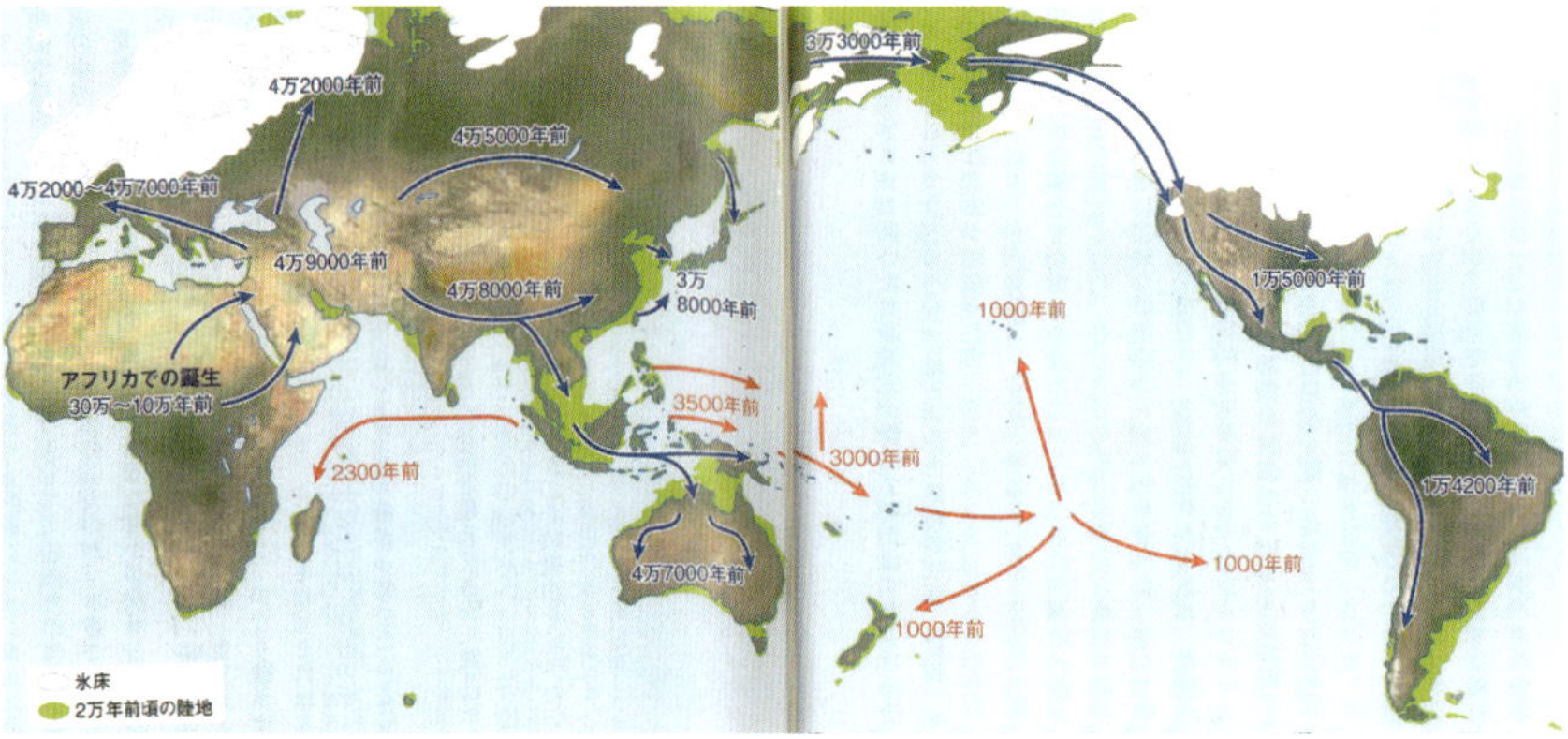

図 9-2　海部陽介『サピエンス日本上陸』（2020 年）から
「出アフリカ」を経て、ヒトが各大陸や島嶼に広がった経路を示す。

液晶画面のそれでもよい。この定義にとくに問題はないように思えますが、実はそうではありません。「画像でない地図」もあり得るからです。それは前述（イマジナリー・マップ）に示唆したように、画像を媒介としない地図は、場所の認知のありようがただちにその生死を左右したであろう、ホモ・サピエンスの出アフリカ以前からの長い歴史において、画像地図よりも桁外れに奥深い歴史をもつと考えられるからです。

　また一方で、地図が伝える情報は地球表面に関するものとは限りません。二〇一九年一月、中国の無人宇宙船が月の裏側にはじめてランディングして話題となりましたが、月の地図もつくられれば火星の地図も存在し、「銀河系の地図」という表現も違和感を生じさせません。「地」「図」という文字に捉われた「地図」の定義では、すでに不十分なのです。

　既述のように、地図の定義をつきつめれば、「空間の認知と記憶から伝達にわたるメディア」となるでしょう。「紙の地図」や「液晶地図」などと言うとき、わたしたちは地図が我々自身の身体および精神の拡張としての認知から伝達にわたる技術、すなわちメディアであることを、すでに承認済みなのです。この定義において「空間」とは、リアル、イマジナリーのいずれか一方ではなく、両界にわたると言わなければなりません。

　言葉もメディアであれば、「言葉の地図」が存在します。その始原の姿は、オーストラリア先住民（アボリジナル）の「ソングライン」（歌の線）に垣間見ることができるでしょう。「紀行文学の最高傑作」とされるブルース・チャトウィンの『ソングライン』では、それは次のように言い表されました（註6）。

「オーストラリア全土に延びる迷路のような目に見えない道」「ヨーロッパ人はそれを〝夢の道〟あるいは〝ソングライン〟と呼んだ」「歌が地図であり、方向探知機であった」「歌を知っていれば、いつでも道を見つけ出すことができた」「少なくとも理論上は、オーストラリア全土を楽譜として読み取ることができた。この国では歌に歌うことのできない、あるいは歌われることのなかった岩や小川はほとんどないのだ」「それはあちこちに曲がりくねり、あらゆる〝エピソード〟が地理学用語で表現可能だった」

言及されているのは、文明すなわち都市や国家発生以前の「地図」の姿で、現在の静止固定された認知パターンとは次元が異なり、経路移動（時間）を本質とし、視覚ではなく聴覚すなわち音と律動（リズム、または拍）によって媒介される地図なのです。言い換えれば、それは「歌による場所の記憶と伝達の技術」ですが、「空間の認知と記憶から伝達にわたるメディア」であることに変わりはありません。「採集や狩猟を専らとした移動社会の地図は無形の「口承地図」であるのが一般的で、そこでは地名とは地形に即した地点地名が主体であった」（一〇三ページ）をここで繰り返しておくことも、無駄ではないでしょう。しかし国家や都市出現以前の「地図」の姿あるいはその「技術」は今日ではわたしたちの意識に上らない、もしくは想像し難い領域に退いてしまったのです。

地図からスマホ・ナビへ

和光大学図書館長をつとめた津野海太郎氏に『電子本をバカにするなかれ』（註7）という著作があります。その説くところは、サブタイトルにあるように「書物史における三つの革命」で、すなわち、約三千年前の「書記革命」（文字の出現）と、約五百年前の「印刷革命」（印刷物の出現）を経て、わたしたちがいま直面しているのはインターネットの出現による「デジタル革命」、すなわち第三番目の巨大な画期であるというのです。

その指摘はまったく正しいと思われます。しかし、紙の書物が電子本に置き換わる、ないし置き換わったわけではありません。紙の書物（本）という形式が言わば伝統工芸品化し（註8）つつあるのは確かですが、情報メディアの主流はいまやパソコンからスマートフォンに移行したからです。

書物より実用性の高い「地図」にあっては、メディア変容はさらに早期に顕現し、紙の地図は減少しつつある書店の棚からさえ放逐されています。それはほとんどがスマホとカーナビに置き換わりました。

こと地図に関して、このメディア変容を倍加速したのが二〇〇七年八月に施行された「地理空間情報活用推進基本法」です。これによって約百二十年にわたって蓄積されてきた、官製の紙地図作成の歴史には基本的に終止符が打たれました。基本図（二万五千分一地形図）のみが、細々と更新されることになったのです（註9）。地図にあっても、そのおおもとの測量も含め、今日ではデジタル技術とデジタル情報がすべてを握っていると言っても過言ではありません。

こうしたデジタル変容が、わたしたちの日常と身体におよぼした影響は甚大でした。現代人はスマホのデジタルマップやインターネット・ナビなしでは、はじめての場所に出かけることはもちろん、市内のカフェや病院を探すことなども、もはや考えられなくなっているからです。

地図はメディアの一種です。メディアとは身体能力の外化です（註10）。メディア機能の進化肥大に比例

図 9-3　ロンドン・ブラックキャブ
ブラックキャブは正式名をロンドン・タクシーと言い、ロンドン交通局に管理されたライセンス式の流しのタクシー。
写真：イメージマート

して、心身の該当部位は縮小劣化します。逆に言えば、地図がモノですらなかった時代、地図が言葉、つまり歌や物語として流通していた頃、ヒトの記憶の部位は、現代人とは比較にならないほど大きかったのです。意識的記憶（暗記や暗唱）は、脳を大きくするからです。

有名な話ですが、ロンドンの熟練したタクシー運転手は経験の浅い運転手よりも海馬《かいば》が大きい。ハトでも、観賞用のハトと伝書バトとでは、ナビゲーションに優れた伝書バトのほうが大きな海馬をもつのです（註11）。「海馬」は、脳における場所の認知と記憶の中枢と考えられています。

ロンドンのタクシー運転手については、二〇一七年七月二九日に放映されたテレビ番組（註12）で一躍知られることとなりました。市内約一〇万のランドマークを覚え、その間の経路を再生することができなくてはならず、四回ある試験の最終段階では挑戦者は約三割までに絞られる。しかし合格すれば、人々の尊敬を受けるブラックキャブの運転手になれるというのです。

アイルランドの神経学者エレナー・マグワイアは、脳による空間認識のメカニズムと記憶力の関係をＭＲＩを用いて調査し、ロンドンのタクシー運転手の海馬は大きく、しかも経験年数によってその容量は大きくなることを発見しました。同じロンドンの運転手でもルーティン・コースを走るバスの運転手では経験年数による海馬の容量の変化は見られなかったと言います（註13）。

現在、ロンドンのブラックキャブにナビゲーション装置が導入されたかどうかは知りません。おそらく否でしょう。対して、日本列島上を走行するタクシーでナビ装着なしを想像するのは困難です。クルマでなくとも、スマホナビを手放せないわたしたちが、日々自身の身体感覚と脳力、なかでも海馬を縮小させていることは確実です。わたしたちは、文明と技術に飼い馴らされた挙句、ヒトから「端末」の付属物になり下がろうとしているのですが、その落し穴すなわちアプリのバグや情報操作、もしくは電源切れ等がもたらす結末が意識されるのは、日常稀でしょう。

武蔵野の地図と文学

参謀本部編纂の地図をまた繰開《くりひら》いて見るでもなかろう、と思ったけれども、余りの道じゃから、手を触《さわ》るさえ暑くるしい、旅の法衣《ころも》の袖をかかげて、表紙を附けた折本になっているのを引張り出した。

「武蔵野の俤《おもかげ》は今わずかに入間郡に残れり」と自分は文政年間に出来た地図で見た事がある。

冒頭で「地図」が登場する近代文学の名品に右の二例があります。前者は一九〇〇年(明治三三)発表の『高野聖《こうやひじり》』(泉鏡花《きょうか》)、後者はその二年前『国民之友』に掲載された国木田独歩の『武蔵野』(註14)です。鏡花の「参謀本部編纂の地図」がどのような種類のものであったか、その図名は何であったかについてはかつて触れたことがあるため(註15)ここでは繰り返しません。「地図と文学の素敵な関係」を、わが武蔵野に適用してみれば、真っ先に挙げなければならないのはもちろん国木田独歩の『武蔵野』でしょう。国木田が嘆美した武蔵野は、歌枕の草原(「ムサシノA」)ではなく、コナラを主体とした雑木林(「ムサシノB」)で、いずれも人為景観であったことは、すでに指摘した通りです(六一ページ)。片や「ムサシノA」における文学作品の代表のひとつは「ゆく末は空もひとつの武蔵野に草の原より出づる月影」(註

16）で、これは後世後深草院二条《ごふかくさいんのにじょう》の『とはずがたり』にも引用されることになります（四五ページ）が、とくに「地図」とかかわることはありません。対して国木田独歩の『武蔵野』では第一行目から「地図」なのです。以下はそのつづきです。

そして其地図に入間郡「小手指原久米川は古戦場なり太平記元弘三年五月十一日源平小手指原にて戦ふこと一日か内に三十余度《たび》日暮れは平家三里退きて久米川に陣を取る明れば源氏久米川の陣へ押寄ると載せたるは此辺なるべし」と書込んであるのを読んだ事がある。

独歩が見たと同じ地図の原図を、筆者は十数年前に小金井市緑町にある同市文化財センターの常設展示で目にした記憶があります（現在は展示せず）。今日では国立国会図書館などがデジタル公開していますので、同館所蔵図の全体と部分を掲げておきます（**図9-4**）。著作者は江戸の仲田《なかだ》惟善《これよし》で文政八年（一八二五）初版、同一三（一八三〇）年の改定版です。

原本は六〇・五×七五・六㎝の一枚もので、タイトルは折本の題簽（表紙貼紙）に「東都近郊図　全」とあります（以下、「東京近郊図」）。山下和正氏によれば、この図も含めて江戸近郊は幕末に大小一〇種類近くが刊行され、「江都近郊名勝一覧之図」（弘化四年）などは多色刷りで小金井の桜並木まで描かれていたと言います（註17）。もちろんこれらは皆需要に応じて作成された市販図でした。十方庵敬順《じっぽうあんけいじゅん》（『遊歴雑記』）や村尾嘉陵《かりょう》（『江戸近郊道しるべ』）に見られるように、当時の江戸市民はよく歩き、盛んに名所旧跡めぐりをしてもいたのでした。

図9-5の左上に「所沢村」とありますが、例えば今日西武新宿駅から西武線の所沢駅まで歩くとすると、グーグルマップの経路検索では片道約二五キロメートル、六時間弱と結果が出ます。日帰りできないわけではありませんが、大地震の際の帰宅困難状況に照らすと、現代人にはなかなかに難しいことのように思

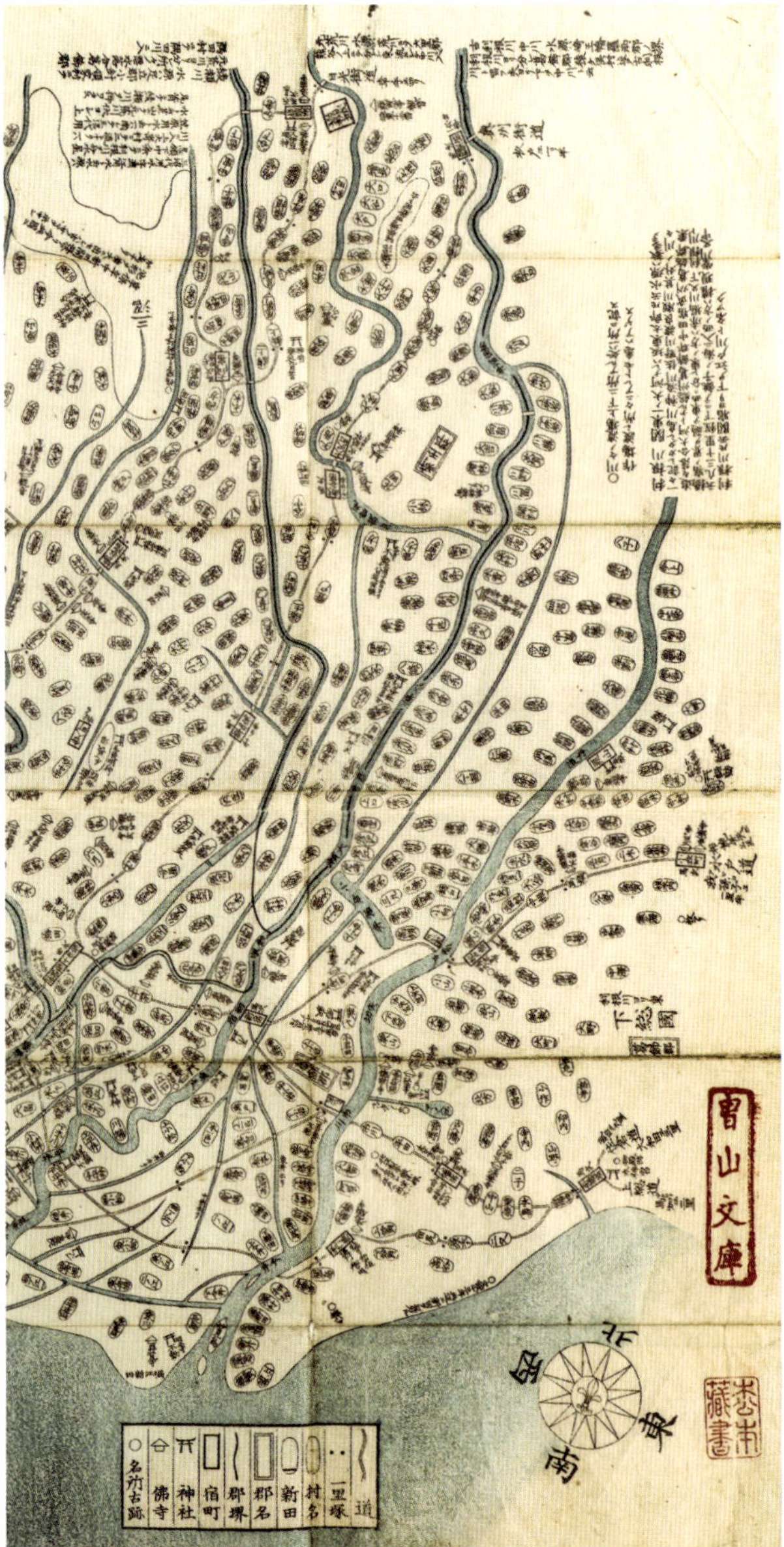

図 9-4
「東都近郊図」（1830 年）の全体

国立国会図書館蔵、60.5 × 75.6cm。左上の赤枠は図 9-5 の拡大図の範囲を示す。この図はほぼ北西を上にして描かれている。図に見えるおもな川は、左から玉川（多摩川）、中央に荒川、右手に中川、その右側は利根川。

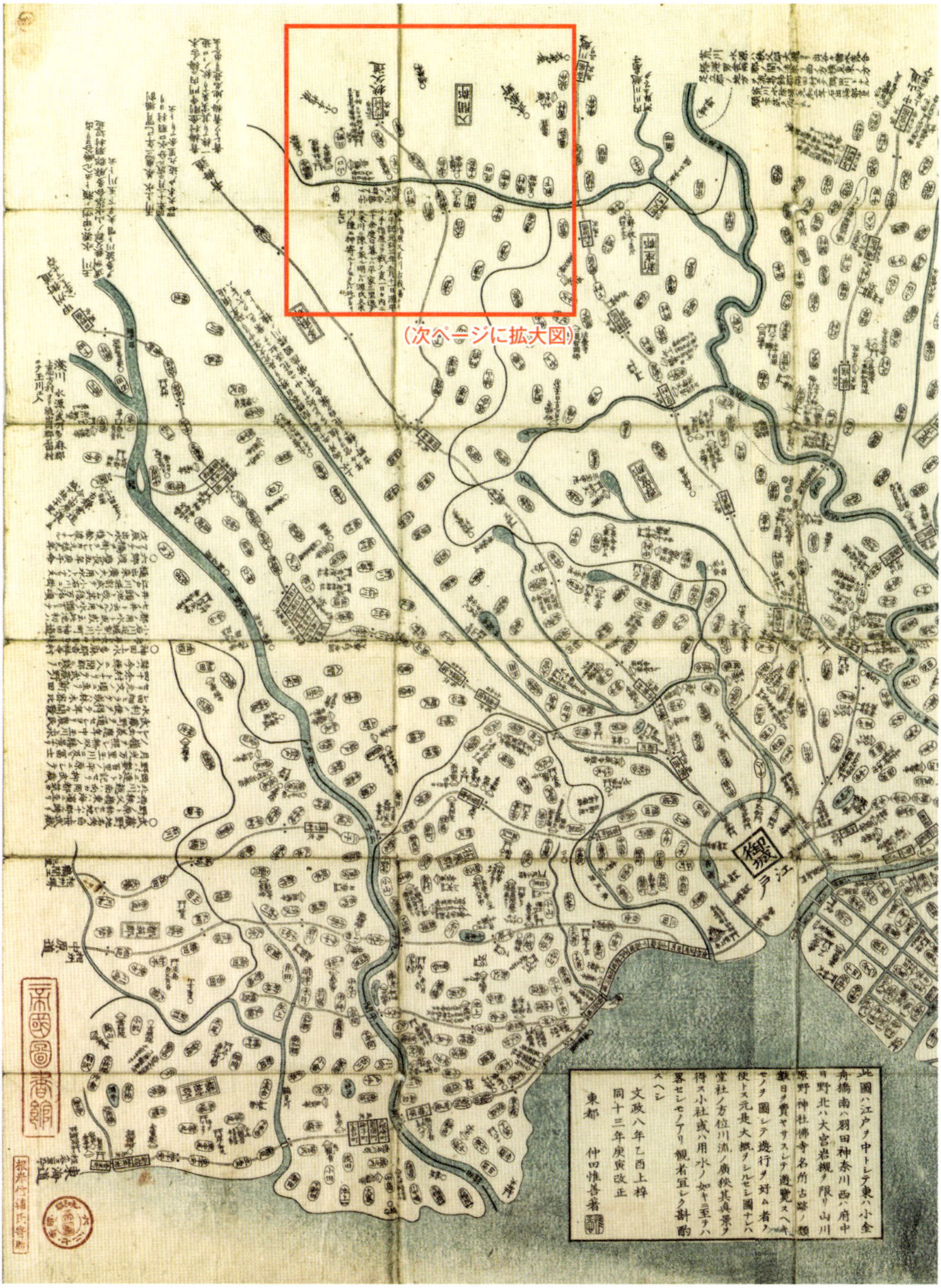
（次ページに拡大図）
此圖ハ江戸ヲ中トシテ東ハ小金
井橋南ハ羽田神奈川西ハ府中
日野北ハ大宮岩槻ヲ限リ山川
原野神社佛寺名所古跡ノ類
数日ヲ費ヤサスシテ遊覧スヘキ
モノヲ圖シテ遊行ヲ好ム者ノ
便トス元是大概ヲシルセシ圖ナレハ
堂社ノ方位川流ノ廣狭其真景ヲ
得ス小社或ハ用水ノ如キニ至テハ
畧セシモノアリ観者宜シク斟酌
スヘシ
文政八年乙酉上梓
同十三年庚寅改正
東都　仲田惟善著

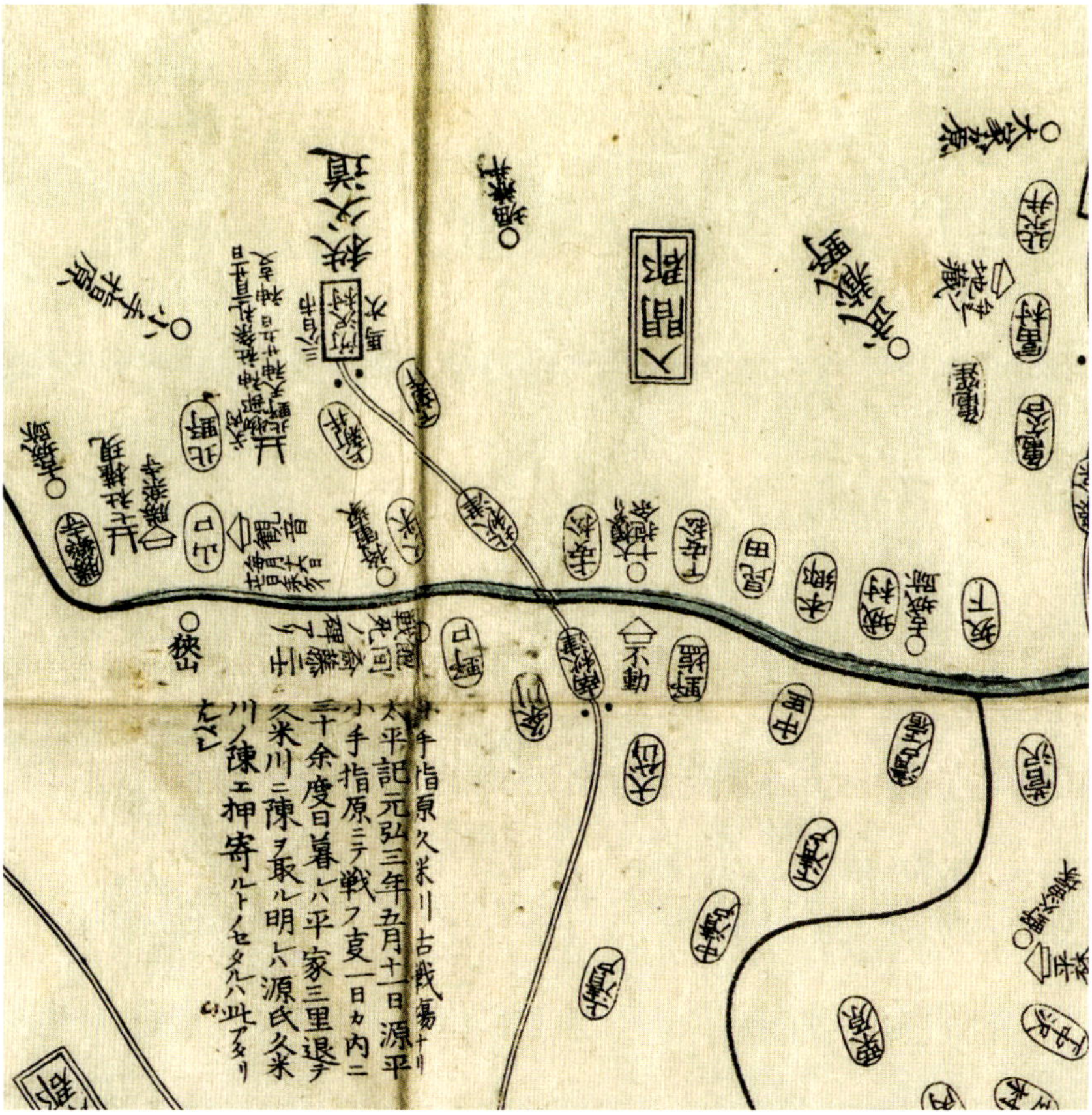

図 9-5　「東都近郊図」北西の一部を拡大

中央は狭山丘陵の湧水を水源として新河岸川に注ぐ柳瀬川。それに交差するのは秩父に至る旧所沢街道で、南秋津と所沢村の南側の 2 つの黒点は一里塚である。右下の黒の曲線は郡界で、東の新座郡と西の多摩郡を分ける。柳瀬川の右岸も太く描かれ、郡界（北は入間郡）を兼ねている。小判型の丸囲みは村をあらわす。「三八ノ市」と「馬次」が添書きされた所沢村は矩形の囲みだが、これは町場（宿駅）の記号である。家型は寺、鳥居は神社を示す。頭に○が付された名所旧跡は、左上に「○小手指原」「○古城跡」「○将軍塚」「○狭山」「○飽間斎藤二士戦死ノ碑アリ」、中央上辺「○堀兼井」「○大榎アリ十抱余」、右側上から「○大家ガ原」「○武蔵野」「○古城跡」「○野火留塚」で、「野火留塚」の下の家型は平林寺である。左下に見える斜めの線は「青梅道」。

われます。しかし、この江戸市民向けの近郊散策地図には、所沢村どころか「小手指原」まで含まれているのです。

図９－５で、中央を西から東に流れるのは柳瀬川です。その北岸に沿って入間郡の村名が逆立ちして並んでいますが、そのうち「本郷」は現在の所沢市本郷ですから、ＪＲ武蔵野線東所沢駅はその北側に所在することになります。「昆田」は所沢市の日比田でしょうから、例えば角川武蔵野ミュージアムは両村の間に所在することになります。

拡大図の左下に見える「小手指原久米川」から始まる書き込みは、独歩が冒頭に引用した文の二つ目で、助詞や漢字表記などで何か所かの異同（地図では「陣」を「陳」と誤記）はあるものの概ね同文です（註18）。引用文は鎌倉時代末期の小手指原の戦いと久米川の戦いの旧跡地説明で、「平氏」とは桓武平氏を祖と称する北条氏つまり鎌倉幕府側を、「源氏」とは清和源氏を祖と称する新田義貞側を指しています。また「久米川」とは柳瀬川の別名（註19）と考えられますから、元弘三年五月一二日は鎌倉幕府側は柳瀬川を防衛線としたことがわかります。

近世後期には、江戸・大坂・京の三都を代表として、都市図が盛んに板行《はんこう》されましたが（註20）、このような広域図も、種類こそ多くはなかったものの需要に応じたのです。そうして広域地図の淵源《えんげん》をたどれば、幕府の命によって作成された「国絵図」（この図の場合は武蔵国絵図）を措いて他にはあり得なかったのです。

そうして、**図９－５**の注記の頭に付された○印は村名ではなく名勝地であることを強調したもので、「武蔵野」は「亀窪」村と「ムサシノ地蔵」の西側に描かれています。

『新編武蔵風土記稿』は文政一三年（一八三〇）の完成で、この「東都近郊図」の刊年と軌を一にするようですが、「東都近郊図」の初版は文政八年（一八二五）ですから、民間需要を横目にした地図出版のほうが幾分早かったのです。しかしさすがは官板《かんぱん》、風土記稿の巻一六四（入間郡之九）の亀窪村の項には「武

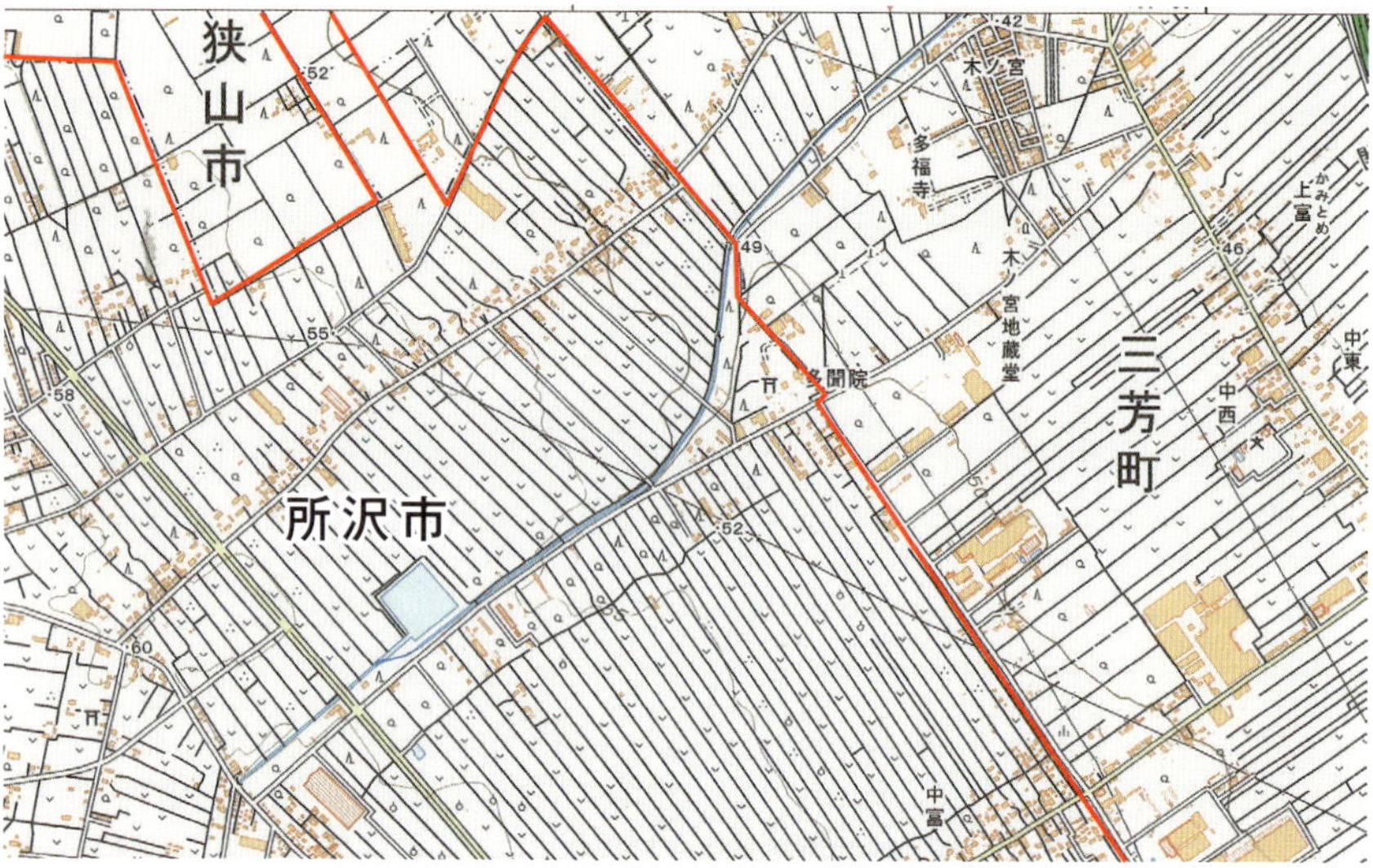

図 9-6　2 万 5 千分 1 地形図「所沢」（2017 年調整・発行）の一部（87％に縮小。市町界と所沢市名を加筆）
右上に「木ノ宮地蔵堂」とある。短冊形の新田地割が明瞭に遺されている。

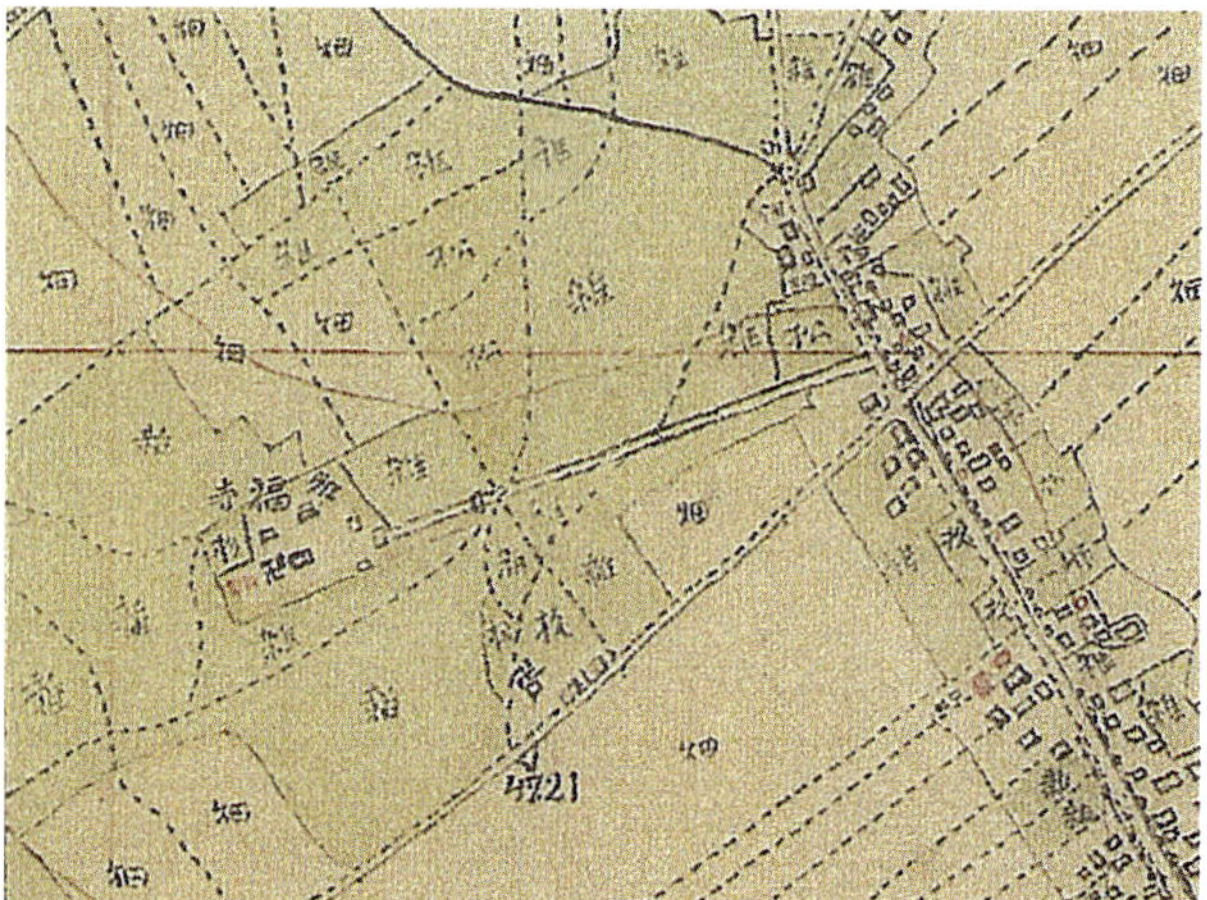

図 9-7　二万分一迅速測図原図「埼玉県武蔵国入間郡大井町及北永井村」（1881 年測図）の一部（150％に拡大）
図 9-6 の右上「多福寺」付近。木ノ宮地蔵堂の注記はないが、下辺中央付近の標高数値「47.21」の北側に寺院記号「卍」と「杦《すぎ》」の文字が見える。

蔵野」と「地蔵堂」二つながら結構詳細な記述があり、「武蔵野」は亀窪村の西南につづき西は下富村に及ぶとし「武蔵野図」さえ掲げています（図E-9）。しかし地図には享保以前、すでに元禄年間に成立していた上富《かみとめ》、中富《なかとみ》、下富《しもとみ》の「三富《さんとめ》新田」は省略されて（所沢村の南東は「下新井村」）、「○武蔵野」とのみ記載があるのでした。その反面、家形さえ描かれた「ムサシノ地蔵」は「風土記稿」では「武蔵野木の宮地蔵と称す」として、その別当寺「地蔵院」の名も添えています。

既述のようにこの一帯は行政区界が錯綜した縁辺の地（六〇ページ）で、「平成の大合併」の結果大井町と上福岡市からふじみ野市が誕生したのはいいけれど、東武東上線ふじみの駅が所在するのはふじみ野市ではなくて富士見市ふじみの東一丁目、地蔵院はふじみ野市亀久保三丁目、木ノ宮地蔵は入間郡三芳町上富という複雑さ。「風土記稿」は図を掲載した理由を「古に比すれば百分の一とも云べけれど、かゝる名高き所のわづかにも存して、今見ることをうるは当国にとりては美事とも云べければ」と弁解のように書き添えましたが、いまわたしたちがその場に赴いたとしても、目にし得るのは「ムサシノB」の残照であって、近世「わづかに存して」いた「ムサシノA」すなわち「秣場」ではないのです。

註

1　拙稿「想像地図」（『地図の事典』二〇二一年、一三四ページ）では想像地図（imaginary maps）を客観的な計測データに拠らない地図とし、その代表例として空想地図（fancy map）やファンタジー・マップ（fantasy map）、風刺地図（satire map）を挙げた。その対極に位置する地形図（topographical map）や地質図（topological map）をリアル・マップ（real maps）として一括し、両者を対比させた。しかし次章「地図は国家なり」で触れるように、この二者はヒト社会にあっては通底ないし浸透し合うのである。

2　工部省測量司がはじめて小規模な三角測量を施行したのは一八七二年（明治五）で、開拓使による北海道の三角測量開始は翌一八七三年。陸軍が最初の三角測量を東京湾口で実施したのは一八八一年(明治一四)であった。『測量・地図百五十年史』(二〇二二年）および『測量・地図百年史』（一九七〇年）それぞれの巻末年表を参照。

3　堀淳一、一九二六―二〇一七年。北海道大学理学部教授。一九七二年『地図のたのしみ』で日本エッセイストクラブ賞受賞。

4　拙稿「地図のファンタージエン―『宝島』もしくは「第二の地図」について」『Libellus』四号（一九九二年六月)、および吉川慶「『宝島』再考―「児童文学」の「地図物語」」『Libellus』一〇号（一九九三年八月）参照。

5　https://ja.wikipedia.org/wiki/%E5%9C%B0%E5%9B%B3。二〇二四年八月二八日参照。

6　ブルース・チャトウィン『ソングライン』芹沢真理子訳一九九四年、七・二五・二六ページ。

7 津野海太郎『電子本をバカにするなかれ』二〇一〇年、一三―一五ページ。
8 上野千鶴子「書物という伝統工芸品」『新曜社2010年図書目録―40周年特集号』二〇一〇年。
9 拙著『地図・場所・記憶』二〇一〇年、一七―二二ページ。
10 M・マクルーハンはその著書『メディア論　人間の拡張の諸相』（邦訳一九八七年）のはしがき（三ページ）で「機械の時代に、われわれはその身体を空間に拡張していた。現在、一世紀以上にわたる電気技術を経たあと、われわれはその中枢神経組織自体を地球規模で拡張してしまっていて、わが地球にかんするかぎり、空間も時間もなくなってしまった。急速に、われわれは人間拡張の最終相に近づく」と書いている。
11 J・アッカーマン『鳥！　驚異の知能』二〇一八年、三二四―三二六ページ。
12 NHK・Eテレ地球ドラマチック「超難関！　タクシー運転手試験」二〇一七年七月二九日放映、八月七日再放映。
13 M・R・オコナー『WAYFINDING　道を見つける力』邦訳二〇二一年、七五ページ。
14 国木田独歩『武蔵野』の発表当初のタイトルは「今の武蔵野」。
15 拙稿「峠と分水界」『地図中心』二〇一二年六月、三六―三九ページ。
16 『新編日本古典文学全集43　新古今和歌集』一九九五年、一三二ページ。摂政太政大臣藤原良経の歌。この歌の頭注では「武蔵野」を「現在の東京都から神奈川・埼玉二県にまたがる武蔵国原野」としている。
17 山下和正『地図で読む江戸時代』一九九八年、一一九ページ。
18 地図の書き込み原文は「小手指原久米川古戦場ナリ／太平記元弘三年五月十一日源平／小手指原ニテ戦フ事一日カ内ニ／三十余度日暮レハ平家三里退テ／久米川ニ陣ヲ取ル明レハ源氏久米川ノ陣エ押寄ルトノセタルハ此アタリナルベシ」である。
19 『中世日記紀行文学全評釈集成　第七巻』（二〇〇四年）六五ページ「廻国雑記」の本文「此の所を過ぎて、くめ〱川といふ所侍り。里の家々には井なども侍らで、たゞ此の河を汲みて朝夕用ひ侍るとなむ申しければ」の「くめ〱川」の註に「東京都東村山市諏訪町。久米川、別名、柳瀬川」とある。
20 金田章裕・上杉和央『日本地図史』二〇一二年、一五〇ページ。

第10章 淵源の地図

地図は国家なり

「鉄は国家なり」は、鉄血宰相の異名のあるプロイセンのビスマルク首相の演説「鉄と血」にちなんだ伊藤博文の言とされますが、有名なわりには根拠が曖昧です。しかし一九八七年一一月五日に放映されたＮＨＫの「地図は国家なり」のタイトルがその謂《い》いに倣《なら》ったことは確かでしょう。ただいまとなっては、「鉄」よりもむしろ「地図」のほうが、国家の本質を衝《つ》いていると思われます。

ビスマルクが主導した普仏戦争の結果、プロイセン国王がドイツを統一し皇帝としてパリのベルサイユ宮殿で戴冠式を行ったのは一八七一年一月一八日。わが列島においては改暦以前の明治三年一一月二八日のことで、初期日本陸軍が兵式を「フランス式」から「ドイツ式」に漸次切り替えたのはこのフランスの敗北によるところが大きかったのです。陸軍の地図作成史も、同様のシフトをたどりました。

しかし「鉄が国家」だったのは、「世紀の合併」と喧伝《けんでん》された一九七〇年の新日鉄の誕生頃までで、それから半世紀を過ぎた国内製鉄産業は、二〇二三年九月の日本製鉄瀬戸内製鉄所呉地区の全面稼働停止と閉鎖に象徴されるような凋落を示しています。

片や「地図」については、国家の属性がいまだ地上の疆域《きょういき》を不可欠としているのに加えて、「地図こそ領土」（David Turnbull, *Maps Are Territories*, 1987）の傾向はいまだ健在、というより昨今その様相は昂進しています。二〇二三年八月二八日に中国政府が発表して論議を呼んだ新しい「領土地図」や戦前からの「中国国恥地図」、そしてユーラシア大陸西半部での戦争にかかわる地図等、国家を単位とした地図の露出度は著しいものがあります。その状況は、先の大戦で地図マニアの軍国少年少女たちを量産した（註1）ことと本質的に変わりはありません。とりわけ「中国国恥地図」（図10-1）には、「レコンキスタ」（失地回復）の意思が露骨に反映されています。つまり「リアル・マップ」ではなく、「イマジナリー・マップ」（二二四ページ）こそが「本来の領土」で、またそれを現実化しようとする原動力なのです。「地図そのものが領土を生み出す」（註2）ならば、領域地図の廃絶は領域国家の死滅を意味するでしょう。

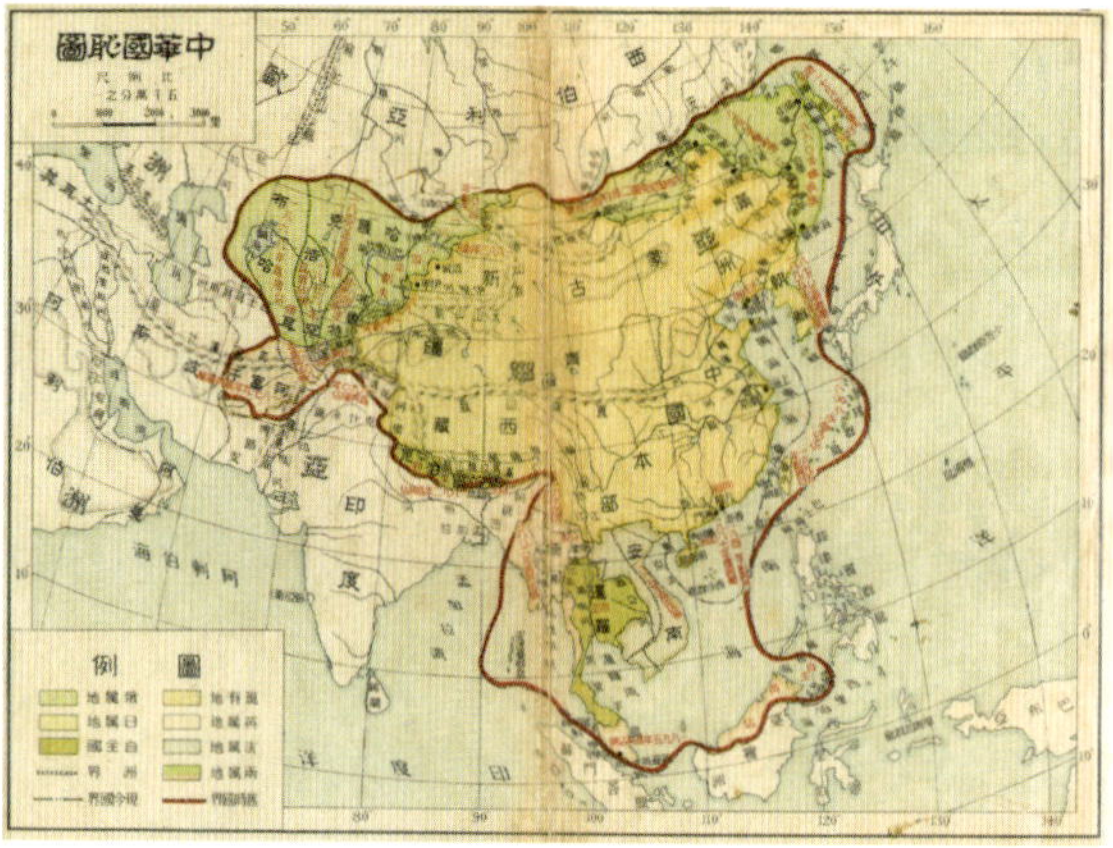

図 10-1　譚璐美著『中国「国恥地図」の謎を解く』（2021 年）から、1933 年の中国の小学校地理教科書に収録されていた「中華国恥図」

太赤線が「かつての中国国境」とされる。それは過去の中華帝国の最大版図と朝貢国のエリアを示したもので、その後の、日本を含めた列強の侵略とそれに対する中華ナショナリズムの記憶複合（コンプレックス）が、今日の中国の「覇権主義」の淵源をなす。

領土は「版図《はんと》」とも言い換えられます。一般に「版」は木片に書記された服属人名すなわち戸籍を意味します。一方「図」（旧「圖」）の字は国構えが境域を示し、その内部は穀物倉庫の象形です。つまりそれは穀物栽培区画の意なのです。

古代メソポタミアで発生した最古の初期国家の年代は紀元前三三〇〇年頃とされますが、東西いずれの初期国家も穀物農耕に基礎をおき、それを計測計量し、税を収取することで成立していました。その計測計量記録こそが最初の「文字」でした（註3）。つまり最初期の文字は一般的なコミュニケーション手段ではなく「簿記」そのものであって、「版図」が一語なのは「図」すなわち耕作域図と戸籍とが一対をなす「帳簿」だからなのです。

つまり「版図に入る」とは、ヒトとエリアが帳簿に登録されることであり、税取り立ての機構に組み込まれることにほかなりません（註４）。戸籍すなわちヒトは逃散《ちょうさん》しないかぎり土地に縛られますから、図が国家を表象する「地図は国家なり」は正鵠《せいこく》を射た謂いなのでした。

淵源の地図

したがって、地図をつくらせまた自らそれをつくるのは集権国家の謂わば本能で、それが地図の第一義的な淵源をなすのです。わが列島に中央集権国家が成立したのは古代と、現代をも含めた近代の二時期とかんがえることができます。

前者にあっては「大化の改新」の最中、大化二年（六四六）八月の「品部の廃止」に関連して諸王《きみ》に発した詔《みことのり》のなかの、「宜観国々壃堺《よろしくにぐにのさかいをみて》、或書《あるいはふみにしるし》、或図《あるいはかたをかきて》、持来奉示《もちまゐりてみせたてまつれ》国県之名来時将定《くにあがたのなはまゐこむときにさだめむ》」（註５）の「図」の語が、最古の地図を指した記録とされます。この場合、先例はすべて「図」を「かた」と訓《よ》ませています。しかし前述のようにそれは一般的な「かたち」の意ではなく、農耕地の区画を示すものでした。いずれにしても割拠していた地方豪族（王）に下命してその「国」の地図を提出させようとしたのですが、その図（国図）は残欠や写本も残されてはいません。「武蔵」などの国名もまだ決まっていないというのですから、所謂六十余州の旧国郡制が整備されたのはだいぶ後のことだったでしょう。

七世紀も後半になると、天武天皇一〇年（六八一）八月丙戌《ひのえいぬ》（二〇日）の記事に「遣多禰嶋使人等《たねのしまにつかはししつかひら》、貢多禰国図《たねのくにのかたをたてまつる》」とあり（註６）、また同一三年（六八四）四月壬辰《ひのえいぬ》（一一日）に「三野王等進信濃国之図《みの〔美濃〕のおほきみらしなののくにのかたをたてまつれり》」（註７）と書かれていることから、その頃には国郡制もいささか形をなし、各国図も収納されたものと思われ

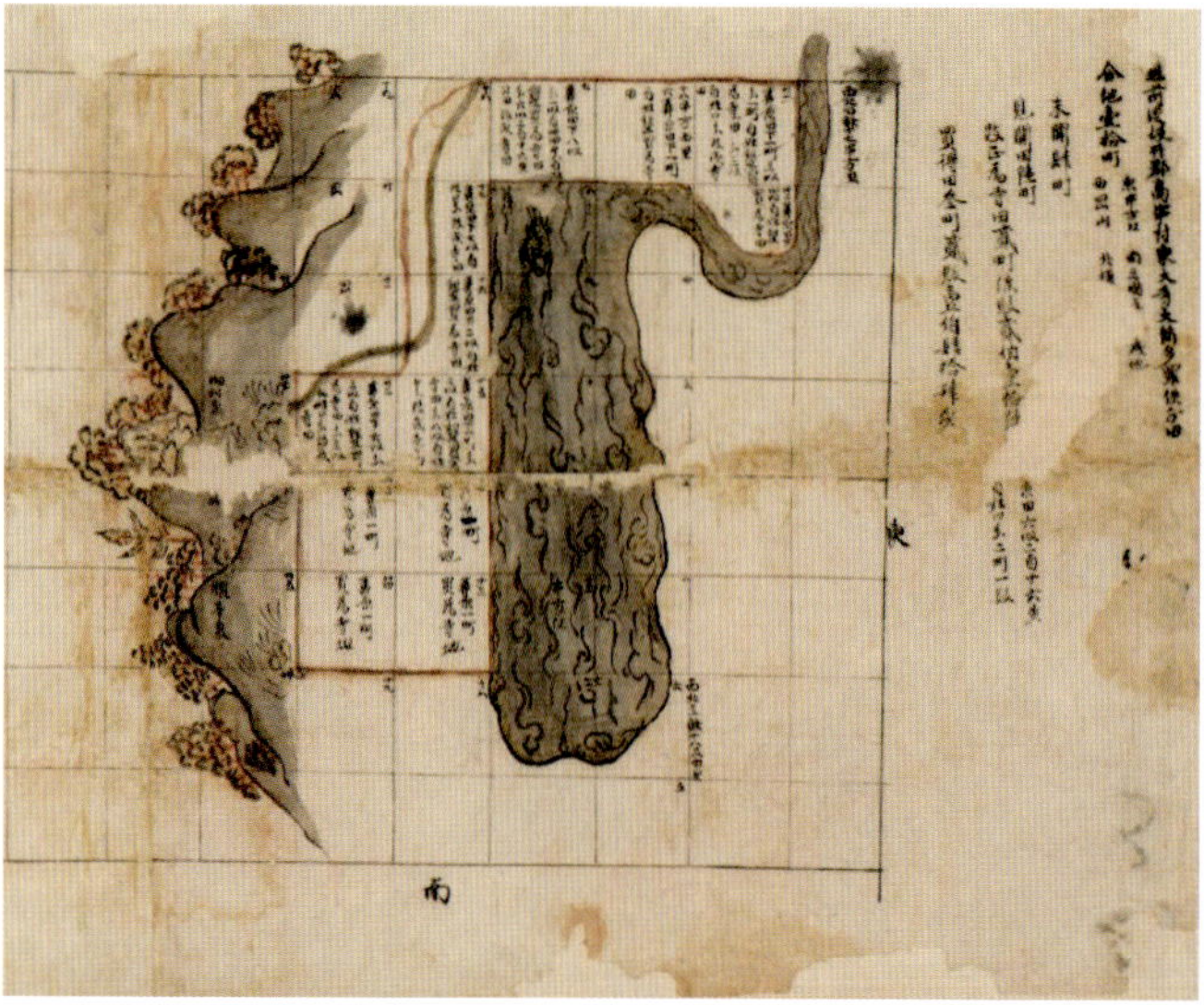

図 10-2　奈良国立博物館所蔵「越前国坂井郡高串村東大寺大修多羅供分田案」
重要文化財、東大寺開田図、天平神護 2 年〈766〉）楮紙墨書、約 57 × 113㎝（西側に記載の文字部分カット）。方格線は条里をあらわす。樹木の繁る山と魚の描かれた池の間に耕地があり、面積や地名が記入されている。土地所有権の移転に伴い、国司と東大寺が作成した。この地の住民すなわち耕作者自身がこの図を目にしたことはなかったと思われる。

ます。しかし「図」に関して具体的な国名が史書に登場するのはこの種子島と信濃の二例だけなのです。

八世紀に入ると全国的な地図の収納システムが機能しだした様相が見てとれます。天平一〇年（七三八）八月には諸国に「国《くに》郡図《こほりのづ》」の造進を指示（註8）、さらに半世紀以上を経た延暦一五年（七九六）八月にはそれが古くなったとして（「勅、諸国地図、事亦疎略、加以年序已久」）、新たに作成を命じ（「宜更令作之」）ています（註9）。それにつづく勅文は「夫郡国郷邑、駅道遠近、名山大川、形体広狭、具録無洩焉」として内容と精度を要求していますが、当時の広域図に精確を期すのは難しかったでしょう。佐藤甚次郎氏はこの「諸国地図」の訓《よみ》を「もろもろのくにところのかた」あるいは「くにぐにのところのかた」のいずれかとしています（註10）。いずれにしても、官庫に収蔵されていた武蔵国図をふくめたすべての地図類は散逸し、写図すら遺ることはなかったのでした。

その一方で、現存最古の地図として知られるのは、正倉院架蔵の天平勝宝三年（七五一）「近江国水沼村墾田図」をはじめとする八世紀の「田図」で、今日で言えば地籍図の類です。『日本地図史』(註11)の「はしがき」には「八世紀の地図の実物が二〇点以上も伝存する国はほかに存在しないのではないかと思う」とありますが、視点を世界に転じればJ・N・ウィルフォードは古代バビロニアの粘土板の地籍図が現存する、と書いているのでした(註12)。

ともかくも日本最古の地図は古代畿内の伝世品で、それは中央集権が弛緩して（七四三年墾田永代私有令）、寺社・権門の荘園が勢いを増し、言わば私税取立基礎資料が遺された結果でした。国郡単位の図と田図等では、そのスケールも記載内容も大きく異なります。しかしいずれの地図も、その住人がつくったものでもなく、また使ったものでもなく、ほとんどは見たことすらなかったと思われます(註13)。繰り返しますが、地図は文字と同様、支配のマストアイテムとして発達したのです。

さらに言えば武蔵はそもそも遠国、武蔵野ともなれば何より水に乏しくしたがって人家を見ず、条里公田、荘園を問わず、耕地とされる、つまり「図」化される条件には基本的に欠けていたのでした（二二一―二二三ページおよび図1―12参照）。

「武蔵野」の語の史料初見は『万葉集』（七五九～七八〇頃成立）の東歌の数首においてです。以後、日本列島古代国家の一空間としての武蔵野は、地図ではなく歌に伝存しました。その武蔵野歌の中味は、当初の「現地リアル」から「遠鄙イマジナリー」に遷移したのは、次に並べた四首を口ずさんでもうかがい知れるでしょう。

恋しけば袖も振らむを武蔵野のうけらが花の色に出なゆめ（万葉集・八世紀）

むらさきのひともとゆゑに武蔵野の草はみながらあはれとぞ見る（古今和歌集・一〇世紀初頭）

をみなへしにほへる秋の武蔵野は常よりも猶むつましきかな（後撰和歌集・一〇世紀中半）

行く末は空もひとつの武蔵野に草の原より出づる月かげ（新古今和歌集・一三世紀初頭）

江戸後期×明治初期

鎌倉幕府による荒野開発、またその滅亡前後からはじまる戦乱と戦場化は中世武蔵野の一大事象ですが、ここではそれをスキップして近世の地図にかかわる事柄に移行します。中央集権国家は古代と近代に成立したと述べましたが、近世は幕藩体制と称される「前近代」で、幕府は地図の作成と提出を下命し、またそれにもとづいて全国図を作成もしたからです。

まずは一六世紀末、長い戦乱を制した豊臣秀吉はすかさず全国の耕地測量（検地）をもって中世的土地所有関係の整理を断行し、それをもとに諸大名に土地台帳（御前帳《ごぜんちょう》）と地図（郡絵図）の提出を命じました。郡は全国で数百も存在しましたが、このときの郡絵図で今日に形を残しているのは瀬波《せば》郡と頸城《くびき》郡の二郡だけでした（註14）。

しかし近世地図の代表として真っ先に挙げなければならないのは「国絵図」です。江戸幕府の国家事業として、一六〇年の間に慶長、正保、元禄、天保と四次にわたり国絵図が作成され、またそれに基づく日本総図の編集も実行されたからです。そうして正保以降の国絵図は、道のり縮尺とはいえ六寸一里（二万一千六百分一）、現在の基本図（二万五千分一）より大きな統一全国図だったのです（註15）。四次の国絵図のなかで残存状態もよく、国絵図の例として躊躇《ちゅうちょ》なく挙げられるのは最後期の「天保国絵図」です。

天保九年（一八三八）に完成した全八三鋪は、「松前島」から琉球まで国ごと村々の石高を記した「天保郷帳《ごうちょう》」八五冊とともに、重要文化財に指定されています。

国立公文書館に所蔵されているこの図群はそれぞれが華麗に彩色された巨大図で、例えば武蔵国絵図は東西五三七×南北五一二センチを計測しますから、かつてはどれも閲覧自体が難しかったのですが、現在ではデジタルアーカイブ化され、アクセス環境は格段に変化しました。**図10-3**は武蔵国の中央付近、江戸時代も後期の武蔵野のほぼ全エリアとその周域です。この大きさでは文字読み取りが困難なため、図には郡名と主要な街道名および川名、さらにわずかながら拠点地名を付け加えました。

図4-1で正保武蔵国絵図の写図を紹介しましたが、国絵図には当時の村が漏らさず記載されており、それぞれ楕円の中に村名が書かれ、脇に石高が添記されています。正本の**図10-3**では村形は郡別に彩色されており、多摩郡（図では多磨郡）は薄いピンク、入間郡はそれよりやや濃い桃色です。川越と江戸の城は、白い四角で表わされています。

各郡の中央辺に郡名とその石高が大きく記載されているのは、秀吉の郡絵図徴取を想起させます。国絵図が幕府勘定奉行の管轄下におかれたことを考え合わせると、国家作成地図の本源的性格、すなわち税収基本資料の素顔が見えてきます。それゆえその正本は一般の目に触れるものではなく官庫に収められ、同奉行とその配下および幕閣などが必要に応じて閲覧するものでした。しかしこれら「官図」類が民間図の淵源をなしていたのも、確かなことなのです。

国家の力をもって成立したこの広域図の、川筋や街道を中心に次の近代図と比較してみましょう。そうすると、測量の未発達であった当時、諸資料から編集を基本に作成された図としては、驚くほどの精確さをもっていたことがわかります。「大日本沿海輿地全図」（伊能図）はすでに上呈され（註16）ていたとは言え、それが天保図に利用されたわけではありません。天保国絵図は、前回の元禄図をベースに作成されたのです（註17）。

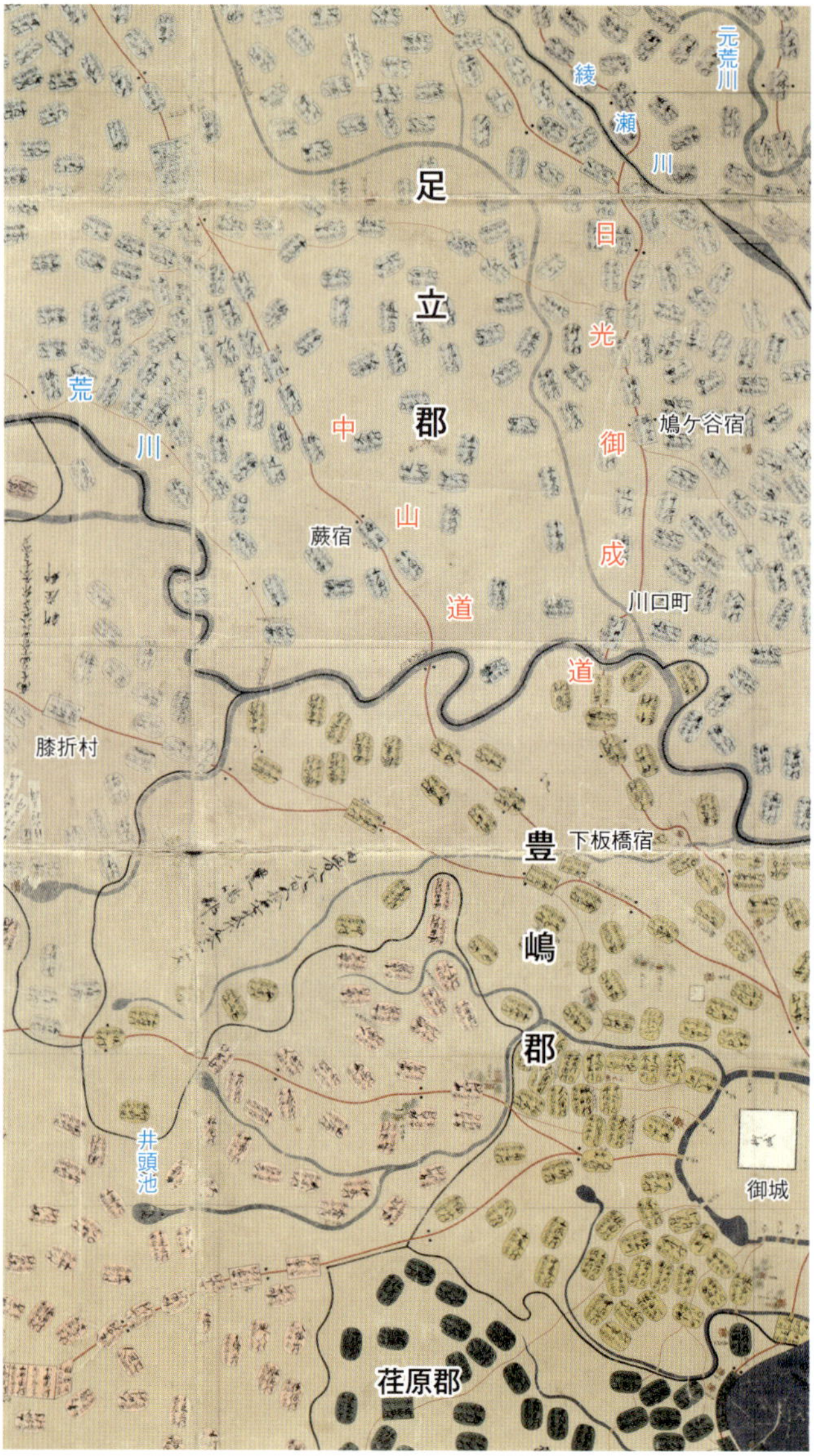
元荒川
綾瀬川
足立郡
日光御成道
荒川
中山道
鳩ケ谷宿
蕨宿
川口町
膝折村
豊嶋郡
下板橋宿
井頭池
御城
荏原郡

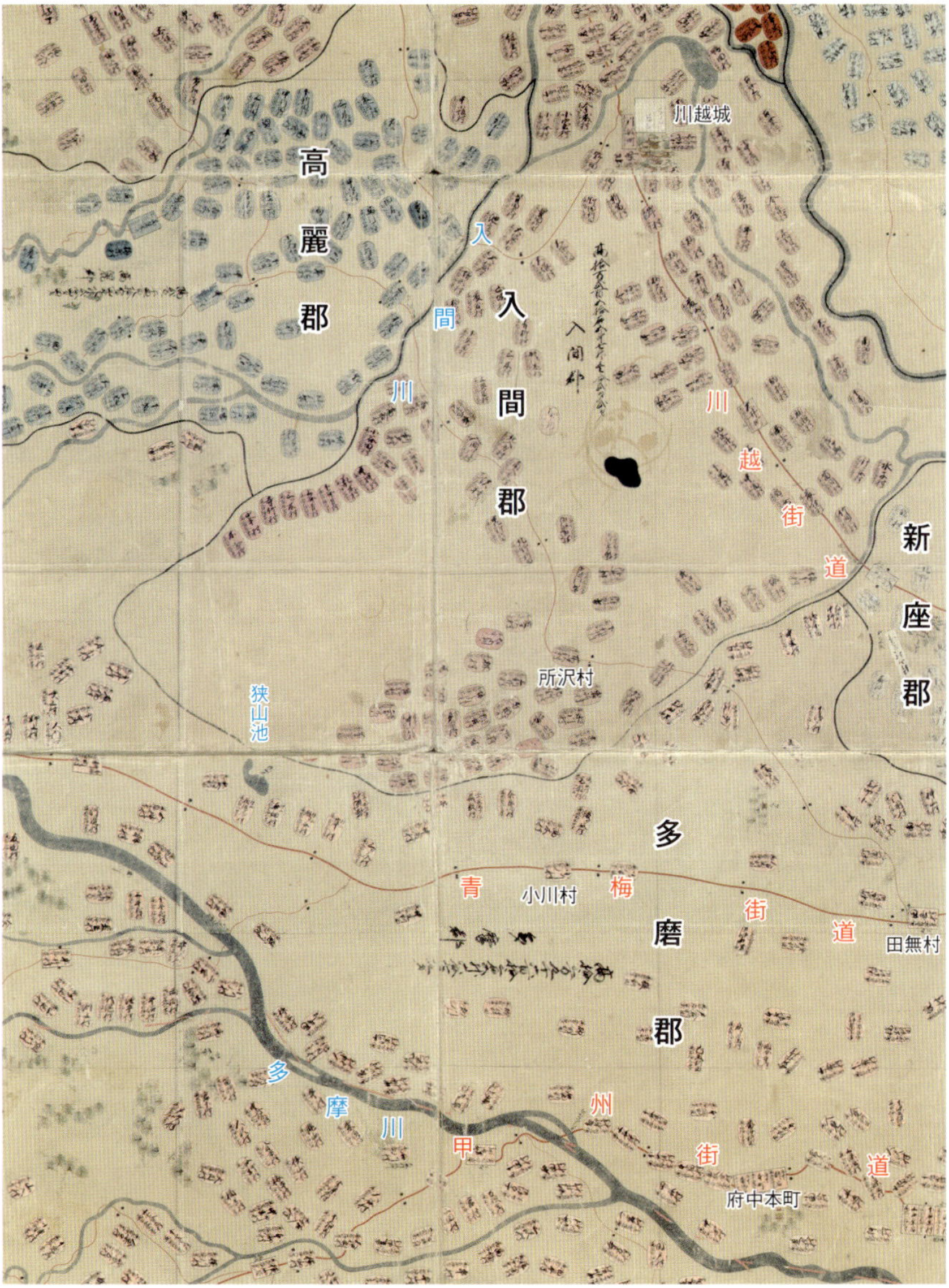

図 10-3　国立公文書館所蔵重要文化財「天保国絵図」から「武蔵国」の一部

同館デジタルアーカイブの画像に、郡名、主要河川名、主要街道名、および主要地名を付加した。図 10-4 の近代図と較べても、図の基本的構造において劣るところがない。図の骨格をなす河川は、左下から時計回りに、浅川、多摩川、入間川、荒川、綾瀬川、元荒川である。主要街道も同様に、甲州街道、青梅街道、川越街道、中山道、日光御成道。

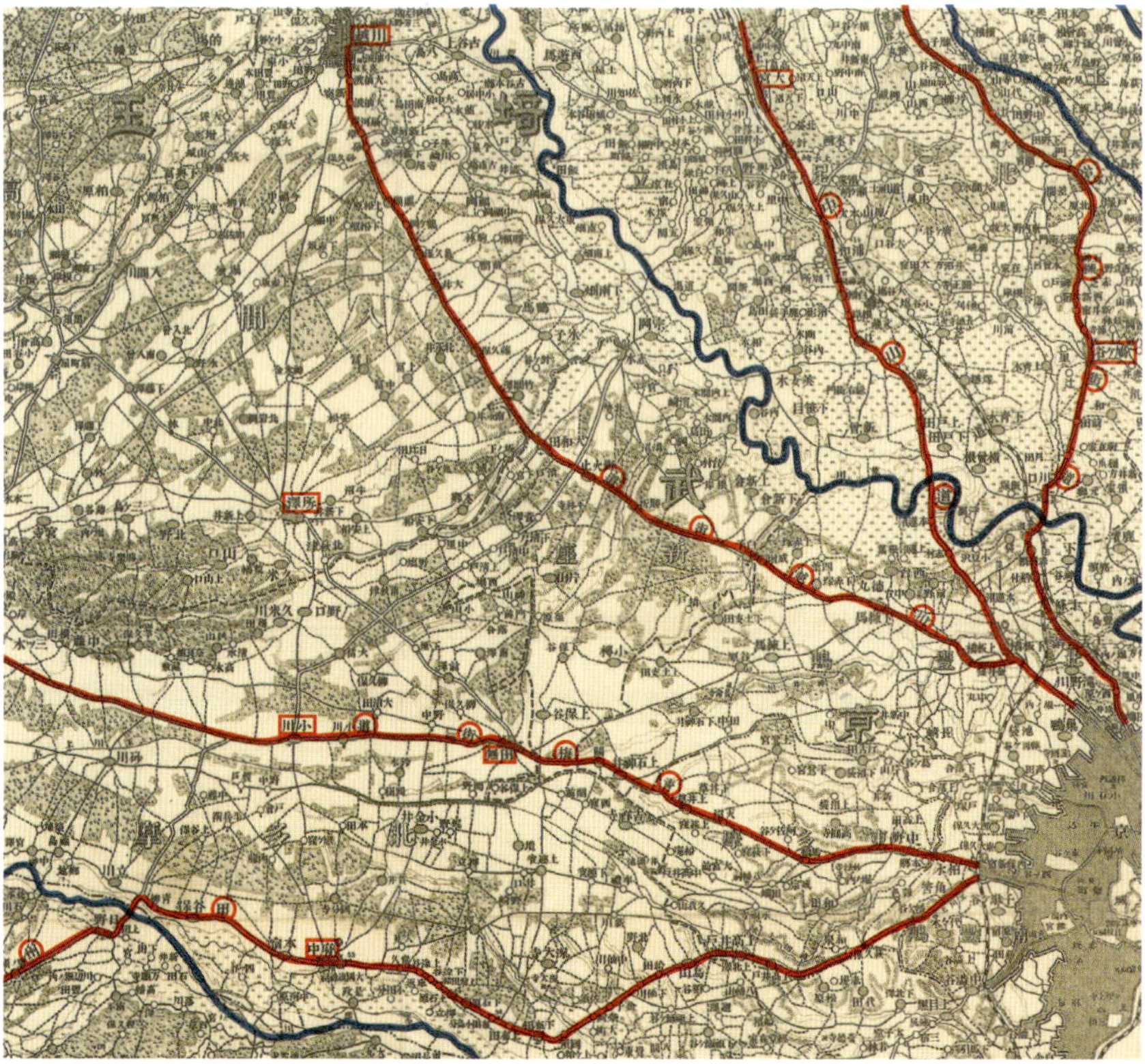

図 10-4　輯製二十万分一図「東京」（1888 年製版）の一部（64％に縮小）

主要な街道と川筋をそれぞれ赤と青で着色し、一部の主要地名を赤線で囲んだ。右下角、新橋停車場が開業したのは 1872 年（明治 5）だが、山手線はまだ環状路線ではない。日本鉄道上野・熊谷間開業は 1883 年（明治 16）、同品川赤羽間は 1885 年（明治 18）で新宿駅はそのとき開業。甲武鉄道（現在の中央線）は 1889 年（明治 22）に開業したためこの図には描かれていない。

伊能図も国絵図も、正本はごく一部の目に触れただけでした。しかしその写しや縮小図は、数多く各所に伝存しています（註18）。その状況と、「東都近郊図」（一三二―一三三ページ）など頒布された民間図や同じく板行された国絵図の表現等から判断するに、とりわけ国絵図は存外に筆写、利用されていたと考えられます。水源がなければ川の流れは存在しません。近世民間板行地図によく見られる「ゆがみ」（デフォルメ）は、むしろ顧客需要や紙寸法を勘案した編集の結果でした。伊能図が「国禁秘図」と強調されるのも「シーボルト事件」以後で、「地図」の扱いは常に政治が絡み、流動的なのです（註19）。

いわゆる武蔵野は、上図の荒川と多摩川そして入間川に囲まれたなかで村形記載のない空隙地です。両図を見較べると、武蔵野が台地の乏水地帯にひろがっていた様子がよくわかります。

「フランス式」の残照

図10-4は**図10-3**に対応し、その五〇年後の最初期の近代図で、「輯製二十万分一図」と称するシリーズの「東京」図幅（註20）の一部です。同シリーズは一八八六年（明治一九）から一八九三年（同二六）までの間に二十万分の一の縮尺図全一五三葉をもって当時の日本列島全域をはじめてカバーした陸地測量部の成果（註21）です。それゆえ「陸軍の地図」を代表した五万分一地形図が一九一六年（大正五）に全国整備完了する以前は、「参謀本部の地図」とはこのシリーズ図を指していたのです（註22）。

ここで特記しなければならないのは、一八八〇年（明治一三）から一八八六年（明治一九）にかけて、南関東全域に二万分の一の縮尺で実測地形図が作成されていたという事実です。陸軍参謀本部の手になる「フランス式」の華麗な彩色原図、約九五〇葉が国土地理院に所蔵されています（註23）。上掲図の内容がとりわけ緻密な様相を呈しているのは、面積で一〇〇倍の「フランス式」図の成果を盛り込んだ結果なのでした。

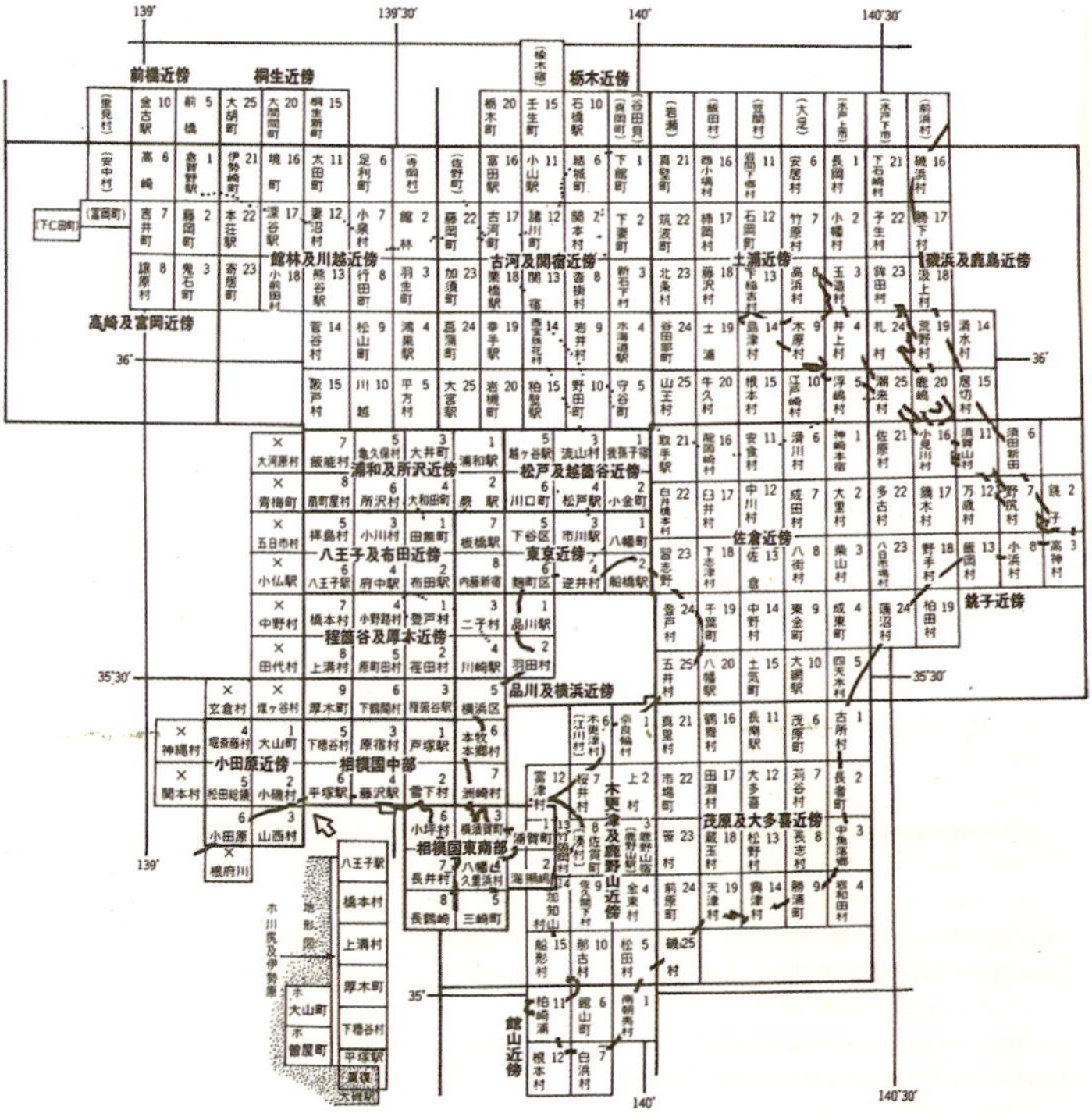

図 10-5　『明治前期手描彩色関東実測全図 資料編』（1991 年）から「第一軍管地方迅速図作成範囲」すなわち二万分一迅速測図原図の作成範囲

そうして、これら近代図に至って、国家のつくる基本図の軸足は大きく転位しました。それは第一に軍事に資するものとされたのです。

註

1　井上ひさし「地図を旅する　地図を描く」『KINOKUNIYA TIMES』一九九二年、読書週間号。

2　J・ボードリヤール『シミュラークルとシミュレーション』一九八四年、二ページ。

3　ジェームズ・C・スコット『反穀物の人類史』邦訳二〇一九年、一二九—一三八ページ。

4　うんのかずたか『ちずのしわ』一九八五年、二〇三―二〇六ページ「版図」。
5　『新編日本古典文学全集4　日本書紀3』一九九八年、一六〇―一六一ページ。
6　前註5に同、四一〇―四一一ページ。
7　同前、四三六―四三七ページ。
8　『新日本古典文学大系13　続日本紀二』一九九〇年、三四四―三四五ページ。
9　『新訂増補　國史大系3』一九六六年、四ページ。
10　佐藤甚次郎『公図　読図の基礎』一九九六年、二八七―二九一ページ。
11　金田章裕・上杉和央『日本地図史』二〇一二年。
12　J・N・ウィルフォード『地図を作った人びと』邦訳一九八八年、二四ページ。
13　小松和彦はY・トゥアン『空間の経験』（文庫版一九九三年）の解説でミクロネシア・ポンナップ島における次のようなエピソードを披露した。「やってきた老婆たちは、私が用意した、タロイモ畑の輪郭だけが書いてある大きな紙を前にして、呆然としてしまったのである。というのは、彼女たちは自分たちのタロイモ畑を空から眺めてみるというような体験をしたこともなければ、考えたこともなかったからである。彼女たちの、いやポンナップの人びとの空間認識は、身体を基本にして構成されているのである。我々がもっているような、空からの、外部からの視点で空間を認識していなかったのだ」（四一五ページ）。この例とは逆に、歩いていてもスマートフォンから目を離せない現代人は、身体による場所の感覚と記憶を失い、それなしではパニックに陥るのである。
14　東京大学史料編纂所編『越後国郡絵図一』（頸城郡）一九八三年、同『越後国郡絵図二』（瀬波郡）一九八五年、同『越後国郡絵図』［釈文・索引・解題］一九八七年。
15　川村博忠『江戸幕府撰国絵図の研究』一九八四年、一一四―一一五ページ。
16　所謂伊能図の幕府上呈は文政四年（一八二一）。
17　前註15、二七〇ページ。
18　国絵図研究会編『国絵図の世界』二〇〇五年、平井松午・島津美子編『稿本・大名家本　伊能図研究図録』二〇二二年、など。武蔵国絵図については、白井哲哉「武蔵国　村に残された国絵図とその資料」（『国絵図の世界』八七―九〇ページを参照。正保武蔵国図の写本は、埼玉県文書館および国文学研究資料館にも所蔵がある一方、元禄武蔵国絵図については『新編武蔵風土記稿』収録図以外には知られていない。
19　本章冒頭で取り上げたNHK番組「地図は国家なり」は、初期日本陸軍のドイツ式へのシフトに伴い、シーボルト事件を下敷してフレームアップされた一八八一年（明治一四）の「参謀本部内粛清事件」に焦点をあてたもので、元海軍水路部の一員で地図史研究家の斎藤敏夫氏を中心に作成されたその番組記録は『NHK歴史ドキュメント8』（一九八八年）に収められた。それに関連して作家の井出孫六は直木賞受賞作『アトラス伝説』の誤りを認め、「黄順憲事件覚書」（『明治・取材の旅』一九七七年）を書いたが、後に「アトラス伝説遺文」と改題して『男の背中　転形期の思想と行動』（二〇〇五年）に収録された。
20　輯製二十万分一図「東京」一八八八年（明治二一）輯製製版。
21　清水靖夫『輯製20万分1図』一九八三年。
22　泉鏡花『高野聖』一九〇〇年。第9章註15に同。
23　迅速測図原図覆刻編集委員会編『明治前期　手書彩色関東実測図　資料編』一九九一年。

第11章

武蔵野のキー・マップ

国絵図と村絵図

これまで武蔵野を表した近世近代の地図を、話題にしたがってランダムに掲げてきましたが、折角の「地図学」なのですから、この辺で「武蔵野」を理解するうえで必要な基本的地図を時系列にしたがって整理紹介しておきましょう。

まずは近世の地図ですが、当時は「地図」とは言わず「絵図」の称が一般的でした。「地図」の語がひろまったのは幕末の洋学者によるオランダ語「カールト」や英語「マップ」の翻訳語「地図」が近代以降の学校教育に採用されたためといいます(註1)。もっとも、「地図」という言葉自体は「寧楽《なら》遺文」や「延喜式」に使用例がありますから(註2)、それは「復古語」でもあったわけです。

前章で強調したように、江戸時代を代表する地図の筆頭に挙げなければならないのは「国絵図」です。それは原則として日本六十余州の国別図で、それぞれが六寸一里(二万一千六百分一)の巨大図でした。幕府はそれを編集して日本総図すなわち日本列島図を作成しました(註3)。江戸をはじめとする各地の城下図等も上呈され「正保城絵図」にまとめられました。そうしてこれらの謂わば「官図」は「徐々に民間に流布し、さらに独自の発達を遂げて」(註4)、江戸大絵図や切絵図に代表されるような、カラフルで多種多様な市販図が誕生したのです。国木田独歩が『武蔵野』の冒頭で触れた「東都近郊図」（一三二―一三三ページ）も国絵図の写しを元に作成された民間編集図と考えられます。

市販図ではありませんが、近世において国絵図とセットで記憶しておきたいのは「村絵図」です。江戸時代の土地制度は領主制で、領主は村を単位として支配を行いましたから、「支配のマストアイテム」（一四三ページ）としての地図（絵図）は、国絵図（幕府支配）と村絵図（領主・代官支配）を二大骨子としていたと言っていいのです。もちろん村絵図は一般の需要なく民間市販図とはならなかったのですが、現在ではかつて江戸府内ですらなかった副都心の一部で、東京都公文書館等所蔵の往時の村絵図を複製頒布している例もあります（註5）。しかしながら入会地であった「武蔵野」の地図はつくられるわけもなく、「武蔵野」の文字は例えば**図11-1**のような村絵図の一部として見つけることができるのみです。

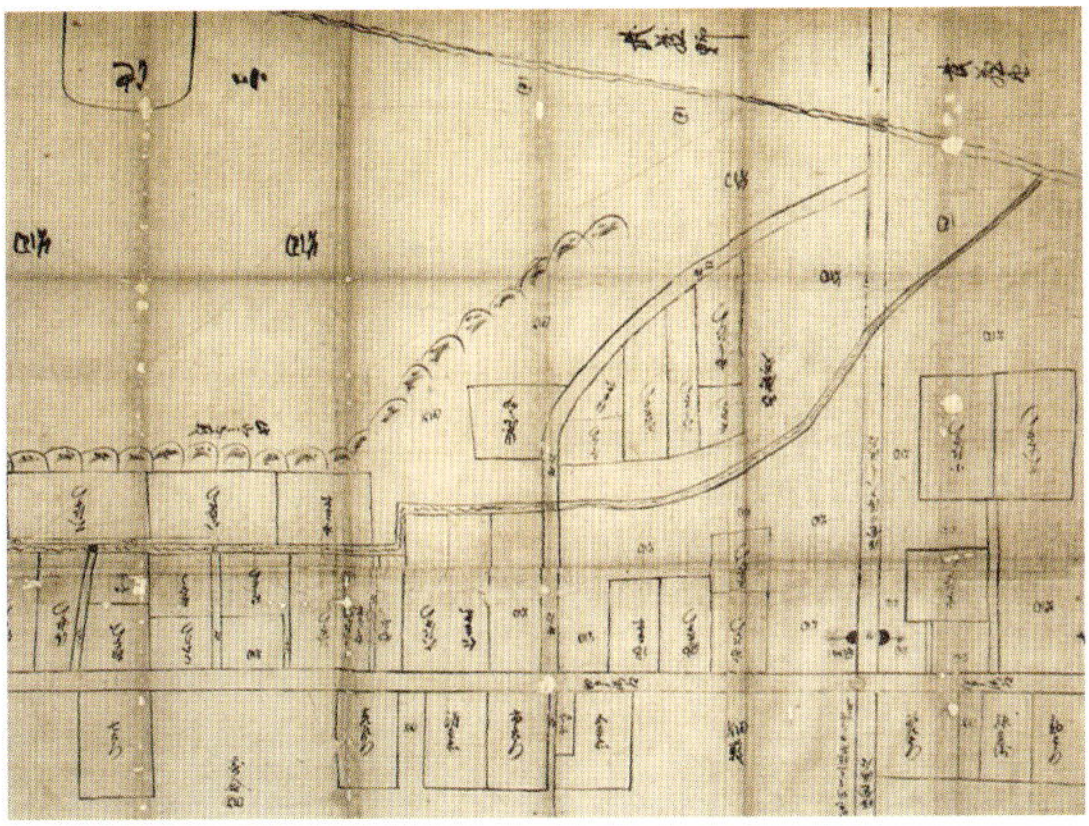

図 11-1　国分寺市教育委員会『古代道路を掘る』（2023 年改訂版）から、「国分寺村古絵図」（国分寺市重要文化財）の一部

北を上にして引用。右手に現国分寺街道（図では「鎌倉海道」）が南北に通り、下辺で元町通り（図では「江戸海道」）が直角に交差。一里塚も記載。野川の本流と支流が斜めに交差する。左中央、小山の連続は国分寺崖線で「みな数」と添記。右上国分寺街道を挟んで 2 ヵ所に「武蔵野」とある。寛文初期までに成立の図と推定。武蔵国分寺跡資料館提供。

この図は典型的な村絵図と言うよりも、近世国分寺村の中心集落を描いた覚図のようなものです。しかし何と言っても右上隅、道の東西に書き込まれた二つの「武蔵野」の文字は類例なく、貴重です。

何故ならそこは現国分寺市南町三丁目（道の左）と同二丁目（同右）の南端部、いずれも野川と国分寺崖線の北側つまり上位段丘面で乏水地帯に相当するため集落は存在せず、畑地ですらなく、「野」以外の何ものでもなかったことをあらためて確認できる

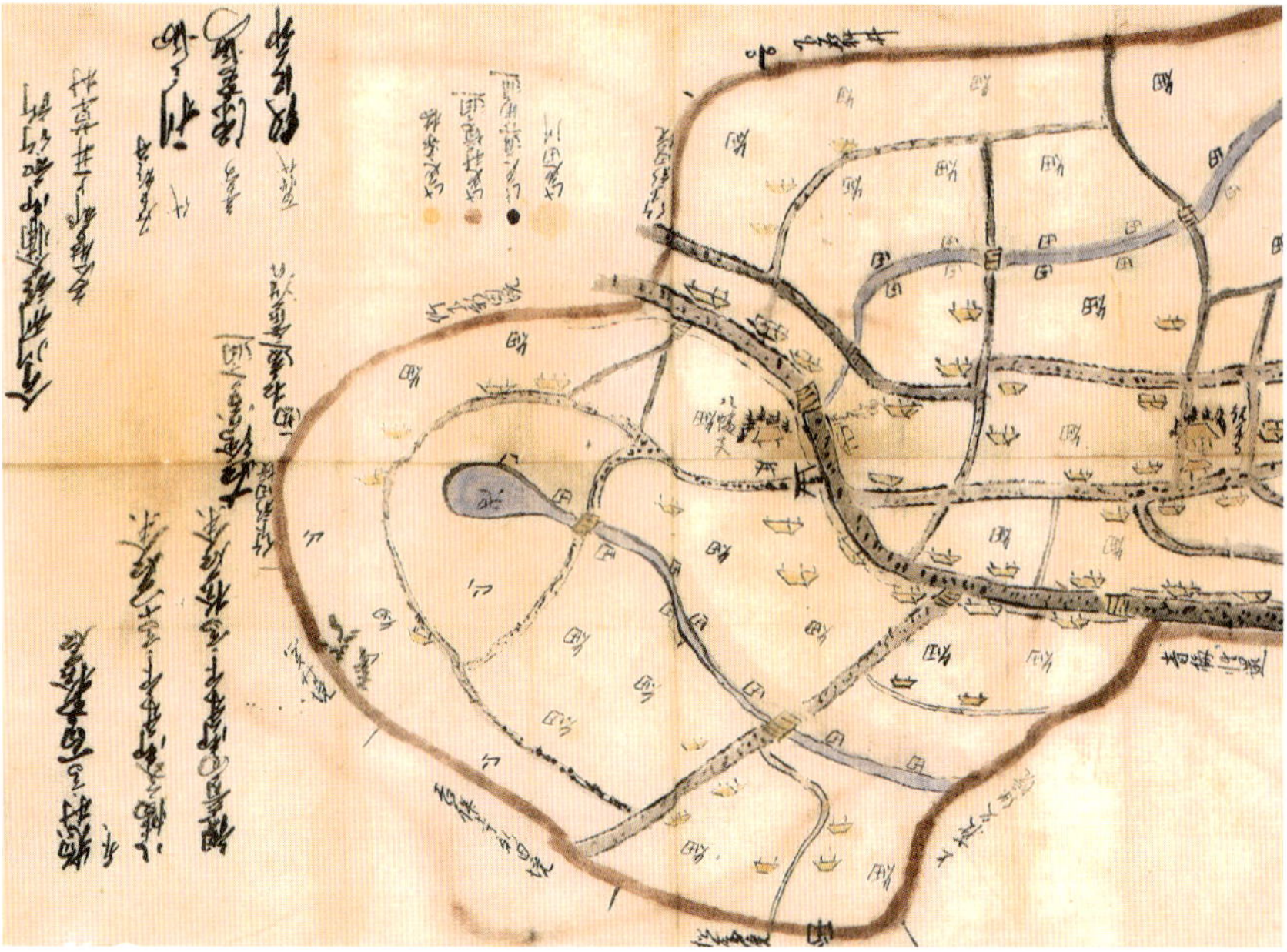

図 11-2 『杉並近世絵図』（1993 年）から「上井草村」の図

近代図との比較のため、北を上にしてある。外側をめぐる赤茶色の太線は村境、黒っぽい太線は「青梅往還」を、細線は村道を表わす。中央の池は善福寺池、右上は妙正寺川支流の井草川。

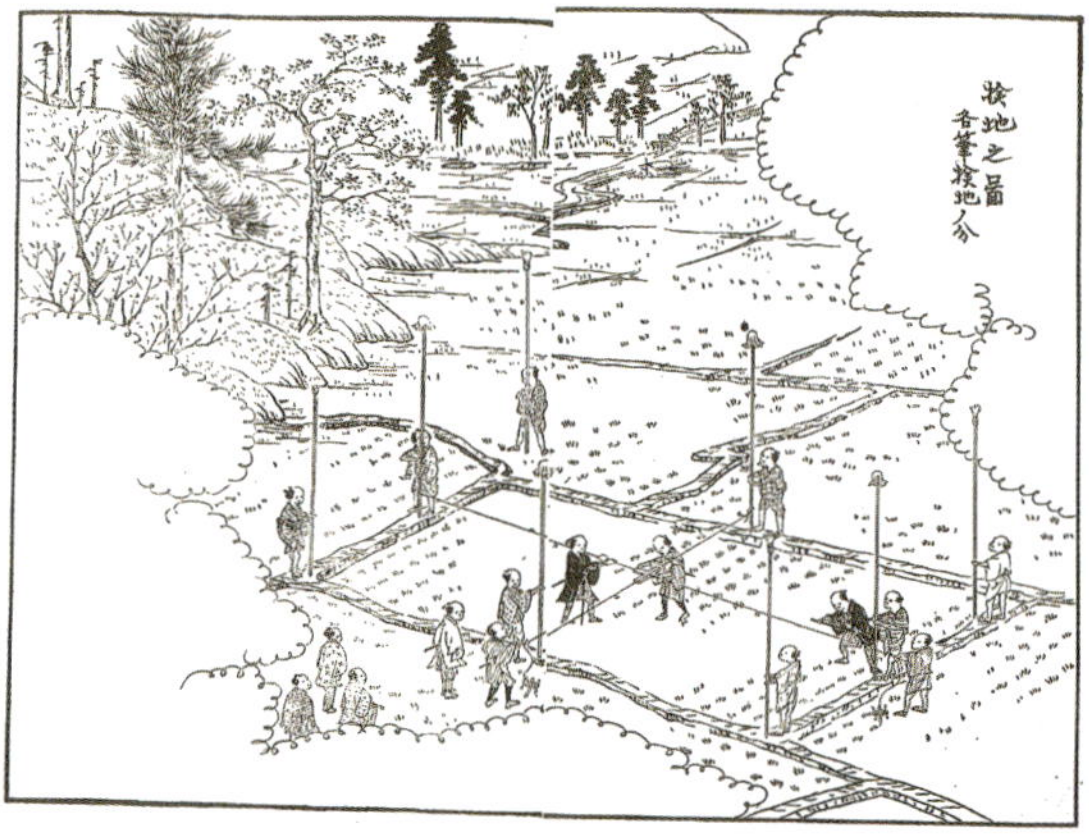

図 11-3

『徳川幕府　縣治要略』から「検地之図　各筆検地ノ分」の図

当時の一般的な地積測量の様子がうかがえる。

からです。

一方、国分寺市も含む広域の武蔵野エリアの近世村絵図は、東京都立大学図書館架蔵の堀江家文書（註6）にもっともまとまって含まれるようです。それは現在の中野区、杉並区、練馬区そして武蔵野市と三鷹市の各エリアの元となった近世の村絵図群で、江古田四丁目の中野区歴史民俗資料館では堀江家文書の中野区相当各村絵図の複製を常設展示しており、また杉並区では同文書絵図を中心に絵図集『杉並近世絵図』を作成、刊行しています（註7）。**図11-2**は同書から「上井草村絵図」（註8）で、後述の近代地図との比較のため、図の天地を入れ替え北を上にしました。典型的な近世村絵図のひとつで、村絵図の多くはこのように方位や距離がラフで概念図めいた描き方がなされています。しかしこうした図をもって、当時の地図作成技術を推量しては誤解を生じることになるでしょう。検地（**図11-3**）や河川改修、施設の造作にあたってはそれぞれに相応な測量がなされ、精密な図面も作成されていたのです（註9）。その例として同書の「下井草村の図」の一部をあげておきましょう（**図11-4**）（註10）。これも北を上として掲げましたが、現在の杉並区の今川一丁目から桃井二丁目を経て、下辺の青梅街道に至る旧村道の屈折が細かく示され、折々の距離も詳細に書き加えられている

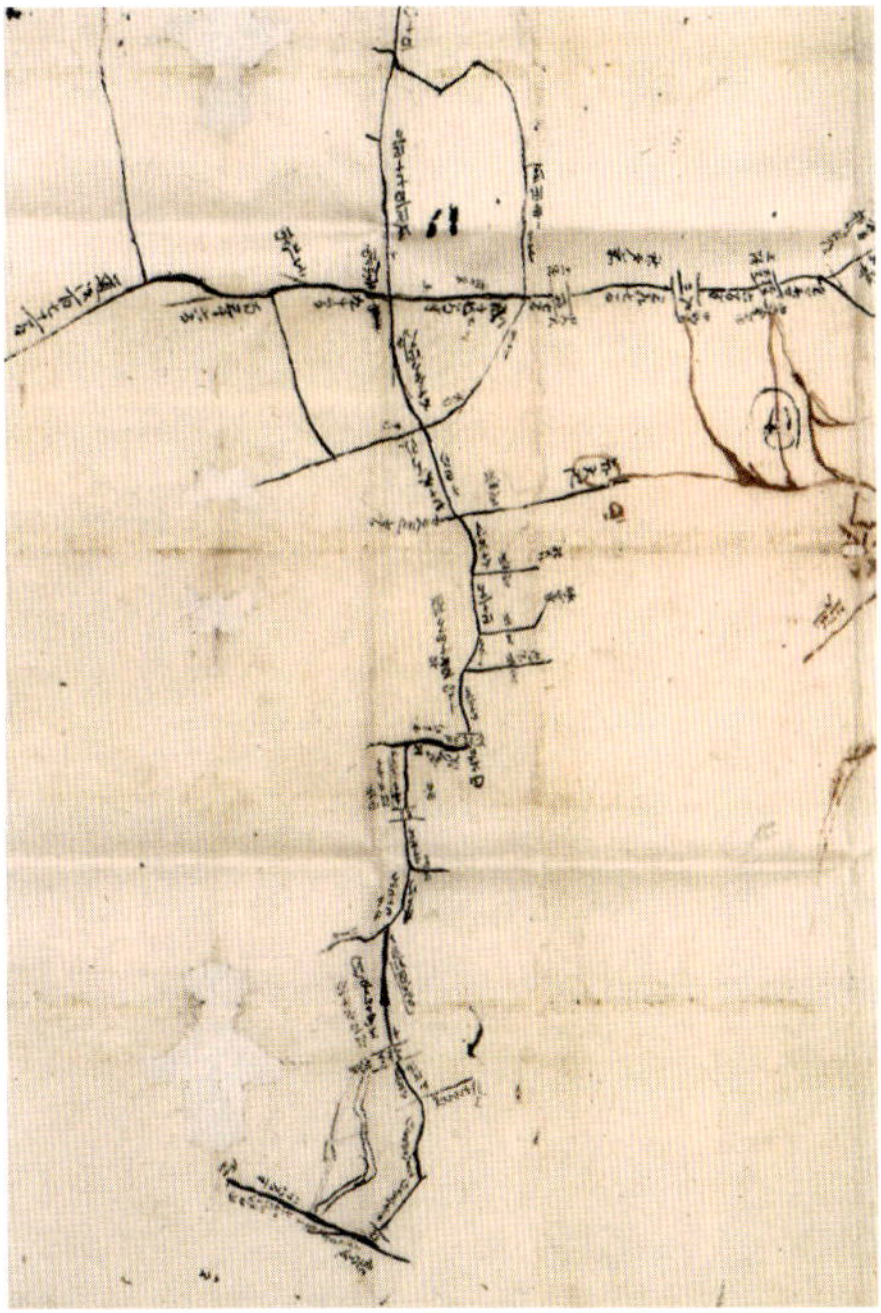

図11-4　『杉並近世絵図』（1993年）から「下井草村の図」の一部

下の斜めの線分は青梅街道。上辺左右（東西）に通るのは現在の早稲田通り。図の左上は上井草一丁目と同二丁目にあたり、右上は井荻駅前になる。右上の円は妙正寺池を示している。

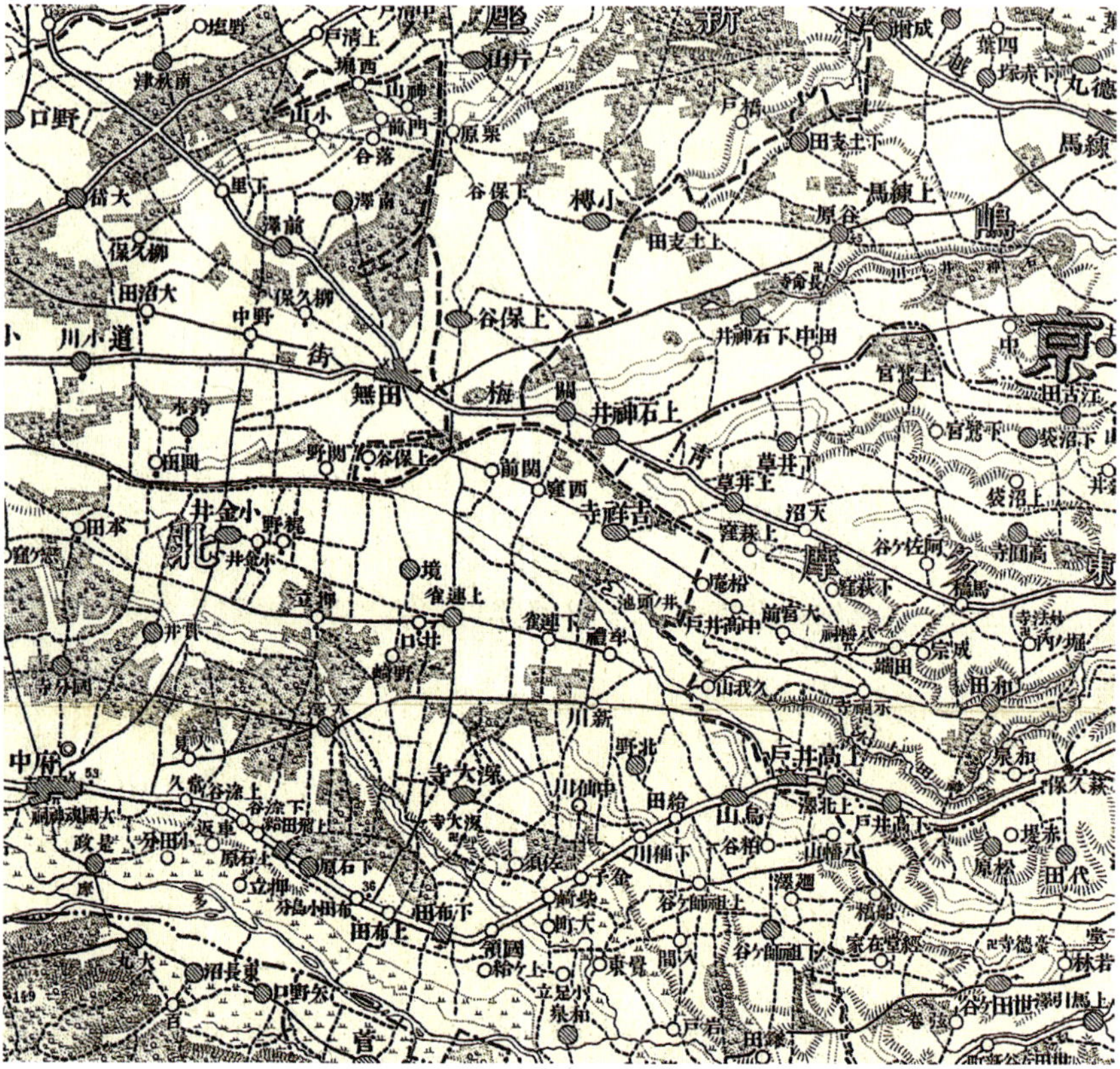

図 11-5　輯製二十万分一図「東京」（1888 年製版）の一部（125％に拡大）。

左下に多摩川、「国領」と「柴崎」の間を北東から流下するのは野川。下辺を東西に通るのは甲州街道。図中央の青梅街道は、田無で所沢道を分岐する。ところどころに広大な樹木地（雑木林）が残されている。太い破線は府県界、二点鎖線は郡界を表わす。ケバと微細な点線が、段丘面（武蔵野）の谷筋を描き出している。集落は人口規模別に記号化されていて、この範囲では田無と府中、上高井戸などが宿駅で人口 1000 以上、上石神井や吉祥寺、小金井などが村落で人口 1000 以上、上井草や下井草などは同 500 以上、天沼などの白い小丸は同 500 以下である。

のが特徴です。

国絵図と村絵図、それに城下絵図を加えれば、日本列島のおもな近世居住空間はほぼ覆いつくすことができるでしょう。ここでの考察は武蔵野に限定しますから、江戸切絵図などの城下絵図は除外して、近代初期の測量図に話をすすめます。

輯製二十万分一図と迅速測図

国絵図と近代測量の成果すなわち輯製二十万分一図との比較は前章で試みましたが、ここでは後者の部分を見ておきましょう（**図11－5**）。すると、平坦な武蔵野のあちこちに細い谷筋が描き込まれているのに気がつきます。分かりやすい例で言えば、**図11－5**右上の石神井川の流路は下石神井付近の池（石神井池）でストップしているためそこが水源と見做されますが、谷地形はその上流側に細かい点線で描かれています。実は地形上の谷頭は現在の小平市にまで達していたのです（八三ページ図5－8参照）。目を凝らせば、ほかにも「田無」の周辺を除いて谷筋はいたるところに入り込んでいるようです。

一方、左下隅で多摩川が流下していますが、その両岸一帯には「田」記号が描かれています。この「田」記号は、下辺中央「国領」付近から左上の「小金井」の南につづく野川の谷の上流部にも記載されているのがわかるでしょう。

前章でも述べたように（一四九ページ）、輯製二十万分一図全一五三葉のなかでも、このような詳細な内容をもった図幅は「東京」「千葉」「大阪」など、二万分一迅速測図が作成されそれを元図となし得たところに限られるのです（註11）。逆に言えば、その範囲において（図10－5参照）わたしたちの前には、二十万分一すなわち小縮尺（註12）の概略図からダイレクトに二万分一の中縮尺詳細図にアプローチし、往時の地域の様相を探る道が開けているわけです。まずは**図11－5**中央右寄り、近世村絵図の例にあげた「上井草」村

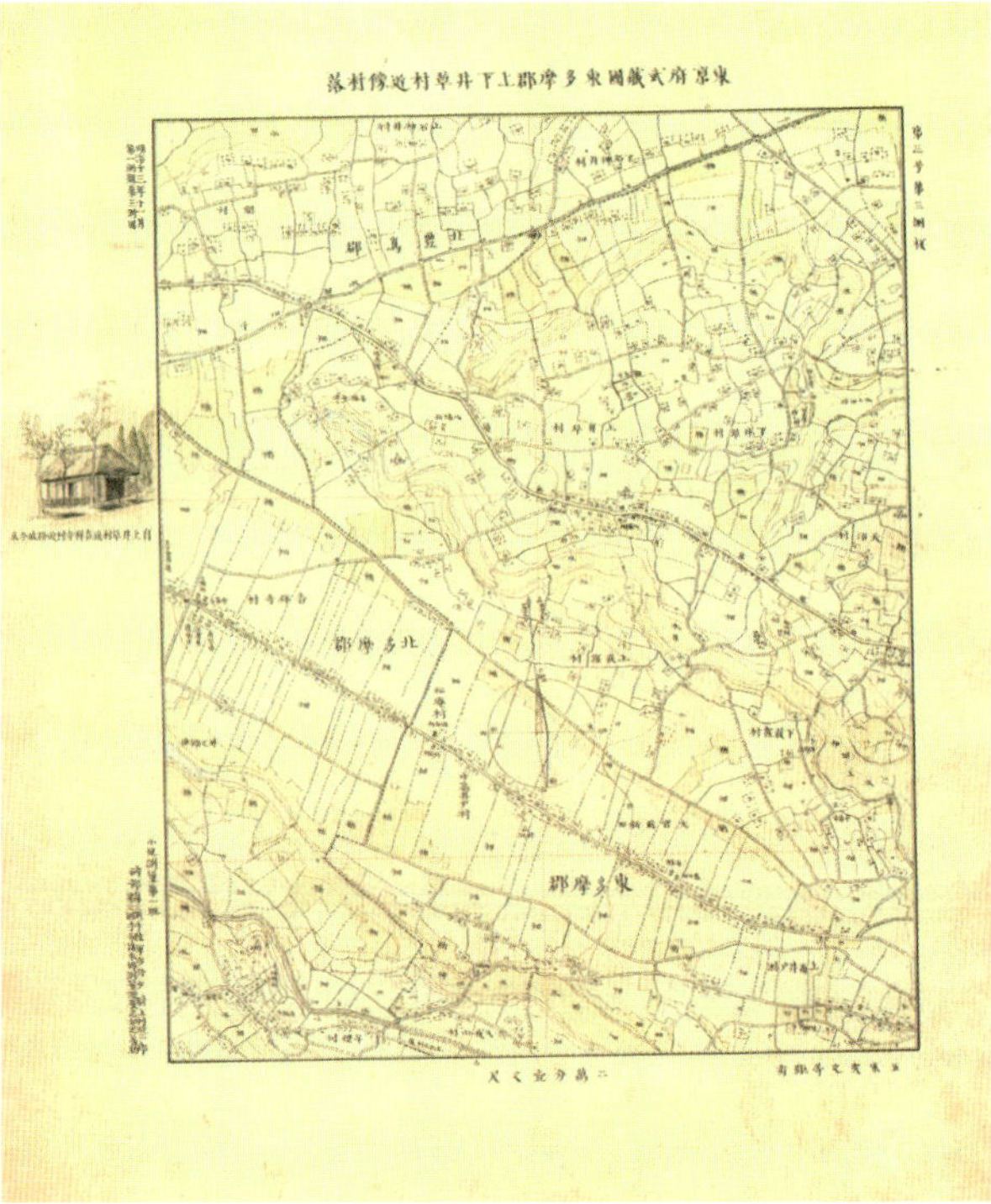

図 11-6　二万分一迅速測図原図「東京府武蔵国東多摩郡下井草村近傍村落」（1880 年測図）の全体図

左上に「明治十三年十一月」。図外左の家屋スケッチの下に「自上井草村通吉祥寺村道路岐分点」と記す。紙寸法 31.0 × 38.5 センチ。

付近の迅速測図原図を見てみましょう。

図11-6は日本地図センターが一九九一年に国土地理院所蔵の「第一軍管地方二万分一迅速測図原図」九二一枚を複製発行したなかの一枚。図域は現在の杉並区から練馬区、武蔵野市・三鷹市の一部に相当します。図中左側のスケッチは道の分岐点のランドマークの図示で、原則として各図に一ないし二点が添えられています。こうした近代最初期の測量地図は南関東全域にわたって作成されました（図10-5）。したがって、「武蔵野」はこのときはじめて系統的に測量、地図化されたと言えるでしょう。その武蔵野の一村落である「上井草村」の姿が如何なるものであったか、図11-2の近世村絵図と比較するのはきわめて興味

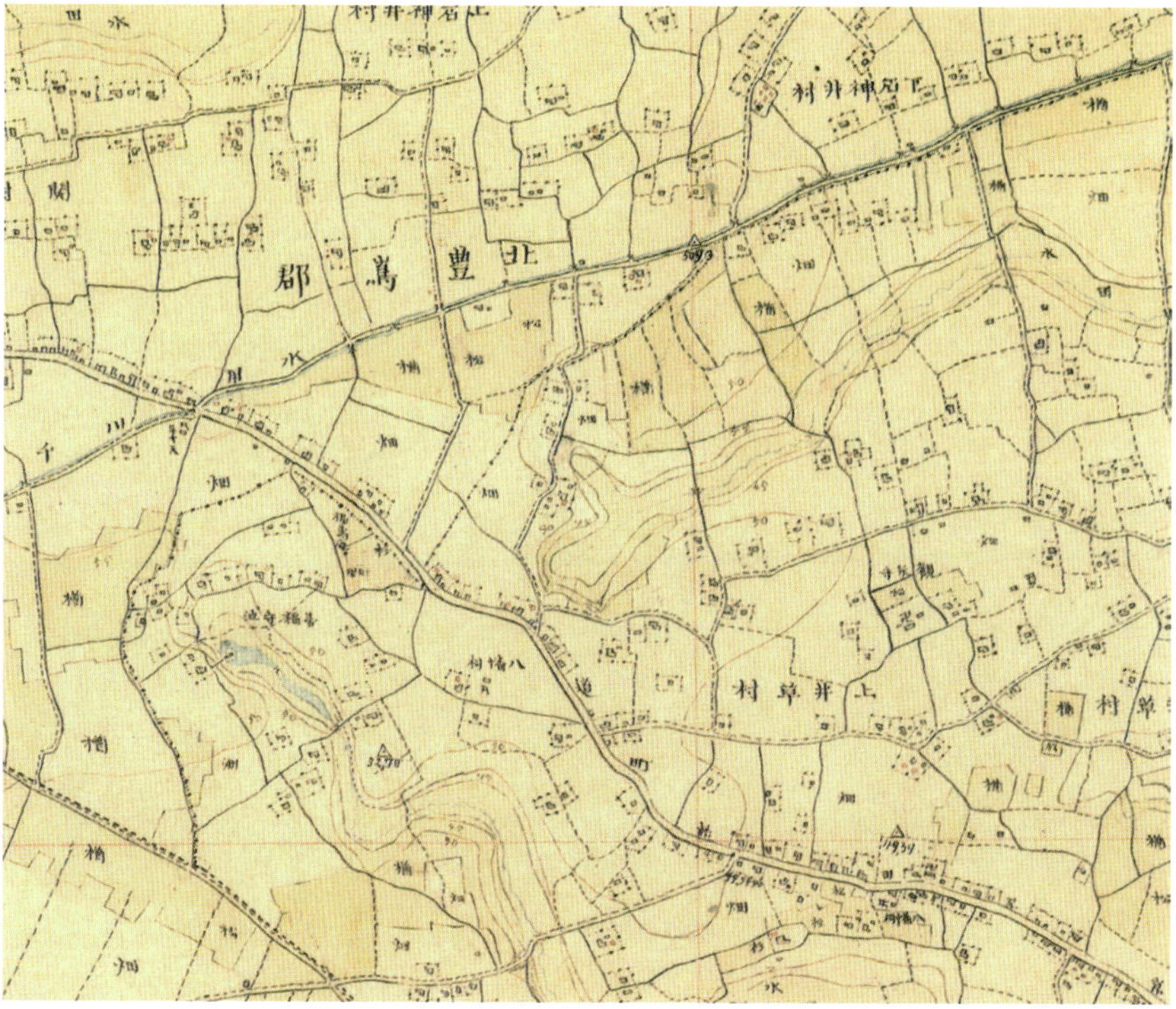

図 11-7　図 11-6 の一部（70%に縮小）

現杉並区の西北域と、練馬区（左側と上辺）および武蔵野市（左下隅）にかかるエリア。上辺を斜めに千川用水が通り、青梅街道がそれに交差する。妙正寺川の支流井草川の谷頭が青梅街道際、「八幡宮」（井草八幡宮）前まで達している。原図は全体に退色しているが、左下の善福寺池には青色が残る。

深いものがあります。ただし近代初期の上井草村と近世後期の井草村の景観は、ほぼ変わるところはなかったと考えられます。測量年の一八八〇年（明治一三）は「明治の大合併」（註13）が強行される以前で、村々はいまだ「江戸時代と地つづき」でした。そこから一世紀以上の径庭《けいてい》を経、巨大な現代都市空間の一画に呑み込まれた「上井草」の様相は、また別の地図（ドキュメント）にとどめられているでしょう（図11-13参照）。

図11-7はさすがに最初の近代測量図だけあって、一見して方位距離ともに精確、今日の地理感覚に直接照らし合わせることが可能です。ただし迅速測図の「迅速」とは、測量においてもっとも重要な「基線測量」以前、つまり「図解図《ず》根点《こんてん》をもって三角点に代える

方式」（註14）でしたからズレや歪みは免れません。しかし一図の範囲内では容易に現代図と対応が可能です。その前に、村絵図（**図11-2**）と測量図（**図11-7**）を比較すると、一見ラフに見えた村絵図が方位、距離ともに大筋で誤りないことが確認できるでしょう。

ただ惜しむらくは、当初精魂込めて描画製図された**図11-7**はそれから百年以上を経、例えば善福寺池に辛うじて残る青色以外の青系統色はほとんど退色しています。それゆえに、折角の原図が描き出した田や畑の区別、そして雑木林の所在などはとくに不鮮明になってしまいました。しかしながら幸いなことに、わたしたちは今日これらの手描き原図とは別に、迅速測図のモノクロ印刷図ないしその複製を身近に見ることができるのです。

一三九ページでも述べたように、初期日本陸軍のフランス式兵制は間もなくドイツ式のそれにシフトしたため、迅速測図においても華麗な着色図は顧みられることなく「お蔵入り」となり、一八八三年（明治一六）には地図図式（註15）は「一色線号」に変更され（註16）、同時に一部を除き公刊されて民間にも流布するようになりました。これが最古の旧版地形図で、今日各地の図書館などに所蔵され、また市史・区史などに収録されている「古地図」は、この迅速測図のモノクロ印刷図（公刊図）であることが多いのです。公刊図ですから、再版等に際して手描き原図の情報を更新している場合があり、記録としてそれもまた貴重でした（註17）。

次の**図11-8**は、刊行された迅速測図「田無」の一部です。見かけと異なり、**図11-7**と**図11-8**はまったく同じ内容なのですが、**図11-8**がモノクロで退色しない分、明瞭な記述として遺され、また色や文字で表現されていた水田や畑、樹木の種類が記号に置き換えられ、景観や土地の状況がはっきりと弁別できる点、後世に裨益《ひえき》するところ少なくないのです。

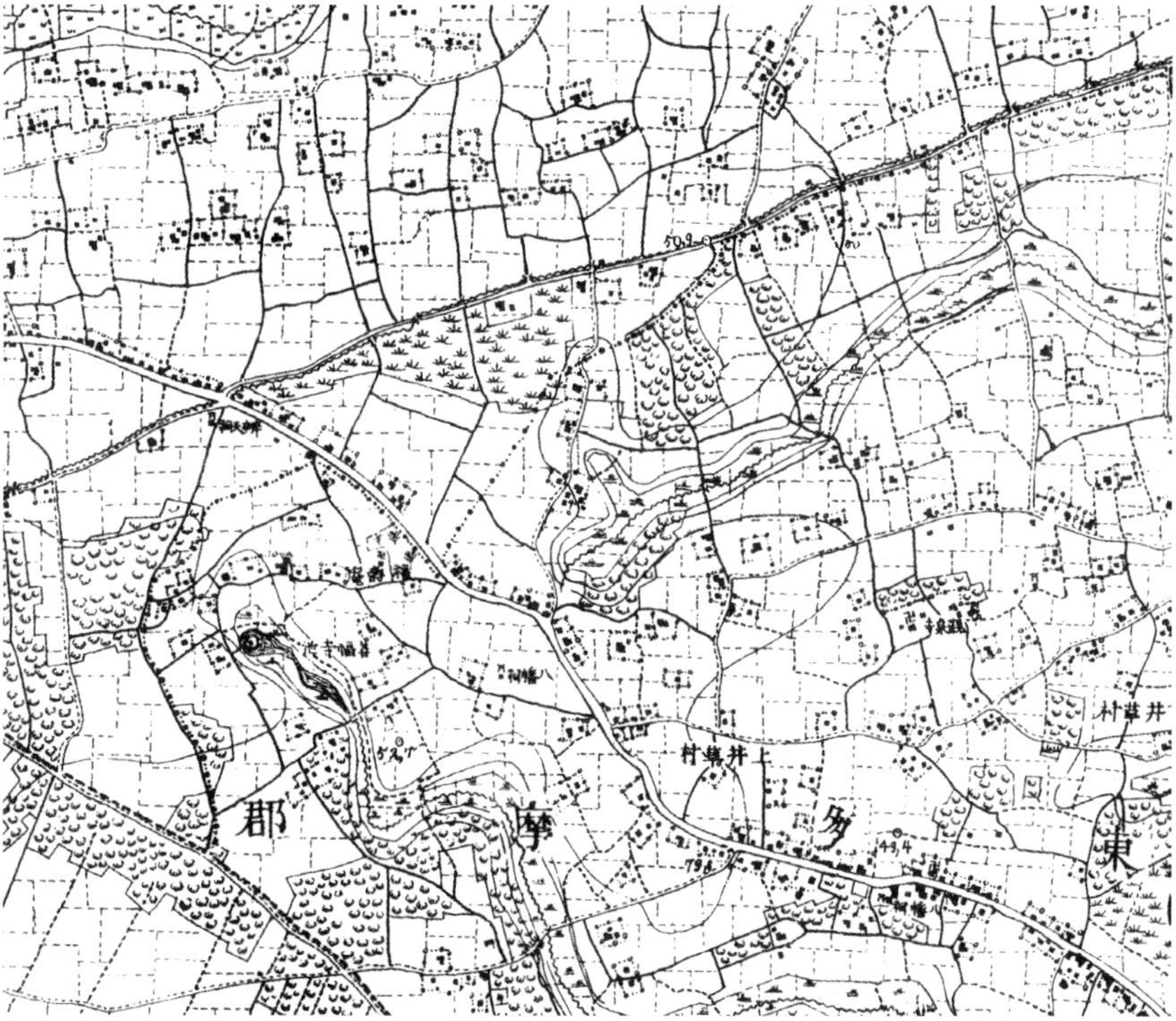

図 11-8　二万分一迅速測図（印刷図、1880 年測量）「田無町」の一部（70%に縮小）
　刊記は「明治十三年測量同十九年製版同二十年八月二十六日出版」とあるが、記載内容は、図 11-7 の手描彩色原図（1880 年・明治 13）と差がない。

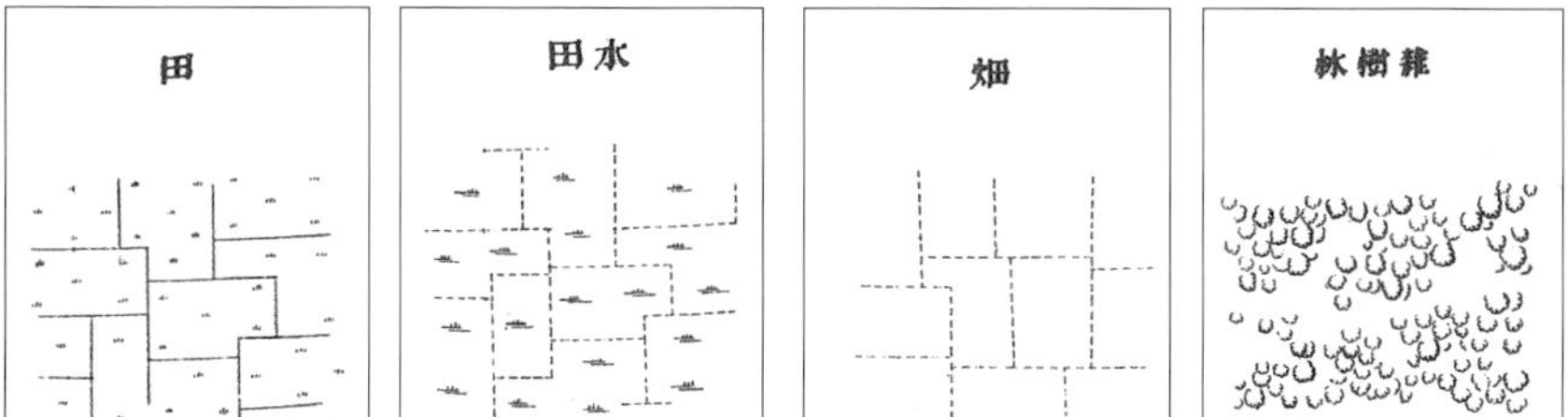

図 11-9 『地図記号のうつりかわり』（1994 年）所収「二万分一迅速測図記号」（24-25 ページ）から、図 11-8 に見える記号 4 件
　このうち、右端の「雑樹林」が武蔵野の雑木林で、図 11-8 左下に顕著な「ムサシノ B」に該当する。

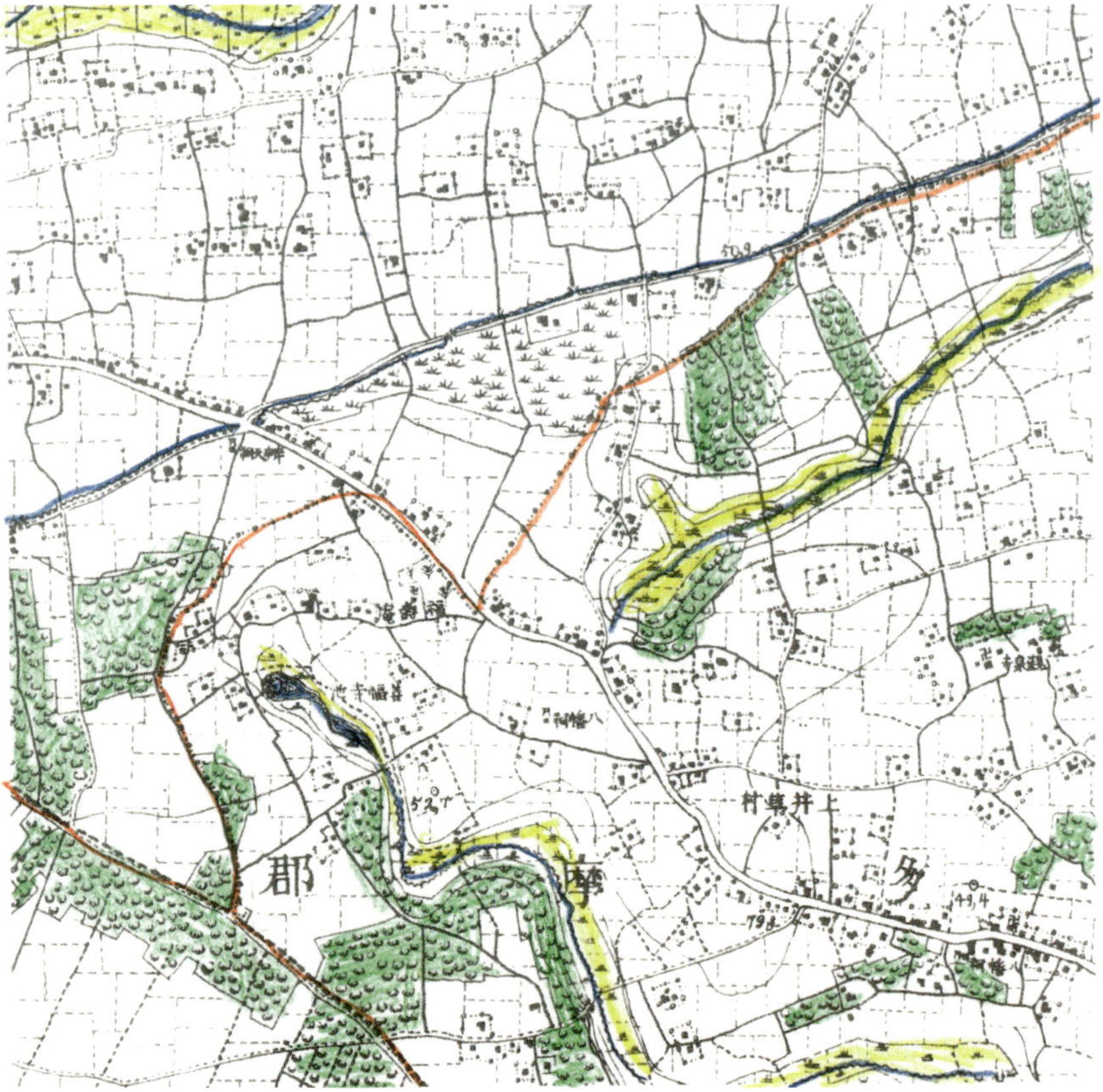

図 11-10　図 11-9・二万分一迅速測図（印刷図）「田無」の一部（70%に縮小）に着色

水部を青でなぞり、境界線（府県界、郡界）を赤、水田と田を黄、雑樹林は緑色にそれぞれ着色した。左上、石神井川の谷は「田」（冬季に水なし）、右手の井草川の谷と下辺右の善福寺川の谷は「水田」（冬季も水あり）と、軍事用に描きわけられているが、同じ水耕稲作地として扱った。上辺千川上水に沿う樹林は松林の記号が付されている。とくに記号記載がなく、破線で畔のように区切られたところは「畑」で、このエリアは畑作が主で、谷地部にかぎり水稲が栽培され、また緑肥と薪炭生産などのため雑木林が維持されていたことがよくわかる。右下「上井草村」の「草」と「村」の間を抜ける曲線は標高 50 メートルの等高線。近年とくに東京 23 区の「樹冠緑被率」が激減しているが、1 世紀以上前のそれはこのような図を用いて推定可能と思われる。

読図の作業とベース

この地図のもつすぐれた特徴を生かし、地図の複写に「色塗り」してみれば、より確実な「読図」が可能となります（図11-10）。

まずは川筋を青でなぞり、池（善福寺池）に青く着色します。石神井川の谷と、井草川および善福寺川の谷は水耕稲作が行われていますが、前者は冬季水なしの「田」、後者は冬季水ありの「水田」の記号に描き分けられています（図11-9）。しかしそれは軍用情報ですからいずれも「田」として黄色にします。「雑樹林」（雑木林）は緑で塗っておきましょう。矩形の破線で示される「畑」はそのままとし、境界線を赤でたどってみましょう。

着色した図11-10を、図11-2の村絵図とくらべてみると、村絵図が「畑・畑・畑・・・」および「田・田・田・・・」と文字で記載していた土地利用の実景観があらためて浮上して来ます。「田」の範囲が開析谷の谷底に限定され、その一方で着色されない「畑」が大部分であることがよくわかります。

図11-2は北を上としたため、村絵図の記載文字が逆立ちしていますが、そこに記載されている文字は「惣村高百五拾石／外ニ／八幡宮御朱印高六石余／観音面御朱印高拾石余／右絵図之通　相違無御座候／今川刑部太輔御知行所／多摩郡上井草村／名主傾ニ付／代利兵衛／年寄源五右衛門／百性代紋四郎」で、冒頭の「惣村高百五拾石」は、主体である畑作を米に換算した結果です。八幡宮や観音面（免）については、朱印状によって保証され、税対象の村高に含めないの意です。最後に数字を含んだ図全体を、名主と年寄そして百姓代の村方三役が署名認証していますが、これが村絵図の定型でした。このように後世村の史料として伝えられた村絵図も、作成の契機は税収取基礎資料の上呈にありました。地図作成の本質はここにも端的に表れていると言えるでしょう（一四〇—一四一ページ参照）。

これに対して、近代初頭の迅速測図は、それが明治初期の相次ぐ内戦、とりわけ一八七七年（明治

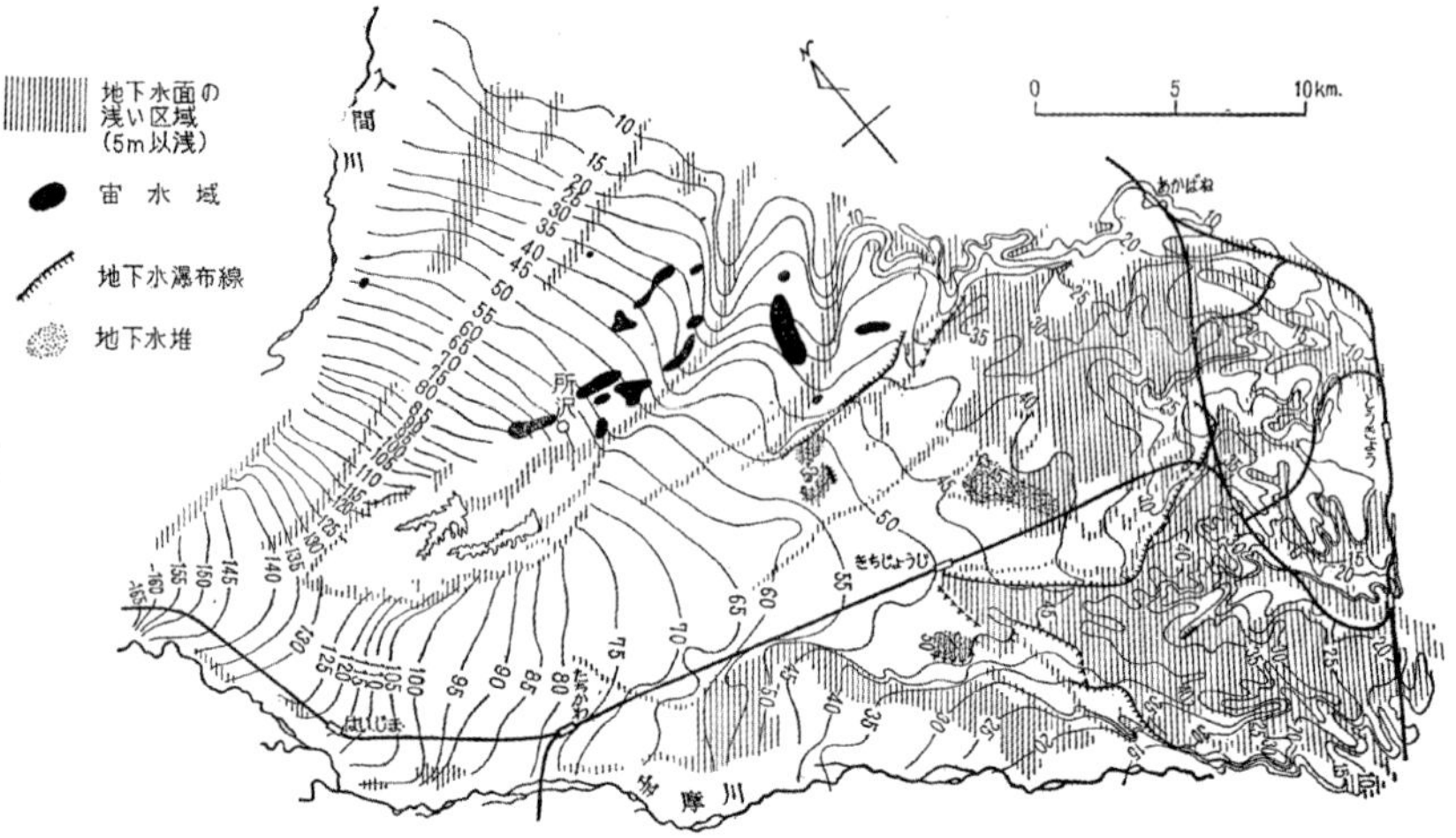

図 11-11　貝塚爽平『東京の自然史』から「武蔵野台地の冬の低水季における地下水面」
原図は吉村信吉（1940 年）。武蔵野台地の東部と西部ではヒトの住環境条件が大きく異なり、オギ（荻）とススキ（薄）の植生分布に反映した。しかし現在の地下水位とは異なることに注意。

一〇）の西南戦争を教訓として急遽作成され（註18）、国家による地図作成の主体も、一八八四年（明治一七）には内務省から陸軍参謀本部に置き換わりました（註19）。地図表現においても、それは迅速測図の地図記号中「田」と「水田」、「騎小径」と「徒小径」等々といった記号の細別にも直接に反映したのでした。

なお、地形との関連でとりあえず指摘できるのは、先に触れた石神井川の谷頭と井草川のそれが同じように青梅街道直下に所在したのは、おもな街道が段丘面の微高地すなわち尾根筋にも似た高位部をたどっているという点です。上水（図では千川用水）のルート設定においても、水が目的地まで達するには精密な水準測量（水盛り）によって微高地を慎重につなぎ、ゆるやかに水を流下させたはずです。

ところで**図11-7**の集落は街道沿い以外は散在しています。人口疎らながら近代水道以前の武蔵野台地の段丘面にヒトが居住できたのは、この一帯の地下に「井荻・天沼地下《ちか》水堆《すいたい》」が存在するからでした（註20）（**図11-11**）。地下水ばかりでなく、地表水を見ても、武蔵野台地は東部と西部は水環境が大きく異なっていました（**図11-12**）。

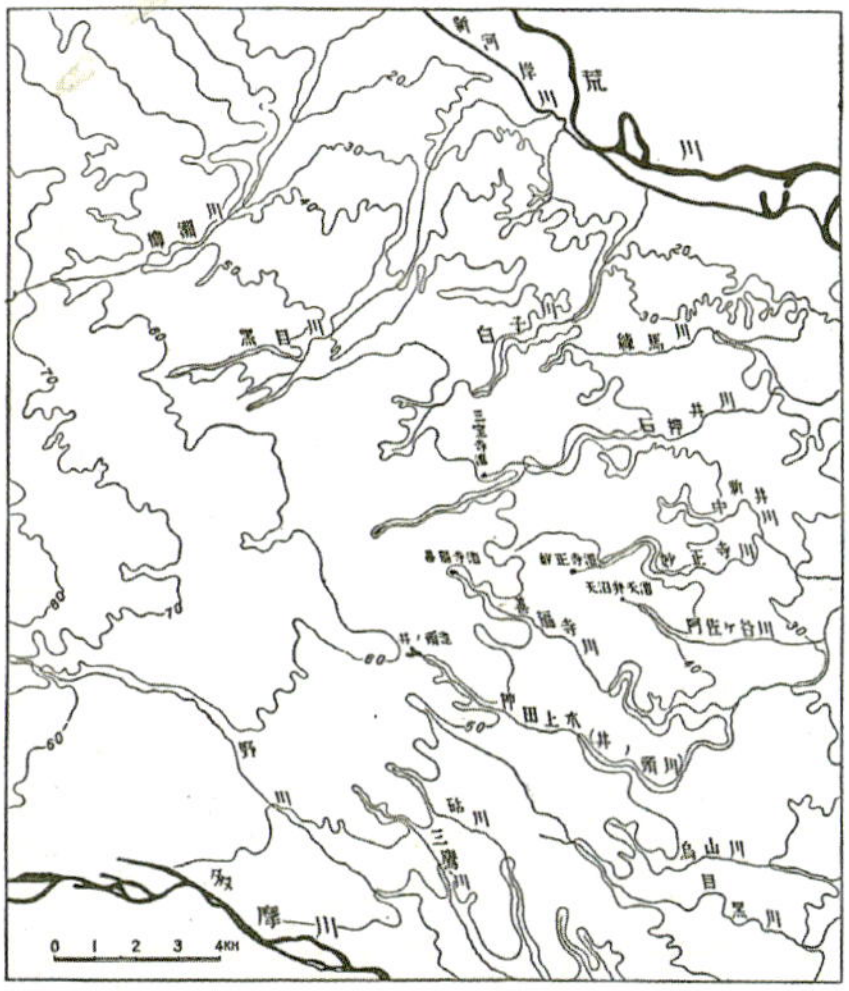

図 11-12　矢嶋仁吉『武蔵野の集落』（1954 年）148 ページ から「武蔵野台地東部の谷頭地形」

水に関わる地形は、「上井草村」の「草」と「村」の間を通る五〇メートル等高線を、たとえば橙色の色鉛筆でなぞってみると、その概略が把握できます。武蔵野台地の東寄り、標高五〇メートル付近は谷頭湧水地帯であることが指摘されていて、善福寺池もその表れのひとつでした（註21）。このようにとりわけモノクロ地図への「色塗り」は、読図の有力な手段です。なお紙の地図とくに地形図などでは、位置のズレを恐れて拡大は忌避すべきこととされてきましたが、**図11-5**のようにむしろ拡大することによってはじめて読み取り可能な事項も多いという事実を付け加えておきましょう。

そうして、**図11-10**で黄色に着色された三本の谷筋は、**図11-5**のほぼ中央に、微点線で囲まれた三本の谷としてたしかに描き込まれていました。しかしそこに「田」の記号は省略されています。ということは、**図11-5**に描かれた谷筋を丹念に着色してみれば、往時の「東京の田圃《たんぼ》」が一覧できることにもなるのです。**図11-13**は現代の基本図二万五千分一地形図「吉祥寺」の一部で、**図11-2**と**図11-7～8、10**に対応する現在の姿です。**図11-2**の「上井草村絵図」の作成年は不詳ですが、仮に幕末としても**図11-13**までの間は約百五十年です。地形学上の時間単位を一万年とすると、瞬きするような短さながら、武蔵野の一角の変容はまさに「滄桑之《そうそうの》変《へん》」の観があります。かつての景観を現代に想起するのは至難の業で、**図11-2**をそのまま現在の地表状況に即して読み取ろうとするのは簡単ではありません。一般に、前近代の絵図類をダイレクトに読み取ることは難しいのです。

繰り返しますが、迅速測図にとどめられた武蔵野の景観は、近世後期とほぼ変わりないものでした。近

図 11-13　2 万 5 千分 1 地形図「吉祥寺」（2018 年編集）の一部（108%に拡大）。

図 11-7 の 138 年後、かつての武蔵野の一角は都市化というより全面宅地化と形容するほうが相応しい。地形として遺されたのは善福寺川と善福寺池、そして左上の石神井川だが、とくに石神井川は河川改修の結果直線化された。井草川も暗渠・緑道となり、水田は跡形もない。千川上水は遺されたが下水の処理水が流れ、一部は暗渠化した。等高線は茶色で記入されているが、市街地の赤にまぎれて判別が難しい。ただ青梅街道の曲線が、地形の所在を物語っている。

代測量に基づいたその骨格によって、迅速測図は現代図にそのまま重ね合わせることが可能です。そうして迅速測図の大部分は「明治の大合併」以前の測図でした。ということは、迅速測図が前近代の絵図を読む際の橋渡しの役となることを意味します。迅速測図こそは、原図・公刊図とともに現代と近世の景観を媒介するキー・スクリーンであり、かつての「場所のイメージ」を把握し得るもっとも基礎的な資料群なのです（註22）。

註

1 佐藤甚次郎『公図　読図の基礎』一九九六年、第9章「日本における地図呼称の変遷」二九八―三〇四ページ。および杉本史子ほか編『絵図学入門』二〇一一年、はしがき（ⅱ）。

2 『日本国語大辞典　第二版』八巻、一三四六ページ「地図」の項。

3 川村博忠『江戸幕府撰日本総図の研究』二〇一三年、はしがき。

4 山下和正『地図で読む江戸時代』一九九八年、一〇ページ。

5 豊島区立郷土資料館「豊島区地域地図」シリーズのうち「第5集 近世村絵図Ⅰ」（下高田村、雑司ヶ谷村。一九九二年）、「第7集 近世村絵図Ⅱ」（池袋村、巣鴨村。二〇〇九年）。原図所蔵先は東京都公文書館および豊島区郷土資料館蔵、個人蔵。

6 堀江家は弘治元年（一五五五）に中野の開発に着手した草分地主で、小田原北条氏の小代官となり以後代々中野の名主をつとめた。宝仙寺の中野区教育委員会説明板（堀江家第一墓所）による。

7 杉並区教育委員会編『杉並資料集録　杉並近世絵図』一九九三年。

8 「上井草村絵図」小美野家文書。作成年不詳。三八・五×二〇・〇センチ。

9 川村博忠『近世絵図と測量術』一九九二年。

10 「下井草村の図」井口（益）家文書。作成年不詳。九八・〇×九五・〇センチ。

11 迅速測図に対応する近畿地方の準正式地形図は仮製地形図と呼ばれ、一八八四年（明治一七）から一八八九年（同二二）の間に九四図幅が測図された。清水靖夫「初期の地形図類（3）」『地図』三巻二号、一九六五年。

12 「デジタル地図では「X分の1」といった縮尺表記が意味をなさなくなる」（若林芳樹『地図の進化論』三八ページ）傾向があるが、紙に固定された地図では縮尺は無視できず、記録物や史料として地図を扱う場合、縮尺はとくに重要である。一般に二〇万以上の分母をもち広い範囲を表わす図を小縮尺地図、五千ないし一万以下の分母の狭い範囲をあらわすものを大縮尺地図と言い、その中間を中縮尺図とする（『地図学用語辞典　増補改訂版』一九九八年、一三〇―一三一ページ）。

13 「明治の大合併」とは一八八九年（明治二二）の「市制町村制施行」の結果を指す。現杉並区の旧村二〇か村は、杉並、和田堀内、井荻、高井戸の四か村とされた。

14 『測量・地図百年史』一九七〇年、四二ページ。

15 地図の図式とは「地図に関する記号・文字等のすべての事項についての規定」（『地図学用語辞典　増補改訂版』一九九八年、

二二六ページ）を言う。また前註14、二二五—二二八ページを参照。

16 「明治15年に測量の方式がフランス式からドイツ式へ移行したことにともない、同16年には図式も彩色図なものから一色線号式に変更された」『地図記号のうつりかわり』一九九四年、一七ページ。

17 関東の迅速測図（刊行図）は一八八〇年（明治一三）から一八八九年（同二二）の間に約二四〇図幅が作成された。清水靖夫「初期の地形図類（1）」『地図』二巻一号、一九六四年。

18 迅速測図原図覆刻編集委員会編『明治前期　手書彩色関東実測図　資料編』一九九一年、二一ページ。

19 前註14、四一ページ。

20 貝塚爽平『東京の自然史』講談社学術文庫版、二〇一一年、一一四—一一五ページ。

21 前註20、九四ページ。なお、矢嶋仁吉の『武蔵野の集落』（一九五四年）の「緒論」にはすでに次のような指摘がある。「〔武蔵野〕台地の西半部では、以上の外に著しい地形の変化は認められず、比較的広域にわたって平坦な台地面が展開している。／これに対して台地の東半部においては、標高約50ｍ以東の地域に著しい地形の起伏が認められる。（略）」（六ページ）。

22 小椋純一『絵図から読み解く　人と景観の歴史』（一九九二年）では、中世絵図の解読に迅速測図類（仮製地形図）を用いている。

第12章

伝承と伝説の武蔵野

自然災害伝承碑

国土地理院が「自然災害伝承碑」の地図記号を制定したのは二〇一九年でした。広域の武蔵野エリアでは、その分布は埼玉県の狭山市と入間市にそれぞれ一基、東京都の新宿区と練馬区に二基ずつと少ないの

図 12-1　ネットの地理院地図（淡色地図）から首都圏西部の自然災害伝承碑分布地図

図 12-2　ネットの地理院地図から、練馬区高野台三丁目長命寺の自然災害伝承碑（「寺」の文字の右下）

図 12-3　長命寺の大施餓鬼塔
　高さ約 3.2 メートル。裏面の碑文以外、特に説明はない。撮影筆者。

です。武蔵野はほぼ空白域（図12-1）で、圧倒的に多いのは都心部。災害規模と件数が都市の集積度に比例するのを、この分布地図はよく物語っています。図12-2は練馬区高野台の長命寺《ちょうめいじ》の例ですが、ここにあるのは八万人におよんだ安政二年（一八五五）の江戸地震の死者を供養した江戸幕府の「大施餓鬼塔」で、本来は蔵前八幡神社にあったのが移設されたものです。武蔵野エリアは災害に強いと言われますが、これまで幾度も強調してきたように、それは乏水地帯のためヒトの集中度が低かった結果にすぎません。寸土の隙なく構造物とヒトそして各種インフラに覆われた現在都市においては、災害耐性がどこまでのものか、それこそ歴史的に未知の領域ではあるのです。

なお、この伝承碑の地理院地図（ネット）掲載日は二〇二三年九月二八日（註1）ですから、紙製の二万五千分一地形図「吉祥寺」（最新版は二〇一八年四月一日）には折角の新設地図記号も記載されていません。地図はまことにインターネットで閲覧する時代となりました。

ところで「伝承」の類縁語を検索すると、「伝説」をはじめとして「昔話」や「言い伝え」「レジェンド」「故事」などの言葉が並びます。「伝承」がとくに諸災害に関連して使われるのは、過去から「承る《うけたまわ》」行為、すなわち「学習」を強く示唆しているためと思われます。ただし二〇二〇年九月から一一月まで、武蔵野市の「武蔵野ふるさと歴史館」で行われた特集展示「武蔵野の民間伝承」のように「年中行事や人生儀礼、昔話や伝説」を一括して「伝承文化」とする例もあり、注意が必要です。

一方、「伝説」に関しては、柳田国男はとくにその語をとりあげて、「必ず一定の土地または事物に固着している」と説いています。しかしながら追い打ちをかけるように、伝説はその土地や事物の「特異性」にではなく、逆に「社会上の原因」すなわち土地や事物を「永年にわたって保管した人またはその集群の心意」に起因すると強く主張したのです（註2）。

辺境の橋と国分寺崖線

武蔵野の伝承や伝説でよく知られているのは、「逃げ水」や「ダイダラボッチ」また「業平《なりひら》伝説」といったところでしょうが（註3）、ここではそのいずれでもなく、現在の東京都小金井市南端部近く、図12-4の「国際基督教大」の「国」の文字と西武多摩川線の間の野川に架かる「二枚橋」の伝説に関して、地形図を用いていささかのアプローチを試みます。二枚橋は図12-5の下辺に所在しますが、まず図12-4で小金井市と隣接する市域を確認しておきましょう。小金井市の市域が野川に沿って南南東に細長く突き出しているのもさることながら、その付近は小金井市と調布市に加え、府中市と三鷹市の四市域が接し合う特別

図 12-4　Google Map に加筆

小金井市の南端は野川に沿って盲腸状に突き出している。「二枚橋」は「国際基督教大」の「国」の字の左側に所在する。調布市の西隣は府中市、国際基督教大は三鷹市で、二枚橋付近は 4 つの市域が入り組む。

図 12-5　上図中心付近の拡大図（加筆）

西武多摩川線の西側で野川の南は都立武蔵野公園。二枚橋の東は都立野川公園。前者は府中市と小金井市に、後者は小金井市と三鷹市にまたがる。二枚橋は小金井市域に入る。中央上寄り「寺院・礼拝所」の記号とともに「馬頭観音」とある。馬頭観音は国分寺崖線にかかる「二枚橋の坂」の坂下に所在する。

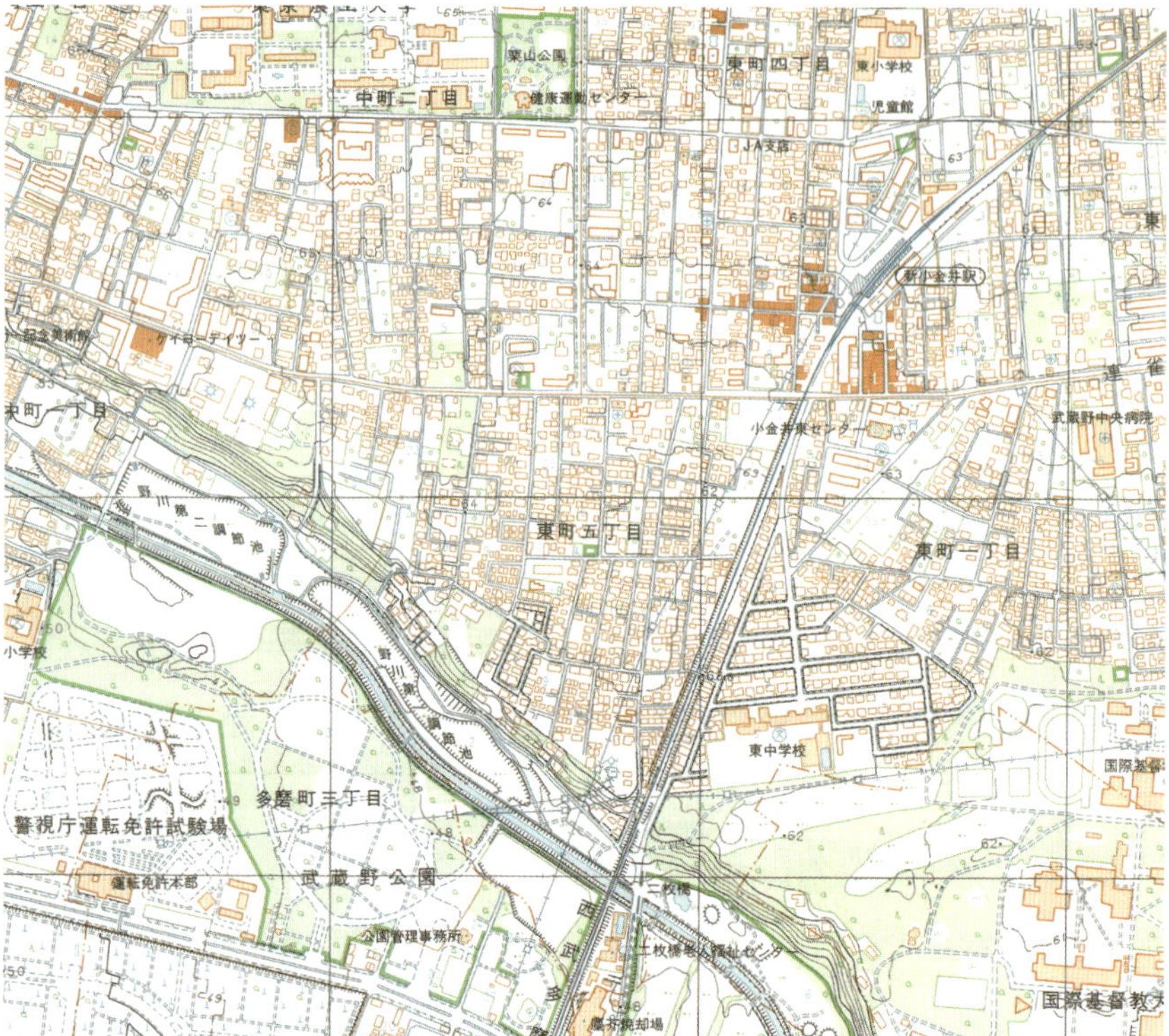

図 12-6　1 万分 1 地形図「小金井」（1983 年編集、1999 年修正、2002 年部分修正）の一部（73％に縮小）

国分寺崖線の等高線は、下辺中央の「二枚橋」付近で 10 メートルごとの太い計曲線 2 本と、2 メートルごとの細い主曲線 5 本を数え、標高 48 メートルから 60 メートルの間、高低差は 12 メートル。国分寺崖線の直下を「ハケの道」が通る。野川は河川改修の結果川幅が広げられ、なだらかな流路にされた。上辺西側の建物群は、東京農工大学小金井キャンパス。二枚橋の南は小金井市の「二枚橋老人福祉センター」と「塵芥焼却場」が立地している。図 12-7 の中央右「小金井砕石場」の跡は、住宅地として再開発された。

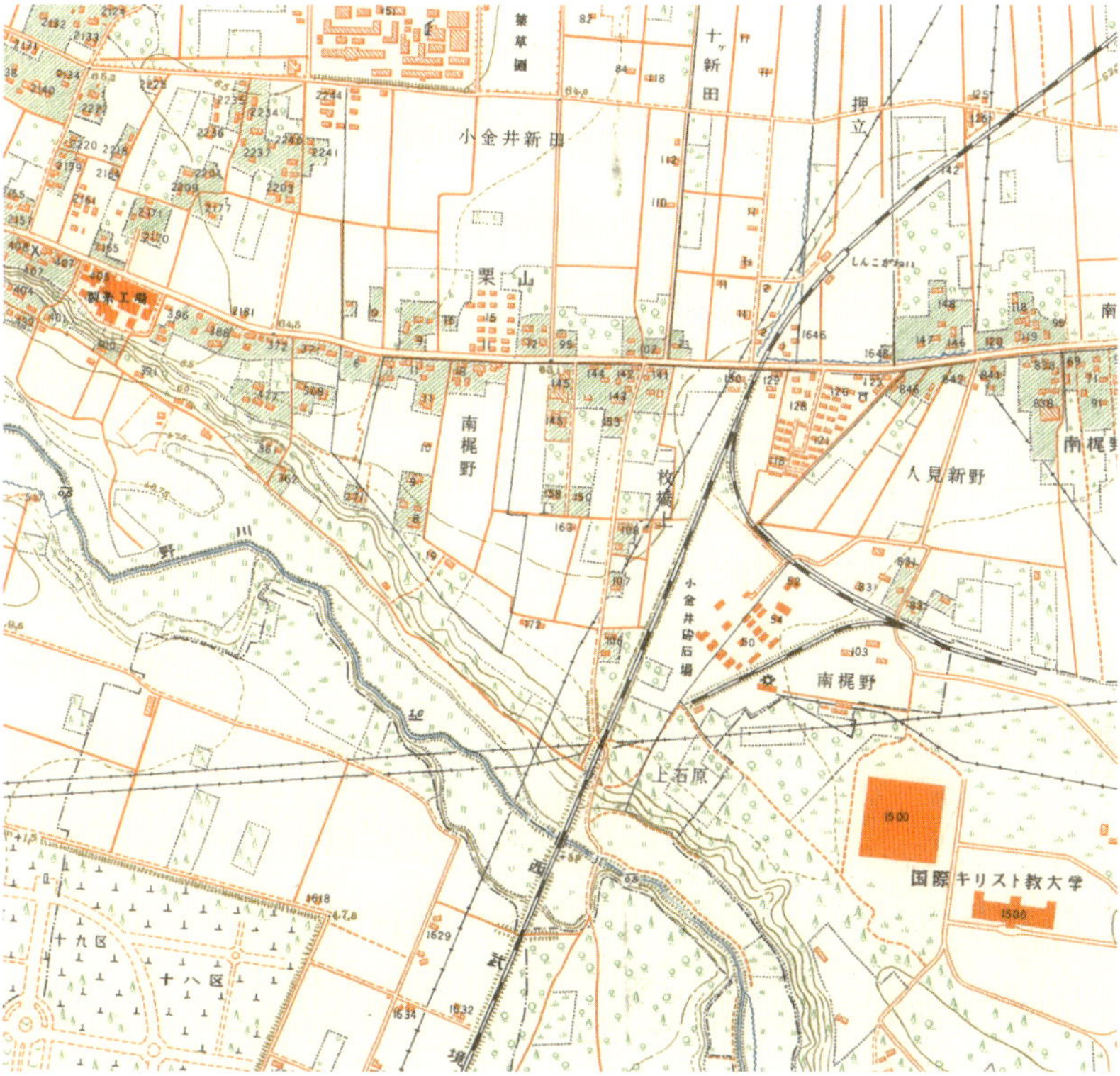

図 12-7　1 万分 1 地形図「多磨霊園」（1952 年測量、1955 年発行。1947 年米陸軍撮影の空中写真に拠る。番地は 1954 年調査、行政区画は 1955 年現在）の一部（73%に縮小）

野川は未改修で、両岸に水田が残る。現西武多摩川線はこの当時武蔵境線と称し、多摩川の砂利採取運搬目的で開設された。戦災復興期の需要を反映し、この図には引込み線と砂利加工の「砕石場」が記載されている。上辺中央に「栗山」とあるのは、江戸幕府の「十ヶ新田御栗林」の名残りで、図にも果樹記号が残る。上辺左手、東京農工大小金井キャンパスの前身は「東京高等蚕糸学校」と言い、この当時まで桑畑を併設していた。この一帯は養蚕地でもあり、左上「製糸工場」は「鴨下製糸工場」と言い都内有数の工場として知られていたが 1978 年に閉鎖。現在跡地に小金井市教育委員会の説明板が立つ。右下「国際キリスト教大学」は、5 千人以上の従業員を擁した旧中島飛行機三鷹研究所敷地の一画に建つ。

なエリアで、第4章で触れた「辺縁の地」（六〇ページ）のひとつにほかなりません。ただし埼玉県と東京都の四自治体が接する彼の平坦地とは異なり、ここは二つの段丘面とそれを画す段丘崖すなわち国分寺崖線が通る典型的な高低差地形で比高約一二メートル、崖線の下は定石通り湧水を集めた野川が現在なお流下しています（図12-6）。

さて、南側から二枚橋を渡ればそこは国分寺崖線が目の前、西武多摩川線下のトンネルをくぐった先は、図12-5にあるように「二枚橋の坂」と言い、坂下に標柱が立てられています（図12-9）。坂名の脇の説明部分は現在失われていますが、小金井市の「小金井市坂と遊歩道マップ」によれば、そこには「二枚橋の坂／西武多摩川線沿い。江戸道（連雀《れんじゃく》街道）から府中下染谷村や深大寺《じんだいじ》、甲州街道に抜ける道があった。

図 12-8　自動車道路となった現在の二枚橋

南側から北側を撮影。撮影位置の背後には境界の地の例に漏れず小金井市の「塵芥焼却場」が所在したが老朽化再建が反対運動で頓挫し、現在は「小金井野川クリーンセンター」が建てられている。撮影筆者。

図 12-9　二枚橋の坂

国分寺崖線にかかる坂道で、坂下から北側を撮影。右手は西武多摩川線の土手。坂の標柱から約 30 メートル坂下に「馬頭観音」の碑がある。撮影筆者。

／二枚橋悲恋物語の元となった野川に架かる二枚橋からこの名がついた」と書かれていました（註4）。標柱ならば現地ですから「西武多摩川線沿い」のくだりは不要と思われますがそれはさておき、二枚橋とは遠方も繋いでいた古い道の謂いでもあり、さらに「悲恋物語」の舞台とは捨ておけるものではありません。

一万分一地形図

そうしてこの地は第2章でも引用した（三二ページ）『武蔵野夫人』第四章「恋が窪」の舞台でもありました。そこに「橋」こそ登場しないものの、叙述は図12-7の一万分一地形図に記録された地形と景観そのままで、段丘崖（国分寺崖線）を間にはさむとは言え、ここも「武蔵野」の一画にほかならないことを雄弁に物語っていました。

右手は耕作地で陸稲《おかぼ》や蔬菜《そさい》を植えた黒土が拡がった先は一段低まり、野川の両側に狭い水田が発達する。対岸はまた次第に高まって、そこここに樹に囲まれた農家や都会人の住居を点在させ、遙かに多磨墓地の松林までゆるやかな起伏が続く。

道は多摩河原から砂利を運ぶ軽便鉄道の土手の下をくぐると、初めて斜面に追従することをやめ、この辺で急に狭くなった野川の流域の湿地を渡って、右の方の陽にあぶられた草原に進み入る。二、三尺に足りない灌木の若木が叢《くさむら》をなしている間に、ところどころに赤松が立っている。

一万分一は、一般的な地形図のなかで最大の縮尺で、そのシリーズは日本列島のおもな都市部に作成され、とりわけ東京においては二〇世紀初頭から作成、更新もされてきた貴重な記録でした（註5）。大縮尺ともされるその情報量は他の地形図の追随を許さないものがあり、その表現力は地形図のなかでは唯一「ヒューマン・スケール」と言いうる存在です。概括して、戦前、戦後、そしていわゆるバブル期の三時期において作成され、とくに最後の時期はおもな都市部はほとんど網羅されたと言っていいのです。

しかしながら一二八ページで述べたように地図のデジタルシフトによって、この貴重なシリーズの作成・更新にも終止符が打たれました。一万分一地形図の作成範囲や図歴については、国土地理院の「地図・空中写真閲覧サービス」で誰でもインターネット検索が可能ですが、とりあえず戦後図の東京周辺の作成範囲を図12-10に示します。ただしいわゆるバブル期の作成範囲は、これより大幅にひろがっています。

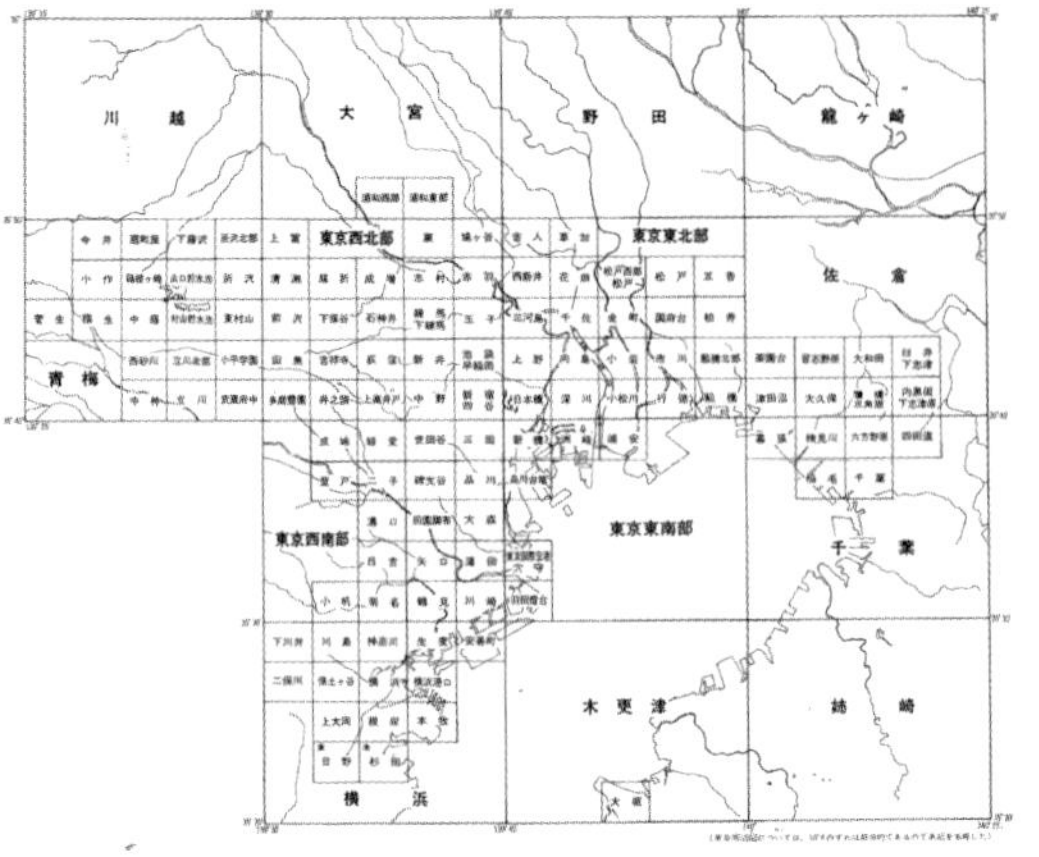

図 12-10　戦後の１万分１地形図首都圏作成範囲
清水靖夫「１万分１地形図の周辺」（1983 年『明治・大正・昭和東京１万分１地形図集成』別冊解題）から。

図12-7は『武蔵野夫人』当時の記録、図12-6はほぼ現在の様子ですから、両図を見比べながら戦後のベストセラーの記述にしたがって現地を歩くのは、ひとつの醍醐味《だいごみ》とも言うべき体験でしょう。

ところで図12-6の下辺中央、二枚橋の南に描き込まれた「塵芥焼却場」は代表的な「公共迷惑施設」のひとつで、辺縁の地の象徴でもありました。

しかし図12-7の中央右下寄り「小金井砕石場」が図12-6では住宅地に変じていることに現れているように、都市化は老朽化した焼却場の建て替えを断念させ、現在では「小金井市野川クリーンセンター」と「調布市クリーンセンター」という二つの不燃ごみ処理施設に置き換わっています。その二施設を記録保存した一万分一地形図はついに存在し得ないのですが、この地が行政界の「角突《つの》き合わせ場」であることに変わりありません。

二枚橋伝説

ところで問題はもうひとつの「物語」で、それはメインには「橋」に、また「坂」そして「馬頭観音」にまつわるものでした。しらべてみると以下一〇件ほどの文献ないし碑文が数えられました。著作者、著作名、項目名を著作年の順に挙げてみます、

一、朝日新聞社（首都部立川支局）編『新訂武蔵野風土記』「小金井の二枚橋」一九六九年。
二、小金井市史編さん委員会（委員長皆木繁宏）『小金井市誌Ⅳ　今昔ばなし編』「二枚橋の由来」一九七八年。
三、小金井市史編さん委員会編『小金井市誌Ⅴ　地名編』「二枚橋」一九七八年。
四、二枚橋衛生組合（管理者金子作一郎）「二枚橋使用橋板碑」「二枚橋の由来」一九八二年（次の六に記録あり）。
五、高橋林蔵『ふるさと小金井の八十年』「伝説〝二枚橋〟」一九八五年。
六、芳須緑『続小金井風土記』「二枚橋の坂」一九八六年。
七、原田重久『武蔵野の民話と伝説』「まぼろしの二枚橋」「異説二枚橋」一九八九年。
八、芳須緑『小金井風土記　余聞』「むかし話　二六（捨て場）」一九九六年。
九、東京散歩倶楽部『東京近郊　ご利益散歩ガイド』「二枚橋大蛇伝説」一九九七年。
十、藤原良章『中世のみちと都市』「忘れられた橋」二〇〇五年。

以上の「話」はそれぞれすこしずつ違っているのですが、最後の藤原氏の著書が「東京都調布市野水の二枚橋について」「より古い形を伝えていると思われるもの」（先の文献「一」）として紹介したのは次の通りです。

昔この里に貧しい小作人の娘がいた。娘は野川を隔てた隣村の庄屋の息子と恋に落ち、野川にかかる木橋で逢瀬を重ねるようになった。それを聞きつけた庄屋は、怒りにまかせ息子を土牢に閉じこめ、娘は里人たちに手足を縛られ丸木橋近くの川底に投げ込まれてしまった。この深い恨みから、娘の魂はやがて蛇と化身し、丸木橋の下に住み着き、橋に化けてはそこを通る里人たちを惑わし、川底に引きずり込んだ。この幻の橋に恐れおののいた人びとは、この橋を二枚橋と呼ぶようになった。

藤原氏はこの後に「この辺りにはほとんど家もなく広々とした武蔵野の野原で、犬・猫・牛・馬の死骸のすて場のあった不気味な場所だった、としているもうひとつの伝承は、まさに橋の境界性を語ってあまりあり」とつづけ、そのうえで彼の主張である中世以来の橋の型「二枚の橋」の記憶が失われ、近世の段階で「その名称に付会するための話がかたちづくられたことはまちがいない」としました。同氏は神奈川県川崎市麻生区の五反田川に架かる「二枚橋」を通る古い経路が、野川の二枚橋につづく中世の道であったことを明らかにしてまことに興味深いものがあります（註6）。

しかし野川二枚橋の話はこの場のいかなる記憶とつながるものか。貧しい小作人の娘との恋で息子を土牢に閉じ込めるとか、村人たちが娘を縛って溺死《できし》させるというのは話としても極端ですが、その解明の前にこの話が柳田国男の言う「一定の土地または事物に固着し」た「伝説」であることを確認しておきましょう。

小金井市文化財センター学芸員の多田哲氏は、小学生の頃郷土歴史教育で聞かされた「二枚橋の由来」に疑問を呈し、「庄屋」の語は関西のもので関東なら「名主」のはず、古老にもこの話を聞いたものがいない、古文書にも触れたものがない、『今昔ばなし編』（前記資料「二」）のあとがきから判断するに「皆木繁宏が創作した」もので、「道成寺伝説を改変して、舞台を二枚橋に置き換えたのは言うまでもない」としています（註7）。つまりまったくのつくり話だと言うのですが、皆木氏の「著者の想像で分析して書いた」などというあとがきの謙虚な書き方が誤解を招いた面もあるでしょう。まったくの創作であるなら先に挙げた資料「一」が存在する余地はありません。そして何よりも柳田が言うように「伝説」は個人の創作というよりも、「場所」に関する「集群の心意」に起因することに、この「創作」説は思い及ぼうとはしないのです。

私見では柳田の「集群の心意」はスイスの心理学者C・G・ユングの「集合的無意識」と重なる面があるものの、ユングが世代を超えて出現する心理的「型」（註8）に比重をおいたのに対して、柳田はむしろ「社会」、より直接的には村落共同体とその周囲に発する集合的無意識に注意して「伝説」を考えていたと思われます。その無意識はユングの用語で言えば、「集合的罪悪感」をも内包したものでした。

坂と馬頭観音

先に挙げた「坂の5類型」（一一二ページ）の原型でもあるのですが、東京の山手の地形モデルは次の**図12-11**の通りで、坂道と水流と橋とは元来セットで存在していたと考えられます。ここではもちろん二枚橋と野川そして二枚橋の坂なのですが、その坂下には古い馬頭観音が残されていて（**図12-5・図12-12**）、この四つの要素は結びついていたと考えられます。

ところで、本書第7章と第8章で触れた「都立殿ヶ谷戸庭園」ですが、庭園の中程にも「馬頭観音」は鎮座していました（図12-13）。こちらはその後ろ側に次のような説明板が設置されています。

馬頭観音の石碑／建立年代　文政七年（一八二四）七月二十三日／施主　国分寺村　本多氏／石柱福島県産　八目石《やめいし》／市内に現存する馬頭観音十一基の内の一つ　当時の国分寺村は、戸数六十六、男一五七人　女一四九人、馬が二十二頭という状況でした。／これは、江戸幕府が同程度の村に期待した馬の飼育数十五頭を大きく超えています。／馬は農村の大切な担い手でしたが、その他にも、農耕の合い間に江戸へ薪炭、野菜などを運ぶ賃稼ぎにも馬は欠かせないものでした。／国分寺村が府中宿への助郷《すけごう》として馬の供給を負担していたことも、この村に馬が多かった理由のひとつでしょう。／そうした国分寺村の路傍に、／この石碑はひっそりと建っていました。

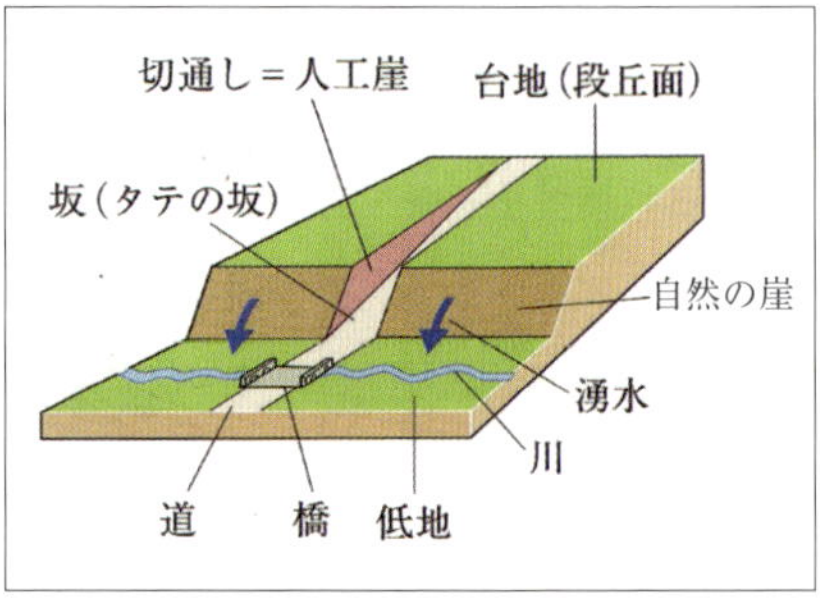

図 12-11　山手地形のモデル
拙著『デジタル鳥瞰　江戸の崖・東京の崖』（2012 年）から。

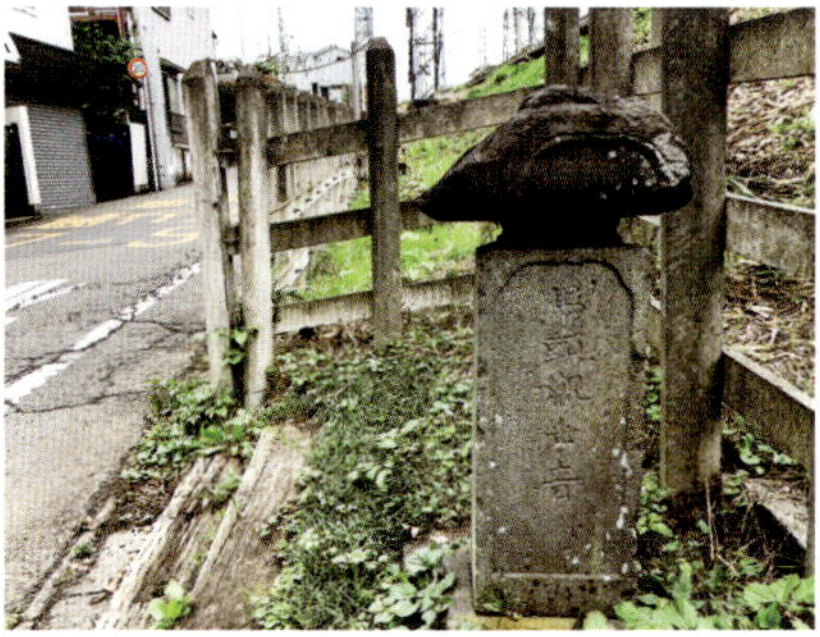

図 12-12　二枚橋の坂の馬頭観音
写真のように表面に「馬頭観世音」とある。位置は図 12-9 のさらに坂下で、現在のハケの道のすぐ近く、二枚橋から北上し、左手の鉄道土手のトンネルをくぐってすぐ右手の鉄道敷地に喰い込んで所在する。撮影筆者。

図 12-13　都立殿ヶ谷戸庭園の馬頭観音
表面の文字は「百万遍成就　馬頭観世音」である。後方に説明板がある。撮影筆者。

解説主体の記名が見当りませんが、数字をしっかり挙げているため、国分寺市の文化財課などが起稿したものでしょう。この文章中「市内」（現国分寺市）と「当時の国分寺村」の関係がわかりづらいかも知れませんが、現国分寺市域は一八八九年の市制町村制施行（明治の大合併）の結果、それまでの一〇か村が合併してできた行政区を元としているのに対して、「当時の国分寺村」つまり文政七年の国分寺村とは一〇村のうちの一村で、その集落は国分寺崖線の下、現在の東元町と西元町一帯に所在したのです。一方、市域全体で馬頭観音が一一基というのは、一〇の各村に最低一か所それが置かれたと考えれば理にかないます。しかしこの記述で注意しなければならないのは文末の「路傍」でした。

住吉恭男著『殿ヶ谷戸庭園』には「園内の馬頭観音は、庭園の南西のはずれに馬を捨てる場所があったことが由来で、文政七年（一八二四）に村人が建立したもので、明治の初めまであったようである。岩崎家が園内に祀《まつ》っていたもの」と書かれています（註9）。現在の石塔は元来その位置にはなかったのです。しからばそれは現殿ヶ谷戸庭園の隅にあったのかというとそうではなく、説明板の言うように「路傍」だったでしょう。

住吉氏がはっきりと「馬を捨てる場所」と記したように、馬頭観音は多くの場合、近世馬捨場の目印でした。その馬捨場ないし馬捨てという行為そのものが、身分制に基本を置いた近世社会の端的な表れで、馬捨場も境界領域、とくに「坂下」が選ばれることが多かったのです。

部落史研究者の藤沢靖介氏は「死馬」をめぐる近世社会システムを次のように明確に解説しました。

> 近世日本では、斃牛馬を飼い主が自ら解体することは認められ

ず（多くの所では自ら埋葬することも認められず）、無償で長吏・かわたに渡された。引き取る者は、長吏・かわたの側の仕組み（旦那場の所持）で決まった。飼い主からみれば、渡す相手を選ぶ権利もなかったことになる。その形態は、関東では所定の馬捨場に出される場合が多く、地域を見回る非人がそれを見つけ、権利をもつ長吏に連絡して解体した（註10）。

いわゆる差別用語の出現に眉をひそめる向きがあるかも知れませんが、近世を中心にその語とその語に対応した制度が社会のなかで厳然とした役割をもって存在していた事実を明らかにするため、本書では研究書に準じ、省略や曖昧表現は行いません。右の説明に付け加えれば、百姓・町人の馬のみならず、武士の愛馬であったとしても、将軍・大名のそれを除いて、死馬は即刻馬捨場に運ばれたのです。

そうして「所定の馬捨場」とは、多くの場合辺縁の地すなわち村境であり、地理地形の変換点で、かつ「路傍」が選ばれたはずです。路傍でなければ、死骸を運び込むことも、そこを「見回」って見つけることも、運び出すことも難しかったからです。現殿ヶ谷戸庭園は旧岩崎邸でした。しかしそもそもは江口定條《えぐちさだえ》（註11）が一九一三年から別荘としたもので、馬頭観音の石は造園の際に近接する坂下にあったものを持ち込んだ可能性が高いのです。その坂にはあまり知られてはいないものの歴《れっき》とした名があって「池の坂」と言い、現国分寺駅近辺では途切れ途切れになっている国分寺崖線を上下する坂なのです。その坂の上は、前章**図11-1**にもあるようにかつては「武蔵野」。旧国分寺村の領域ながら後発の開

図12-14　杉並区荻窪3丁目の馬頭観音
撮影筆者。

発地帯で、坂は地形の変換点でした。

馬頭観音の所在はもちろん国分寺崖線に限ったことではなく、また多摩地域だけでもなく、都区内にもあちこちに遺されています。例えば**図12-14**は杉並区荻窪三丁目の馬頭観音で、検索すればネット地図にも登場します。覆屋《おおいや》の上に掲げられた説明の主要部には「念仏供養為界萬霊谷戸舟形立像／馬頭観音立像（合掌二臂）／宝暦六丙子彼岸日／西暦千七百五十六年／願主　光圓」とあります。

荻窪三丁目の馬頭観音が立地する場は、崖線でこそないもののゆるい坂の下で、善福寺川支流の高野谷戸の際《きわ》、旧田端村の西縁で下荻窪村との村境の傍《かたわ》らでした。

ふたたび二枚橋伝説

以上見てきたことから、二枚橋の坂の馬頭観音が近世の馬捨場跡を示したことは、間違いないと思われます。そうしてその場所の記憶こそが「二枚橋伝説」を生みだした母体だったのです。

その伝説を理解するためには、もうすこし近世の地域社会システムに分け入ってみる必要があります。前ページの引用文の最後に注目しましょう。「地域を見回る非人がそれを見つけ、権利をもつ長吏に連絡して解体した」とありますが、「地域を見回る非人」とは何でしょうか。それは「村」とどのような関係にあったのでしょうか。

戸数六六の国分寺村ですら、馬が一二頭もいたのです。どの村でも飼い馬の死は珍しくはなかったでしょう。それは埋葬されるのではなく、規則として捨てられた後に、皮革から肉、尻尾、蹄《ひずめ》までが、貴重な生産素材として利用されたのです。そのためにも、死馬はいち早く「見つけ」られなければなりませんでした。

捨てられた馬を見つけるのは「野番《のばん》」や「山番《やまばん》」と言われた人々の役目でした。しかし彼らの役目はそれにとどまらず「村落における取締りの最前線の役割を担うために、百姓たちから恐れられ、差別される存在」だったのです。しかし近世社会においてその存在は必要不可欠でした。ですから「没落農民で浮浪する者を村抱えとし、非人番として小屋掛けして住まわせ」た例も多く、西日本の場合「主として庄屋の支配下で取締りにあた」ったのですが、「その役儀に対する代償は、すべて門付けによって物貰いが許されていたため、さらに差別される原因となっていた」と言います（註12）。

右の引用内容が武蔵野のこの地域にすべて当てはまるとは思えませんが、差別された「番人」の存在は疑うことができません。その「番小屋」の所在はと言えば、村の辺縁ながら交通の要衝でなければなりません。とすればこの二枚橋こそ、その地にほかならなかったでしょう。

ここまでくれば「二枚橋伝説」が「百姓」と「番人」の差別身分制を下敷きにした伝説であったことに誰しも気が付くことでしょう。そうでなければ、「娘」が縛られ川に投げ込まれるようなことは、話としてもあり得ないのです。その怨念《おんねん》が蛇になったというのは、「道成寺」に似せてかどうか、ともかくも誰かがはじめた、つまり創作した口碑であるのは確かです。「集合的無意識」は「集合的罪悪感」でもありました。そのような「悲恋」が実際にあったかどうかにかかわらず、村人たちは彼らを差別しながら、しかしどこかで人間的な罪障感を抱かずにはいられなかったのです。それがこの伝説の核心であり由来でした。

一時差別用語が取沙汰されて以降、市史や区史の類から「ページの切取り」が行われた例も生じ、昨今ではそれらの編纂段階から一定の枠づけが常識となり、記載の曖昧化や排除が一般的となった感がありま す。「地域」にかかわる記述ではそれがとくに目立ちます。しかし司馬遷《しばせん》の『史記』ではありませんが、都合の悪い事柄を「なかったこと」にしてしまうのでは「歴史」は成り立ちません。その行為は現在を自傷し未来を腐食することになるでしょう。

自然災害伝承碑だけでなく、社会的な地域の記憶の痕跡も、無視や否定、隠蔽《いんぺい》や撤去などといった愚かな仕儀《しぎ》に陥《おちい》ることなく、大切にしてそれに学びたいものです（註13）。

そうして、一万分一以上の大縮尺の紙の地図は、それ自体が地域の「紙碑」であって、歴史が刻印されているのでした。図12-15は戦後の三千分一東京都地形図（西部地図）（註14）のうち「多磨墓地東部」の一部です。同シリーズは大戦末期の多摩地域都市計画用に測量された旧図を薄藍で印刷し、その上に戦災復興都市計画用に墨描した原図群で偶々《たまたま》筆者が所蔵するものですが、鉄道線路を挟んで国分寺崖線を上る二本の道が記載されています。現在の「二枚橋の坂」は鉄道の西側の道ですが、東側の坂道が旧道です（註15）。

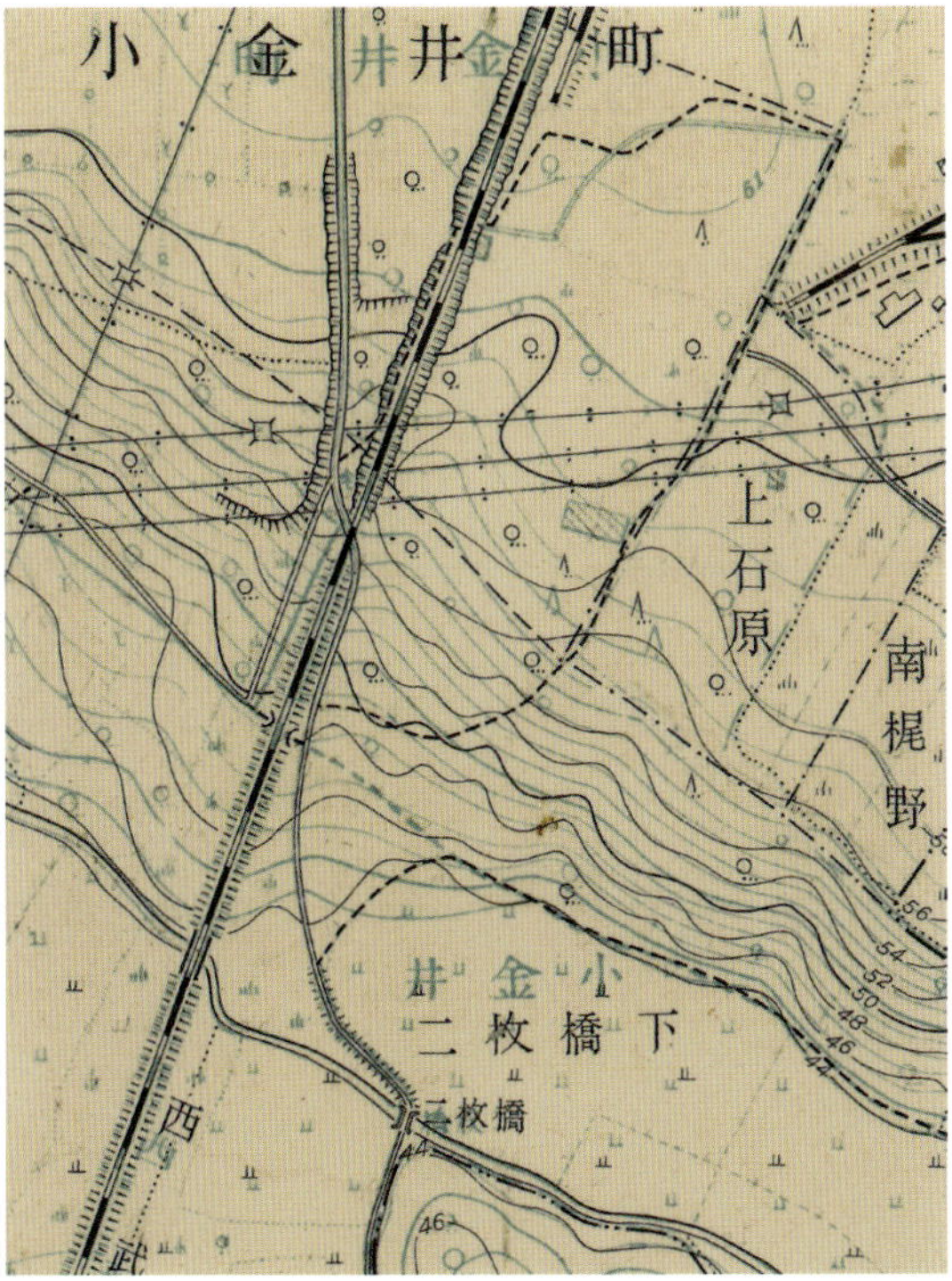

図 12-15　三千分一東京都地形図「多磨墓地東部」（三千分一東京西部十二号ノ五）の一部。藍色は「昭和十七年六月空中写真測量」、墨色は「昭和二十八年三月測量」）。（90％に縮小）

二枚橋の坂は坂上は切通し、途中で線路と斜めに平面交差（踏切）している。鉄道は段丘崖（国分寺崖線）の上部を切通しとし、下部では盛土（築堤）としている。鉄道を挟んで東西２本の坂道が描かれているが、東側が本来の道と思われる。

旧道は鉄道を平面交差すなわち踏切で渡っています。しかし残念ながら地図に馬頭観音は描かれていません。次の**図12-16**は東京都都市整備局による二千五百分一の地形図で、**図12-15**とくらべると踏切は廃止され、二枚橋からの坂道は坂下のトンネル（**図12-18**）をくぐる道に一本化されています（図の中央下）。馬頭観音はトンネルをくぐって右手の二枚橋の坂の入口右側なのですが、この地図にもそれは描かれてはいないのです。

「二枚橋の坂」でネット検索をすれば、戦後まもなく頃の松の木の下の馬頭観音の写真を掲げた記事を見ることができるでしょう（註16）（**図12-17**）。

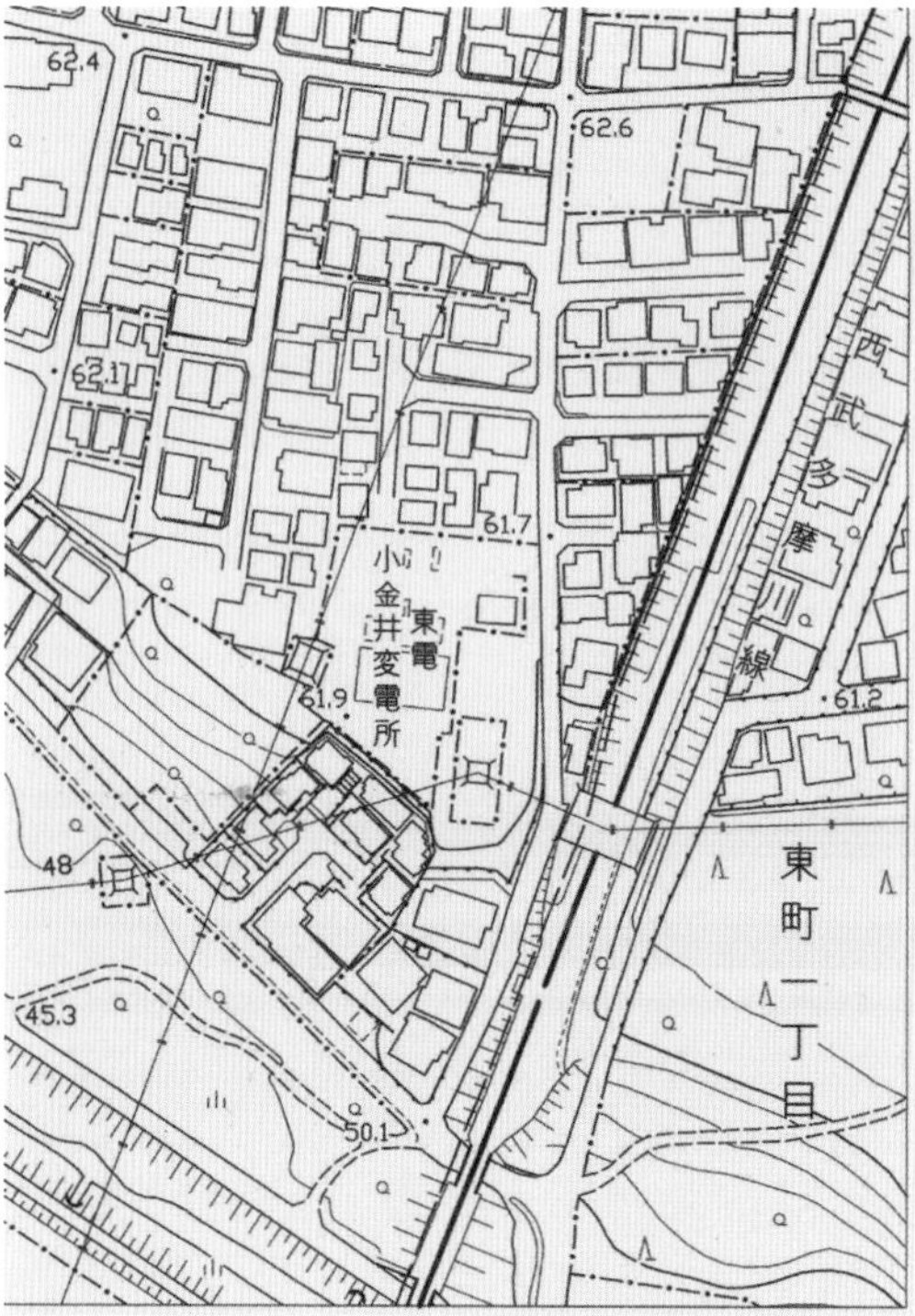

図 12-16　2千5百分1東京都地形図「武蔵小金井」（2014年修正）の右下隅部分から（82%に縮小）

図 12-15 の左上部分にあたるが、二枚橋からの道は手前で鉄道土手のトンネルをくぐる形に改められた。馬頭観音の記載はないが、その位置は東側からトンネルをくぐり、右折すればすぐ右側である（図 12-5）。線路に沿い道が付け替えられたため、現在の馬頭観音は元の位置から移動していると考えられる。

写真右下で道が右側に向かいますが、これがトンネルをくぐって二枚橋に向かう経路です。馬頭観音碑は鉄道土手に植えられた松の木の下に所在しています。松の木は二本ともそれほど古いものとは見えませんが、鉄道の敷設時期に苗木が植えられたとすれば理にかなうようです。馬頭観音は鉄道敷設に伴って旧位置からここに移動させられたのでしょう。ではその旧位置はどこだったでしょうか。

再度図12-15に目を転じると、国分寺崖線はここでは標高四四メートルから五六メートルすなわち一二メートルの高低差があるのですが、その崖裾に沿って二枚橋からの道と交差するもうひとつの道があることに気がつくでしょう。この道は現在「はけの道」と言われ、小金井市中町四丁目に所在する市内最古の

図 12-17　「二枚橋の坂の入口」の古い写真

右手は鉄道の土手で、ここは土手の西側、すぐ右手が土手下を通るトンネルであることは現在も同じ。小金井市観光協会提供。

図 12-18　二枚橋の坂下のトンネル。撮影筆者。

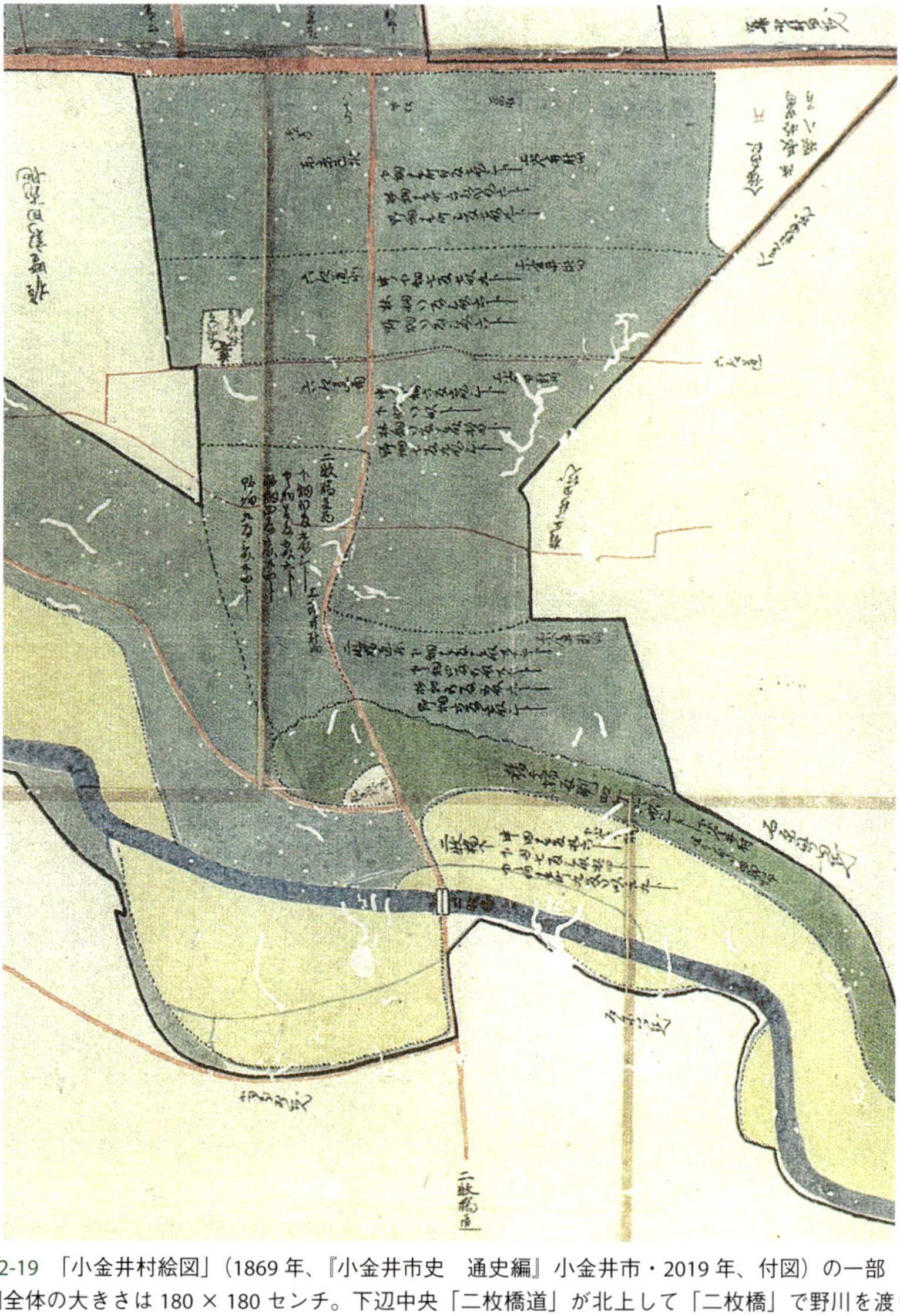

図 12-19　「小金井村絵図」（1869 年、『小金井市史　通史編』小金井市・2019 年、付図）の一部

図全体の大きさは 180 × 180 センチ。下辺中央「二枚橋道」が北上して「二枚橋」で野川を渡りその先で二又に分かれるが、左手が現在の「はけの道」、右手が旧「二枚橋の坂」で、その間の三角地帯に「死馬捨場」とある。図の凡例によれば、野川の両岸の黄緑色が「田」で、緑色が「畑」だが、同系統緑色の「小物成場」との区別がつかない。上半分左右の白っぽい部分は別村域。

真言宗寺院金蔵院から都立野川公園を結ぶ、国分寺崖線下の野川左岸の道で、西側の旧小金井村の中心部に向かう古い経路でした。それは二枚橋を渡って府中方面につながっていたのです。小金井村の古村は、国分寺村と同様、段丘崖下の野川沿いでした。反対に、二枚橋から来た経路がはけの道に交差後、そのまま北上すれば、上位段丘面の新田地帯から江戸道と言われ後に東京道と改称した東西のメインストリート（**図12‐19上辺**）に接続するのです。

ヒトの動線を考えると、馬捨場の目印としての馬頭観音が立てられた場所は、坂裾をトラバースするはけの道と二枚橋から北上する坂道の交点の可能性が高いでしょう。その交点は、鉄道線路の盛土下、現在の小さなトンネルのすぐ東側にあたるでしょう。

図12‐16で言えば、それはトンネルの東、メイン三叉路の北西側で、新旧の位置は線路に対して左右対称、すなわち反対側になります。どうして反対側になったかと言えば、一定の面積をもった「場所」の主要部がそちら側にあったから、ということであったように思われます。**図12‐19**の一八六九年（明治二）の村絵図を見ると、そう考えざるを得ないのです。この村絵図は、同年の品川県の命令により作成されたもので、耕地の明細や屋敷ごとの人名表記などを詳細に記載したものです（註17）。

なお**図12‐19**では範囲外となりますが、絵図にはもう一個所「死馬捨場」が描かれていて、それは現在の警視庁府中運転免許試験場の場内にあたるのでした。いずれにしても、自然災害伝承碑と異なり、馬頭観音それ自体が地形図類に掲載されることはありませんでした。それがネット地図に掲載される（**図12‐5**）のは、わたしたちの「集合的無意識」のなせる業《わざ》かも知れないのです。

註

1　「自然災害伝承碑」掲載市区町村一覧（国土地理院）。二〇二四年六月二七日閲覧。https://www.gsi.go.jp/common/000215229.pdf

2　柳田国男『日本の昔話と伝説　民間伝承の民俗学』二〇一四年、一一五―一一六ページ（底本は『定本柳田國男全集　26』一九六四年）。

3　原田重久『武蔵野の民話と伝説』一九八九年。

4 小金井市都市整備部道路管理課「小金井市坂と遊歩道マップ」（二〇〇九年一〇月、二〇一六年一月増刷、二〇一九年三月増刷）。

5 清水靖夫『1万分1地形図の周辺』一九八三年（『明治・大正・昭和東京1万分1地形図集成』別冊解題）。記録としての一万分一地形図については、拙稿「地誌の記憶としての地図」『地図の事典』（二〇二一年）四一八―四一九ページを参照。

6 藤原良章『中世のみちと都市』二〇〇五年、六〇―七六ページ。

7 多田哲「創作された二枚橋の伝説」『小金井雑学大学だより　第二七号』二〇二〇年一月。https://zatsugaku.org/data/r02_zatsugakudayori.pdf

8 「集合的無意識というのは心全体の中で、個人的体験に由来するのでなくしたがって個人的に獲得されたものでないという否定の形で、個人的無意識から区別されうる部分のことである。個人的無意識が、一度は意識されながら、忘れられたり抑圧されたために意識から消え去った内容から成り立っているのに対して、集合的無意識の内容は一度も意識されたことがなく、それゆえ決して個人的に獲得されたものではなく、もっぱら遺伝によって存在している」。C・G・ユング『元型論　増補改訂版』一九九九年、八九ページ。

9 住吉泰男著『殿ヶ谷戸庭園』東京公園文庫47、二〇〇七年、一二九ページ。

10 藤沢靖介『部落・差別の歴史―職能・分業、社会的位置、歴史的性格』二〇一三年、八二ページ。

11 江口定條、一八六五―一九四六年。元南満州鉄道副総裁、貴族院議員。

12 引用は、『部落史用語辞典』一九九〇年、二四四ページ「野番・山番」の項から。

13 中国地方の例だが、一九一七年発行の二万五千分一地形図のひとつの注記が大きな社会問題となった。部落解放同盟中央本部『写真記録　部落解放運動史　全国水平社創立１００年』（二〇二二年）八七ページの「陸軍参謀本部地図差別事件」の記事と当時の新聞写真を参照。一方、『測量・地図百年史』（一九七〇年）四〇五ページの地名調査の項では、戦前の地名調査は一八九四年（明治二七）以降「地形録」に拠るとしている。

14 旧内務省が手掛けた都市計画系の地図は標高や縮尺に尺貫法を用いており、そのもっとも大縮尺の地図は一分一間すなわち六百分の一であった。三千分の一や六千分の一といった割り切れない大縮尺の地図はその系譜につながるものである。清水靖夫「昭和10年代に作製された東京西郊の3千分1地形図について」『地図』（第三四巻一号、一九九六年）、および千歳壽一「都市計画基本図としての東京三千分一地形図の作成」『地図』（第四六巻三号、二〇〇八年）も参照。なお、一九四二年から四四年までの多摩地域の三千分一地形図一六二図は五千分一に縮小して書籍化され、清水靖夫編『多摩地形図』（二〇〇四年）として刊行されている。

15 二枚橋の坂「かつて、坂の中途あたりから東に二枚橋に通じる道であったためこの名がついた。多摩川線開通以後線路沿いに西側に下りトンネルを掘って旧道につないだ。」芳須緑『続小金井風土記』一九八六年、九六ページ。

16 「二枚橋の坂とＩＣＵの坂（仮称）」『まろん通信』八四一号（二〇一八年八月九日）では「二枚橋の坂の登り口、右側の松の木の下に馬頭観音があります。今でもこの坂道と西部《ママ》多摩川線の線路との間に置かれています」として一九六〇年頃の写真を掲げている（図12―17）。

17 小金井市史編さん委員会編『小金井市史　資料編　近世』二〇一七年、二五九―二七二ページ。

終章

「武蔵野」の終焉と転生

「歴史地図」から「古地図」へ

二〇年ほど所沢に住まいした水戸藩士斎藤鶴磯《さいとうかくぎ》はその著『武蔵野話《むさしのばなし》』のなかで、古歌で知られた「武蔵野の迯水《にげ》」について「僕《やつがれ》はその地に居住せしゆへ春の末、夏のはじめにたび〱見たる事あり（略）。一体は原中の気にして、夜中土中よりむし昇りし烟霞《もや》の一面に引わたしたるを風にて地上に吹しくゆへしぜんとしろく水のごとくみゆるなり（略）」と認めました（註1）。

これに対し、現代Wikipediaの「逃げ水」は、夏の強い日差がアスファルト路面に屈折して見える一種の蜃気楼であるとし、「『散木奇歌集』（一一二八年頃）に、「東路に有といふなる逃げ水の逃げのがれても世を過ぐすかな」」と書き添えています。しかし一二世紀にアスファルト舗装があるわけもなく、もうひとつ「台風などの後一時的に現れる「野水」」が逃水という解釈（註2）も、斎藤鶴磯の観察では晩春から初夏なのですから、いずれも現在に我田引水の趣きです。

和歌では「逃水」は「武蔵野」を導く序詞《じょことば》で、繰り返し述べたように武蔵野は典型的な乏水地帯でした。その真中、街路樹どころか木陰すら見えぬだだっ広い一本道（二一ページ図1-9参照）を行くならば、一にも二にも人馬ともに、難儀するのは「水」でした。春の靄時以外でも、水溜りの幻影が見えるのも、無理からぬところがあったでしょう。

さて図E‐1を見ると、所沢は入間川と荒川そして多摩川に囲まれた範囲、武蔵野のちょうど中央に位置しています。

現在の所沢市の一画（久米）では、古代官道の跡が確認されていますから（東《あずま》の上遺跡）、古歌の素材となった逃水の「本場」だったのも確かなことで、図E‐1が示しているように、所沢は古《いにしえ》の東路《あずまじ》すなわち入間路（東山道武蔵路）から中世の鎌倉街道、そして近世は中野の鍋屋横丁入口付近に至る江戸道と、常に交通の要衝でした。

図E-1　木村礎・伊藤好一編『新田村落 —武蔵野とその周辺』（1960年）から、第1図「江戸時代武蔵野台地村落の年代別分布図」

図E‐1で「古村」とされるものの、古典古代のそれとは、所沢の集落のあり様も大きく異なっていたはずです。しかし武蔵野の只中の所沢が長く存在を維持できた要諦《ようてい》は、地下の「宙水《ちゅうみず》」にあったのです（註3、一六四ページ図11‐11）。

図E‐1はもちろん研究者の手になる「歴史地図」です。表現されているのは、①古村（黒丸）、②元禄年代まで（—一七〇四）の新田（白丸）、③宝永年代以降（一七〇四—）の新田（四角）、の三つにグルーピングされた武蔵野地域の村の分布状況です。

これを見ると、古村が川、丘陵の裾、そして街道（甲州街道）に沿っていることが容易に読み取れるでしょう。川沿いも丘陵裾も水場の近く、甲州街道沿いは国分寺崖線下の低位段丘面ですから地下水位は比較的高かったのです。

所沢の北東、上富《かみとめ》、中富《なかとみ》、下富《しもとみ》の「三富新田《さんとめ》」は、丸囲み村すなわち元禄年間までに開発（元禄九年検地）されたグループで（一三七ページ参照）、開発当初は数キロ先の柳瀬川から馬の背に樽を乗せて水を運び、また箱根ヶ崎の池から引水を試みるも失敗、開発を推進した川越藩が一五軒に一基の割合で一一の深井戸（深さ約二二メートル）を掘ったものの夏には水涸れするなど、こと水に関しては難儀の連続だったと言います（註4）。

ところで**図E-1**には、国分寺崖線下の湧水と野川を擁し、正保国絵図調進と同時につくられたと考えられ『武蔵田園簿』にも記載のある「国分寺村」が欠けていて、同じく野川の谷頭集落で「田園簿」に名がある「恋ヶ窪村」は宝永以降の新田とされるなど、労作にしては手落ちも目立ちます。歴史地図には、後世の作成者の解釈（二八―二九ページ）だけでなく、遺漏も当然ながら反映するのです。

この欠落を補塡する意味でも、これまで紹介してこなかった重要な地図を次にお目に掛けましょう。それは『新編武蔵風土記稿』（文政一三・一八三〇年完成）収載の図で、現在では失われた正保と元禄二時期の武蔵国絵図を郡別に掲げたもの。いわば「古地図」の部分複製本ですが、公共図書館で見られる活字本では再現性や信頼性に欠けるため、本書では国立公文書館内閣文庫所蔵の浄書稿本画像を参照したいと思います。入間郡と多磨郡の一部の、それぞれ正保期および元禄期の図をデジタルアーカイブから引用します（註5）。

近世の武蔵野は、正保四年（一六四七）に川越藩主松平信綱が「武蔵野五千石」を加増拝領したため、「川越領武蔵野」と「幕府領武蔵野」に分節され、開発の様相もそれぞれで異なるものがあったと言います（註6）。さらに近世半ばも過ぎると、言説の中心が「上方」から江戸へ、図では東（右）側に転位することも相俟《あいま》って、古《いにしえ》の縦断ルート（二一ページ図1-10参照）に沿った武蔵野は彼方に退き、『江戸砂子』に書かれた

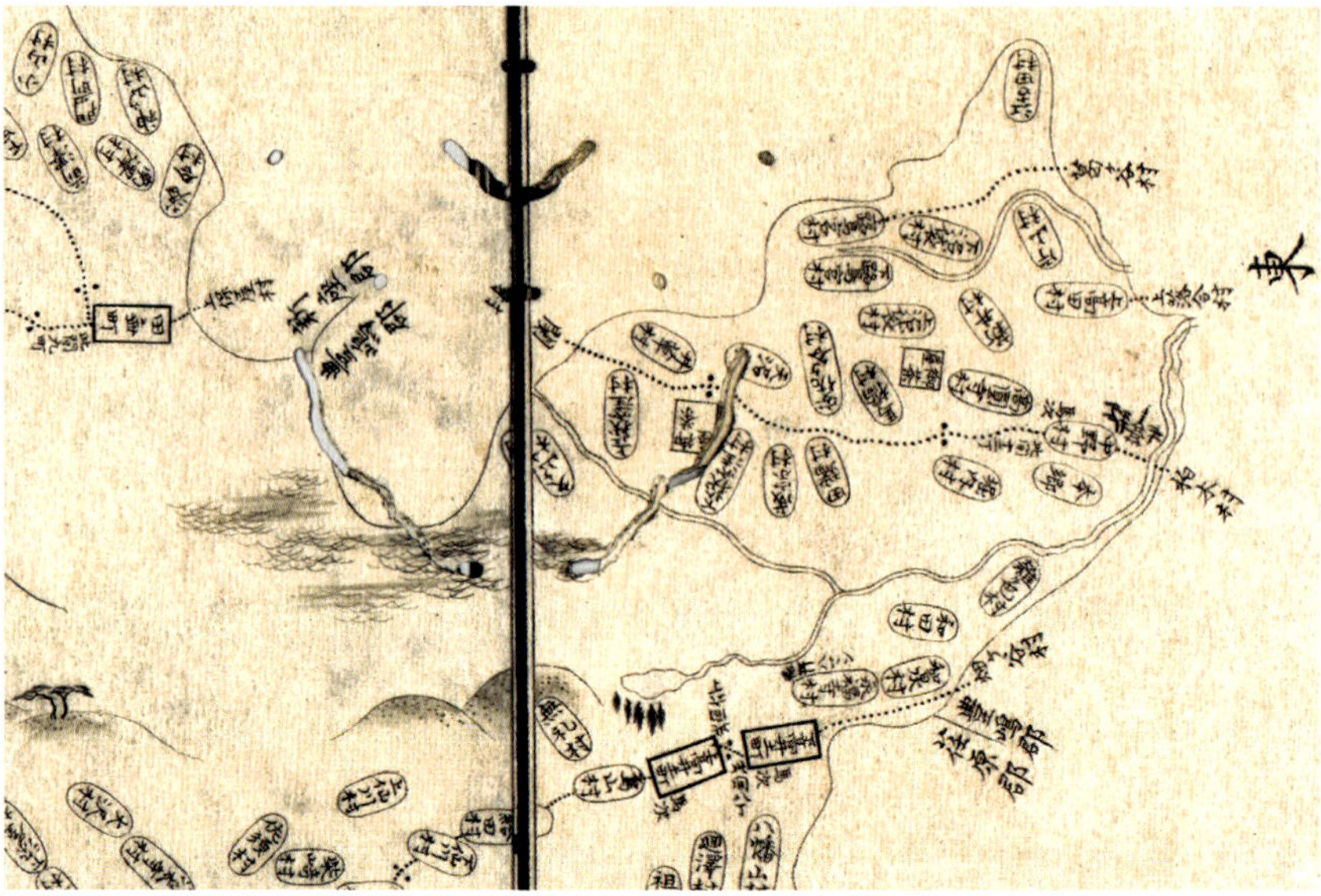

図E-2　国立公文書館デジタルアーカイブ「新編武蔵風土記　巻89」から、「多摩郡之一　郡図　正保年中改定図」の一部
図の天地を反転し北を上とした。東（右）は中野、西は田無、中央は現在の杉並区のエリア。

ように（四九ページ参照）もっぱら江戸府内を中心としてその西方の中野―府中方面、北を上とする近代地図の構図から言えば「ヨコの武蔵野」が一般化ます。

　したがって、まずは多摩郡の武蔵野を**図E-2**から**図E-5**で見ていきましょう。**図E-2**は「ヨコの武蔵野」の先端、現在の中野区、杉並区そして武蔵野市、三鷹市、西東京市にあたるエリア。

　正保期の村々ですから、**図E-1**ではこれらはすべて「古村」にあたります。**図E-2**の破線で表わされているのは青梅街道と甲州街道。右手、高円寺村と馬橋村の間、および中央の上荻窪村と下荻窪村の間の四角の中に書き込まれた「御茶屋」は将軍鷹狩りの際の休息場所として、初期江戸の各所に設けられた施設の一部です。

「正保年中」（**図E-2**）と「元禄年中」（**図E-3**）の間は約半世紀の径庭（註7）ですが、両図を比較すると「御茶屋」が撤去され、田端新田、成宗新田、上荻久保新田、連雀新田などが新規に成立していますが、とくに現杉並区の西南部は古く「千町野」と呼ばれた草地の広がりで、そこに開

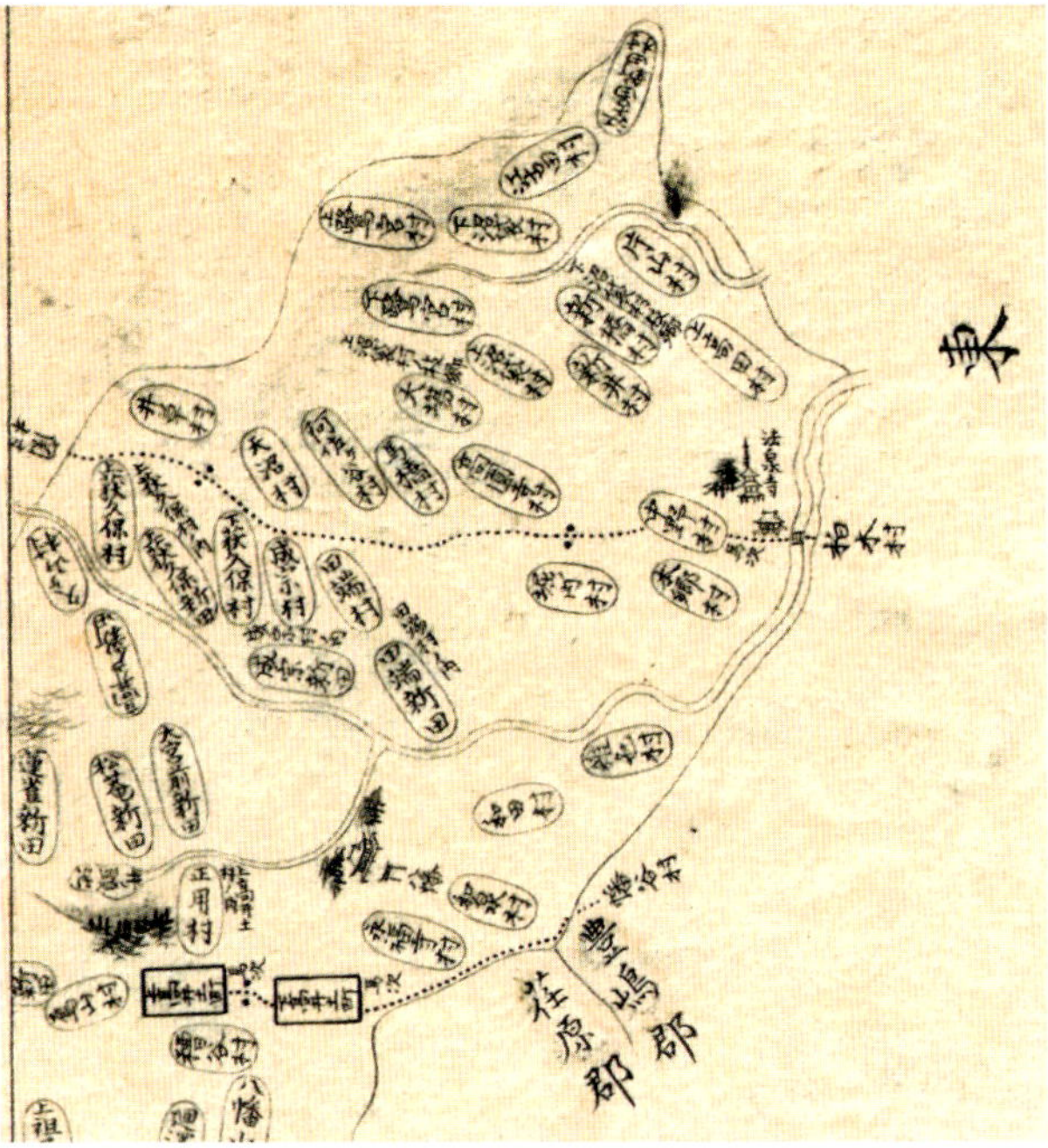

図 E-3
国立公文書館デジタルアーカイブ「新編武蔵風土記巻 89」から、「多磨郡之一郡図　元禄年中改定図」の一部
図の天地を反転し北を上とした。現在の中野区と杉並区を中心としたエリア。

かれた大宮前新田、高井戸新田、松庵新田については、遺された村絵図から、五日市街道の両側に沿った典型的な新田集落の形を認めることができるのです（註8）。

次の図E‐4と図E‐5は同じ多摩郡でもすこし奥、国分寺崖線を表わした山形（五四ページ図3‐4参照）を中央とした一帯の、正保期と元禄期の比較です。図E‐4に対して図E‐5では、北西で「小川新田」が、その東で「柳窪村」が開拓開村、中央の山形の下では「小金井村」が「上小金井村」と「下小金井村」に分かれ、下辺西では「石田新田」が開かれ、「谷保村」は「下谷保村」と「上谷保村」に、甲州街道の東では「飛田給村」が「上飛田給村」「下飛田給村」となりました。

曠野のただ中、青梅街道に貫かれた趣きの「小川新田」（図E‐5左上）は現在の小平市の母体で、狭山丘陵裾の殿ヶ谷村（一〇三ページ図7‐3）に隣する「岸村」出身の小川九郎兵衛が開発したことで知られますが、それも玉川上水からの飲用分水（小川用水）という条件あればこそ。小川新田の成立は寛文九年（一六六九）、村は青梅街道の伝

図 E-4　（上）正保期
図 E-5　（下）元禄期　出典は図 E-2・図 E-3 に同じ

馬役も務めたと言います（註9）。

『中野区史　上巻』の「江戸時代」の「地理」の節に「多磨郡は正保年間の改訂に際しては総村和三百二十であつたが、元禄年間の改訂に当つて四十七箇村を増して、三百六十七箇村となり、文化文政の頃に至つて、更に増加して四百三十三箇村となつた、元禄度に加はること六十六箇村である」と書かれています（註10）。つまり正保期から文政年間まで約一八〇年の間に増えた多摩郡の村の数は合計一一三か村で、逆に言えばその分だけ多摩郡の武蔵野は消滅したわけです。

つづけて『中野区史　上巻』は、多摩郡が十領に大別されていて、そのうち中野の村々は野方領に属すとし、野方領の称は武蔵野に由来して、往古上野《かみの》、中野、下野《しもの》と分節したのが、中野の地名だけが残った、という説を紹介しています（註11）。いずれにしても古くからの「野」は鷹狩りの適地には違いありません。この場合の「領」とは「川越領」「幕府領」の「領」とは異なり、管理区域といった意味合いでした（註12）。

次の**図E-6**と**図E-7**は入間郡の一部で、川越藩の武蔵野。かつての入間路の主舞台になります。**図E-6**の左上、「入間村」からその南の「所沢村」を通る所沢街道と、右手の「大井町」が馬継場の川越街道の間に広がる空間は、誰が見ても「武蔵野」で、その証のように中央に「ほりかね井」が池の形で描かれています。右下の「城本村」と「坂下村」がかかる山の形は比高二〇メートルを越える柳瀬川の河岸段丘崖（現在は滝の城址公園一帯）を表わしたもの。下を通る黒い曲線は柳瀬川を境とした郡界線です。

この川越、所沢両街道間の「野」が半世紀を経ずして如何なる変容を遂げたかと言うと、**図E-7**下辺で「所沢新田」が加わり、旧安松村は「上安松村」と「下安松村」に分かれ、新たに「大袋新田」が加わり、「城本村」は「本郷村」と「城村」に分岐しました。これらは「野」の景観変容にさほど影響はないように見えますが、川越街道の西側では、「亀ヶ谷村」「上富村」「中富村」「下富村」「北永井村」「水野村」「上赤坂村」「下赤坂村」「上松原村」「下松原村」「堀金村」「中新田」の十二村が成立、また所沢街道入間川村の東に「田中村」が開かれています。

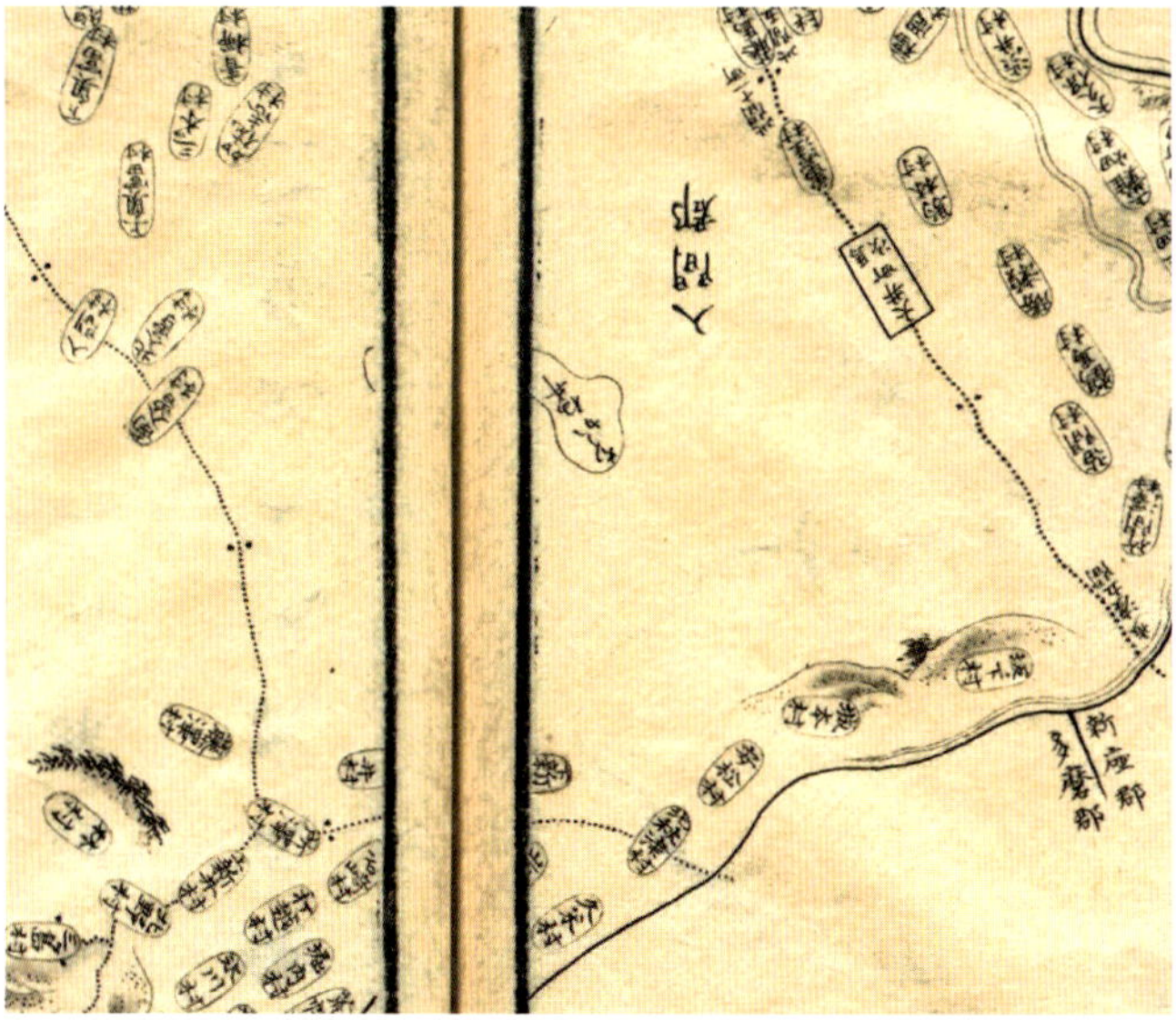

図E-6
国立公文書館デジタルアーカイブ「新編武蔵風土記　巻156」から、「入間郡之一　郡図　正保年中改定図」の一部
図の天地を反転し北を上とした。

さて元禄図から百三十年以上を経た最期の国絵図である天保武蔵国絵図ですが、この一帯の様子にはさほど変化が見えず（二四七ページ）、所沢村の東側に「牛塚新田」「神谷新田」「岩岡新田」「北田新田」「堀兼新田」「牛沼新田」が加わったのみで、広大な「野」はほとんどそのままです。それは享保期の新田開発ピークを過ぎ、また天保図そのものが元禄図を原図とし、その改訂として調製されたからにほかなりません（註13）。そのため、ここでは元禄図とそれから約二世紀後、近代最初期の測量図（迅速測図）をもとに作成された輯製二十万分一図「東京」の一部（**図E-8**）と照合することにします。

両図を一瞥すると、**図E-7**で中央に広がる空白部に該当するものは、**図E-8**には見あたりません。所沢と大井、そしてそれぞれ右下の下新井、上安松、下安松、本郷、城の村落は両図同位置ですが、その反面、亀ヶ谷、南永井、北永井、上富、中富、下富、そして上赤坂、下赤坂、堀兼、水野の各村落位置は大幅に異なっています。簡単に言えば、その村々の位置は東に偏りすぎているのです。**図E-8**は正式な三角測量以前とはいえ近代測量の結果、現在の二十万分一地勢図と比較しても齟齬《そご》は見えません。

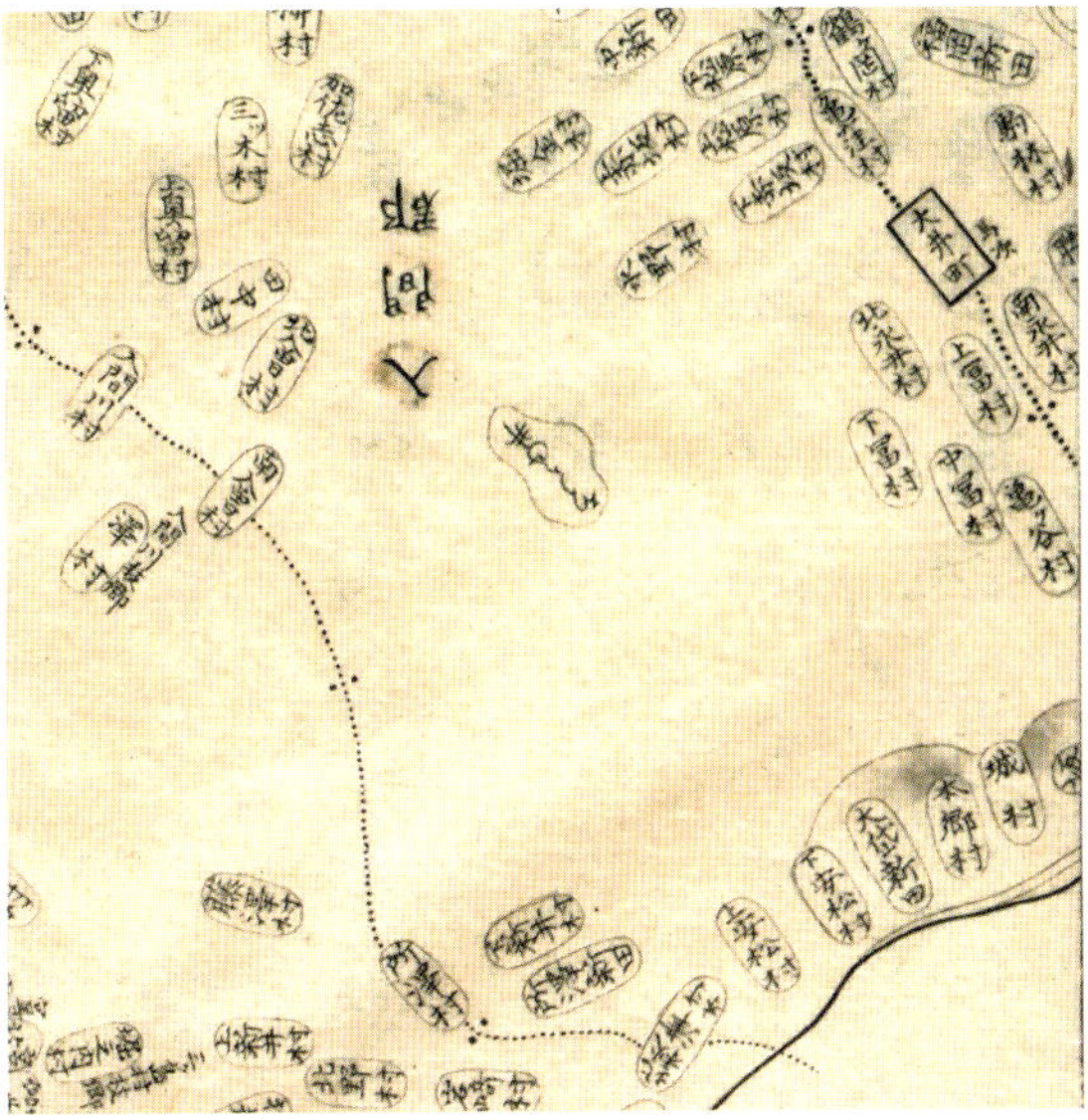

図 E-7
国立公文書館デジタルアーカイブ「新編武蔵風土記　巻156」から、「入間郡之一　郡図　元禄年中改定図」の一部
図の天地を反転し北を上とした。

とすると、近世図で村々が東に極端に寄せられていたのは、そこに広大な「武蔵野」を描き置くための措置にして先入観だったという推測が成り立ちます。先に国絵図が近代図と比較しても驚くべき正確な構造をもつと指摘しました（一四五ページ）。しかしこのように細部を検討すると、正保、元禄、天保三時期の国絵図を通して、古来の「武蔵野」は入間郡にこそ遺されていて、水に窮する場所ながらその中央には「ほりかね井」が存在する、という半ば神話的なメッセージが百九十年にわたって変更されずに描かれていたことに気がつくのです。

第9章で見た「東都近郊図」（一八二五年初版・一八三〇年改版）にも「ムサシノ地蔵」と「亀窪」の西側にしっかりと「武蔵野」の注記があり、さらに何をもって場所を比定したものかその北東に『万葉集』の古歌に由来する「大家カ原」まで書き加えられている（二六ページ註17参照）のは、文化文政期（一八〇四―一八三〇）の考証ブームの反映でもあったでしょう。

武蔵野の終焉

さて『新編武蔵風土記稿』は地図とともに文字通りの

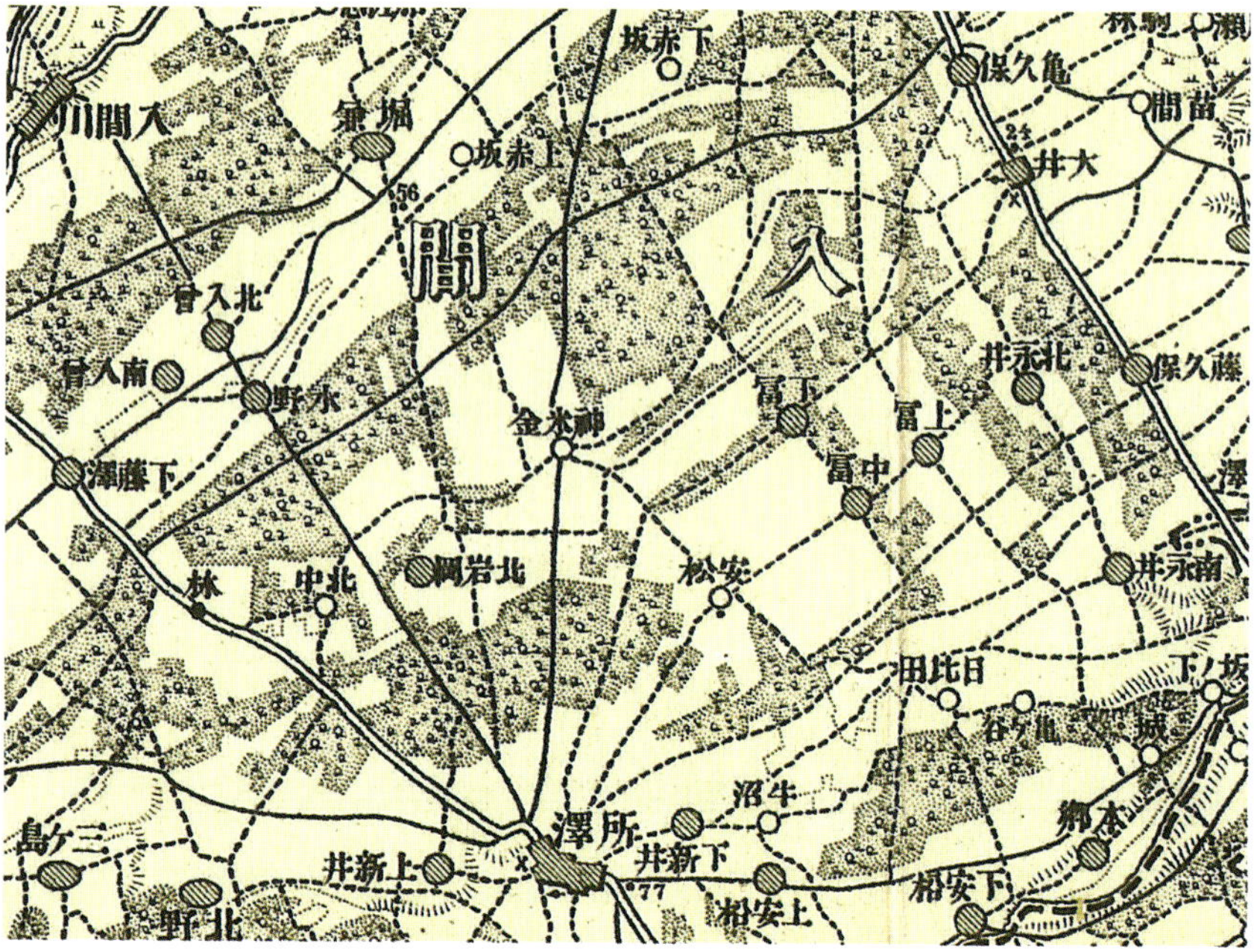

図 E-8　輯製二十万分一図「東京」（1888 年輯製発行）の一部（180%に拡大）
図 E-7 の各村の位置を確認するとかなりのズレが検出される。

絵図も掲げています（**図E-9**）。巻之一六四「入間郡之九」亀窪村の項につづいて掲げられた「武蔵野図」は、第4章で紹介した『川越松山巡覧図誌』所収「武蔵野原之全図」（六二ページ**図4-2**。以下「全図」と略記）と同様「武蔵野」を描いた鳥瞰図で、つまりは架空の視点から描かれた図ではあるのですが、同時に当時の武蔵野がどのような様子であったかも具体的に示してくれます。

図E-9右下は「亀窪村」で左上は富士山、その手前が下富村ですから、この図の構図は北東から南西を向いて描かれているわけです。亀窪村の左隣、図の下辺中央右寄りには「野守」と記載が見えます。武蔵野の各入会地は在地の有力者が野守役となって管理支配し、利用を認められた百姓から「野銭」を徴収していたのでした（註14）。左下は「木ノ宮地蔵堂」（9章**図9-5**）、「野」を囲む村名（下赤坂、下富、上富、亀久保）を**図E-8**でチェックすると、遺された武蔵野の大まかな範囲が了解できます。

対して「全図」は、下辺右、上富村とその左

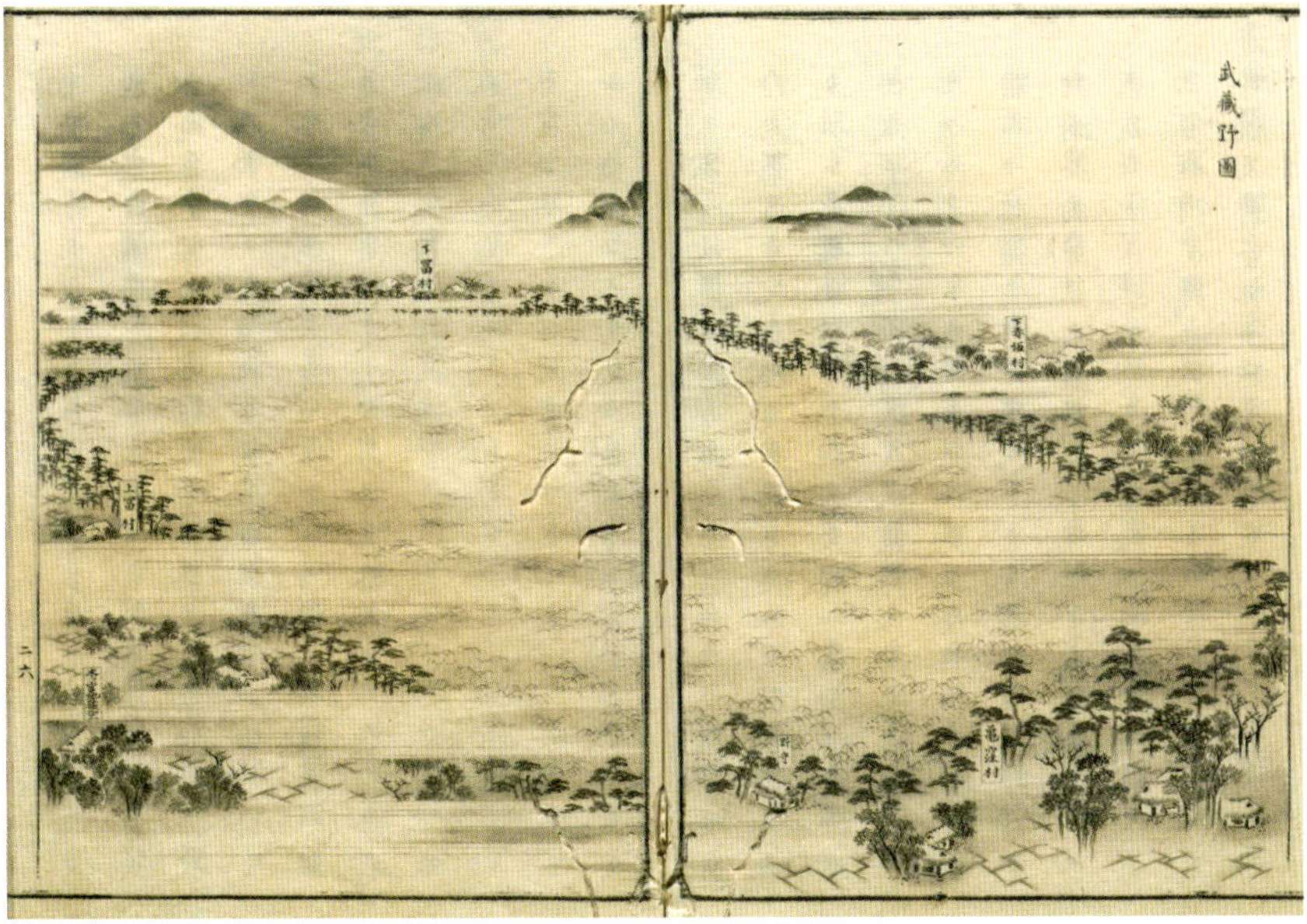

図 E-9　国立公文書館デジタルアーカイブ「新編武蔵風土記　巻 164　入間郡之九」から「武蔵野図」
62 ページ図 4-2 参照。

下、富村の間の上空に視点を置き、右上に「川越街道亀窪」を描き日光山と筑波山に対しますから、描かれた方向は真逆。しかし武蔵野の範囲は同様と見做されます。「全図」で注意すべきは左上、秩父山の下に「雑木林」と注記があることです。そこは入会地を区切る立木の列の外側で、描き方も野とは異なっています。つまりそれは近世新田開発の結果出現した、春先の野火から除外された「ムサシノB」の姿なのですが、この時点ではもちろん「武蔵野」として認識されるわけもなく、単なる雑木林にすぎません。右下に「地蔵堂」（木ノ宮地蔵堂）と「多福寺」とありますから、そこから北側の「亀窪」までが武蔵野でした。またとりわけ「武蔵野図」には、入会地の四囲を画する並木（松）がはっきりと描かれています。

「武蔵野図」と「全図」両図から判断される「武蔵野」（入会地）の範囲を今日の地形図に照らすと、図E-10に見えるようにそれは川越市南端部が鉤型《かぎがた》に入り込んだ中央部の、小さく縦に「武蔵野」と注記されたあたりで（註15）、図E-

10の範囲は四市一町の境界錯綜の地でした。第4章図4-1「武蔵国図」に描かれた入間郡の「ヤマ」、すなわち古くからの入会地そのものでもあったのです。

そのヤマが近代を迎えてどのように変容したかと言えば、一八八一年（明治一四）の迅速測図（図E-11）で北東から南西を向いた長方形の一画、「雑」（雑木林）の三文字が連なる部分がかつての入会地（秣場）と見られ、すくなくとも長辺の長さは「風土記稿」の数値（註16）と合致します。

武蔵野の転生と身体の地図

近世入会地すなわち秣場と称された草地の消滅には、一八七三年（明治六）の「地租改正」を中心とした土地制度の転換が大きく与《あず》かっていました。すなわち土地は官有地もしくは民有地のいずれかとされ、公有地の存在する余地がなくなったのです（註17）。その経緯、つまりかつての入会地の「その後」の変容については、それが各自治体の辺縁の地であったためか、市史町史等で触れたものは稀なため各地の詳細は追いかねますが、入会地としての武蔵野（ムサシノA）はこの明治初期の土地制度改変の結果、終焉を迎えることになったと考えていいでしょう。

顧みれば「武蔵野」とは、数千年以上前ヒトの手によって創出され、以来春先の野火によって維持されてきた共有の管理空間でした。その広大な草地は無主《むしゅ》の地にして狩猟・採集の場、古代律令制にあっても「公私共」にする共有地と見做されたのです（第4章註2）。近世初期までの武蔵野台地の村落は、水利のある開析谷に沿って点在するのみで、その後背にひろがる「野」は生産と自活素材入手の入会地でした。しかし人口増に伴う農家二、三男の分家自立、および幕府と各藩の財政再建の圧力は「野」を蚕食せずにはおきませんでした。近世半ば頃の「武蔵野」（入会秣場）は、武蔵野台地に分散したでしょう。

その残された秣場に対して、タテとヨコならぬ「北武蔵野」と「南武蔵野」では、すでに触れたように

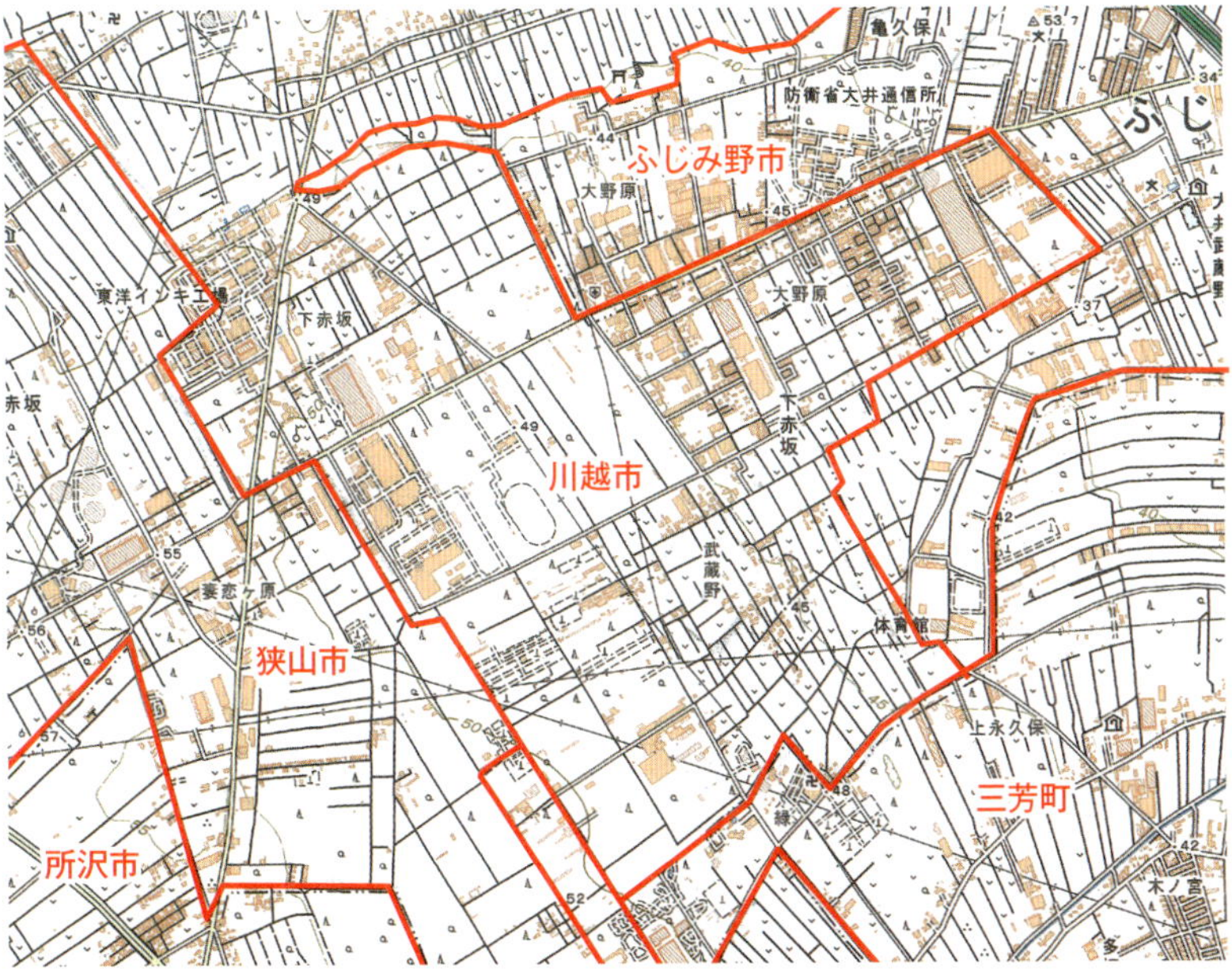

図 E-10　2万5千分1地形図「川越南部」（2022年調整）の一部。市町界とその称を赤で加筆。80％に縮小

図の中央は川越市の南端（下赤坂、武蔵野、大野原）、右はふじみ野市西端（大井武蔵野）、右下三芳町西北部（上永久保、上富）、左下隅所沢市北端（下富）、左に狭山市東部（上赤坂、妻恋ヶ原）が入り組む境界錯綜の地。中央右下寄に縦文字で「武蔵野」と「通称」の注記がある。

対応が異なっていました。享保七年（一七二二）の幕府新田開発令に対し、前者は「反対」、後者は「積極的に参加」の態度を表明したとされます（註18）。二つの鳥瞰図に描かれた入間郡の、言わば最期の「ムサシノA」の姿は、「北武蔵野」の態度の延長に位置したもののように思われます。

そうして図E-11に描かれた「雑」の字つまり「木林」は、絶えることなく行われてきた春先の共同火入れが途絶えて数年後、たちまちにして木本主体の植生に景を変じたのは、蓋《けだ》し当然の成り行きでした。秋の薄《すすき》と萩に代表される武蔵野の草本景観は、決して武蔵野台地の「原風景」などではなかったからです。

4章と11章で触れたように、国木田独歩は文政年間の「地図」の注記に触発され「画や歌でばかり想像している武蔵野をその俤《おもかげ》ばかりでも見たい」と思いながらも、そこに行くことなく、逆に「木は

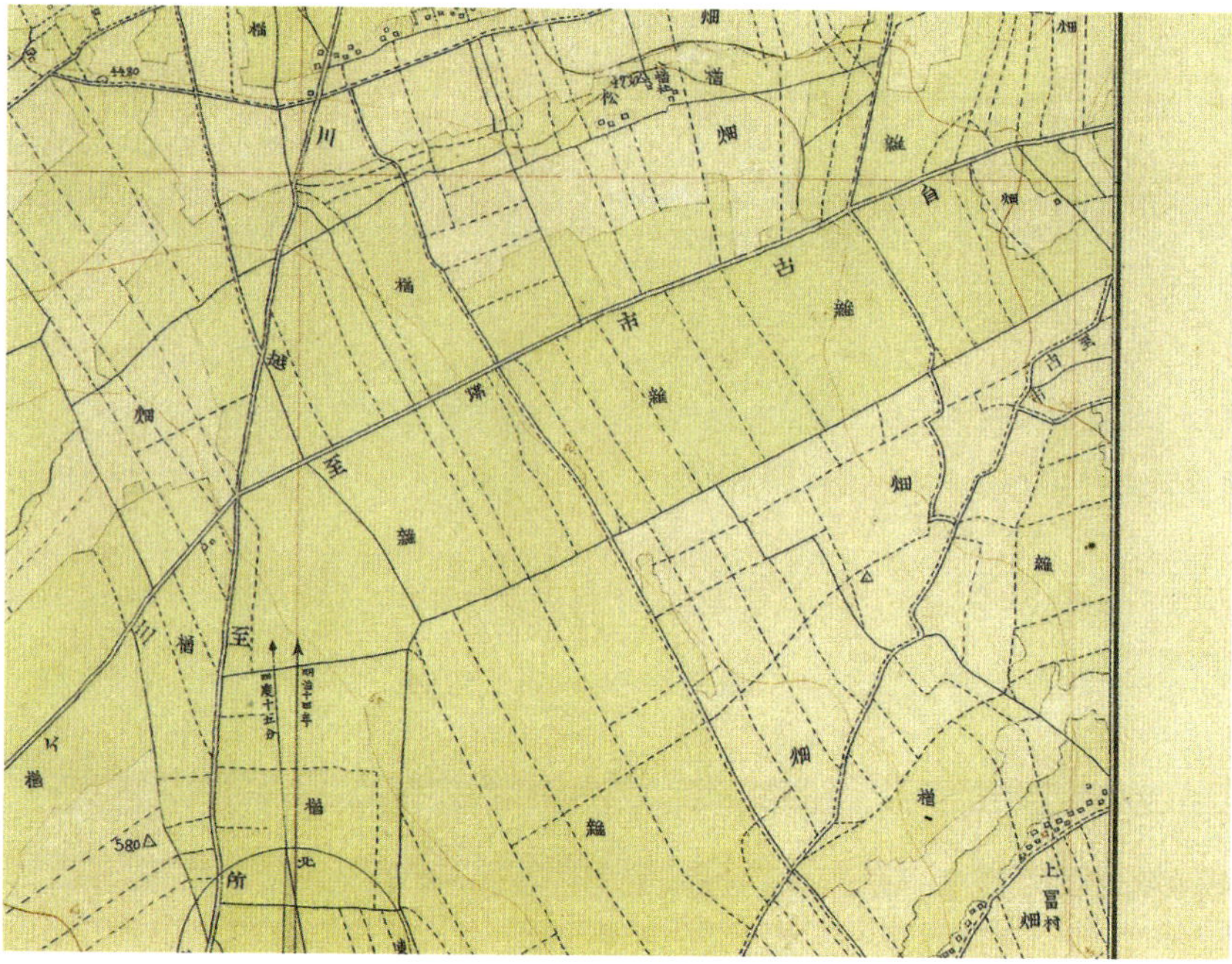

図 E-11　二万分一迅速測図原図「埼玉県武蔵国入間郡下富村」（1881 年続図）の一部
縮小して図 E-10 とほぼ同範囲とした。

おもに楢の類」の林である身近な「今の武蔵野」を賛美しました。その文政年間の地図すなわち『東都近郊図』の「武蔵野」は、たしかに入間郡に、「武蔵野図」と「武蔵野原之全図」の示す位置に存在しました。しかし時はすでに二〇世紀に迫り、仮に国木田がその場に赴いたとしても「萱原のはてなき光景」の片鱗すら遺されてはいなかったのです。

国木田独歩はワーズワースを受けて「山林に自由存す」と唱え、代表作『武蔵野』によって今日の「雑木林の武蔵野」あるいは「武蔵野樹林」という、概念として矛盾しつつも人口に膾炙したもうひとつの「武蔵野」（ムサシノB）を生みだし、「武蔵野」という言葉を見事後世に転生させました。

しかし雑木林の存在そのもの、あるいはその来し方に思いを致すことはついになかったのです。それは国木田にとって無理というものだったかも知れません。二十代の恋が成就したのも、それが惨《さん》たる結果に終わって後、傷心を慰撫《いぶ》し癒《いや》したのも、場所は違えどとも

図 E-12　三鷹駅北口「国木田独歩の碑」
「山林に自由存す」の文字を刻む。撮影筆者。

図 E-13　武蔵野市境にある「独歩の森」（境山野緑地）
国木田独歩の『欺かざるの記』の舞台となった。撮影筆者。

に「雑木林の武蔵野」にほかならなかったからです（註19）。『武蔵野』が発表されて百三十年以上を経た現在、世界に冠たる巨大都市のスプロール現象は武蔵野台地のほぼ全面におよび、そこに武蔵野すなわちムサシノBの俤《おもかげ》を見出すことすら容易ではありません。

　仮に一九三九年策定の「東京緑地計画」が実現していれば、「武蔵野」は逆に巨大な存在として再転生し、都市とヒトに貢献していたでしょう（註19）。それは雨水を受けとめ、地下水を涵養し、メガロポリスが生み出す廃熱を吸収して気候をやわらげたのみならず、巨大地震等の被災をも大きく減殺《げんさい》したはずです。被災の規模は、都市の集積度に比例するからです。今日その面影は「小金井公園」や「砧《きぬた》公園」などに残るのみですが、一方でナショナルトラスト事業による「トトロの森」のような努力も実現しています。その「林」ならぬ「森」は五五か所を数えますが、それはおもに所沢市に集中しているのが現状でした。ともあれ第1章の図1-3「最近7万年間の地球気候変動グラフ」が示すように、ヒトのたどった何万年もの道程のなかで、「安定した気候」はここ一万年ほどの例外であることを忘れてはならないでしょう。

　現在に残る武蔵野に心づき、そこに赴《おもむ》かんとするヒトは、まずパソコンかスマートフォンの液晶画面に向かうかも知れません。しかし地図検索で出現するのは「武蔵野市」でなければ川越市北端部の饂飩《うどん》工場なのです。第9章で触れたように、ヒト（ホモ・サピエンス）は旧石器時代に地表のあらゆる場所に棲息地を広げました（一二六ページ図9-2）。その移動メディアは地図でなく（註20）、ヒトはもっぱら身体能力すなわち場所の認知と記憶と推理、そして音声メディアに依存してそれを達成したのです。ヒトの「脳力」に危機があるとすればそれはまさしくに現在にほかならず、「失われゆく我々の内なる地図」（M・ボンド著*Wayfinding*の邦訳タイトル）の状況はますます昂進するようです（註21）。「地図を棄てよ、××へ出よう」は言いすぎとしても、せめてスマートフォンをザックの底にして、あてのない武蔵野探索行に出掛けられんことをお奨めします。迷子になること、GPSに倚《よ》りかからず、身体のナビゲーションによってその状態から脱することこそ、ヒトの脳力を育みまた維持する強力なエクササイズだからです（註22）。

註

1 斎藤鶴礒『武蔵野話』有峰書店版、一九七〇年、一九三―一九六ページ。

2 『小平市史　地理・考古・民俗編』二〇一三年、三七ページ「武蔵野の逃水」。

3 貝塚爽平『東京の自然史』文庫版二〇一一年、一一五ページ。

4 三芳町『三芳の歴史』一九八七年、八七ページ。

5 国立公文書館、内閣文庫、和書、「新編武蔵風土記」巻八九（多磨郡首巻）および巻一五六（入間郡首巻）。

6 『武蔵野市史』一九七〇年、第1章第3節「武蔵野の開発」一六九ページ。

7 川村博忠『国絵図』（一九九〇年）には正保図の成立年代について「幕府は慶安初年（一六四八）ごろまでに収納」（一〇〇ページ）、元禄の武蔵国絵図の幕府献上は元禄一五年（一七〇二）、天保国絵図については「全国八三鋪各二部ずつの国絵図作成がすべて完了するのは天保九年（一八三八）十二月」とある（一九八ページ）。

8 千町野については『日本歴史地名大系13　東京都の地名』（二〇〇二年）の杉並区の項（八二四ページ）、村絵図については『杉並近世絵図』一九九三年、三四―四二ページを参照。武蔵野の「入子」としての「野地名」には、「中野」や「千町野」のほかに「駒場野」「入間野」がある。入間野は『吾妻鏡』建久二年二月二五日の「鳥追」（鷹狩りか）に見える地名で、『新編武蔵風土記稿』（巻一五六・入間郡之一）では「今入間川藤沢の辺に入間野の名遺れり」「四十町許の地なりと云」と記す。

9 『日本歴史地名大系13　東京都の地名』二〇〇二年、一〇三四ページ「小川村」の項。

10 『中野区史　上巻』一九四三年、一五六ページ。

11 同右一五七ページ。ただしこの説は『新編武蔵風土記稿』巻百廿二、多磨郡之三十四の野方領の項ですでに紹介されている。「大日本地誌大系本12」二八〇ページ。

12 佐藤孝之・天野清文編『近世古文書用語辞典』二〇二四年。六五〇ページ、「領」の説明に「関東などにみられた広域的な村落集合体としての地域的呼称。中間支配機構としての機能ももった」とある。

13 天保国絵図は元禄国絵図を修正する形で作成された。前註7（川村一九九〇年）一八一―一八四ページ参照。

14　前註4『武蔵野市史』（一九七〇年）に同じ。「有力な土豪百姓を野守役として任命し、その管理と支配にあたらせた」とある。「武蔵野図」に見える「野守」の小屋は、雇用された「野番」（一八三ページ参照）のものと見るのが妥当と思われる。これに関しては『新編埼玉県史　通史編4　近世2』（一九八九年）の第三章第五節「身分差別の強化」の六八四ページを参照。

15　図E-10の注記「武蔵野」「大野原」「妻恋ヶ原」などは通称（国土地理院平成25年2万5千分一地形図図式第60条）で、グレーで表示（同第73条）されている。

16　『新編武蔵風土記稿』巻之一六四「入間郡之九」亀窪村の項につづけて「武蔵野」とあり「村の西南につづく地なり、其の野の広さは大様東西の徑り十五町、南北八町許にして、南の方上富村に限り、北は当村及び下赤坂村にさかひ、東も当村にて、西は下富村に及べり、此地は当村の百姓正左衛門が家にて預り申し野銭といへるものを納め、又河越城へ年ごとに薪萱料をも納むといへり」とし、入会地争論に触れた後で「残りし武蔵野の限りは、その四辺へ松の並木を植て境とせしとて今もしかなり、されど古に比すれば百分の一とも云ふべけれど、かゝる名高き所のわづかにも存して、今見ることをうるは当国にとりては美事とも云べければ、そのさまを図してこゝにのせぬ。」と説明している。

17　『嵐山町誌』一九六八年、二九一―三二四ページ「入会山」による。

18　前註6『武蔵野市史』一七一ページ。

19　内務省を中心に策定された東京緑地計画は計画区域として東京五〇キロ圏に約九六万二〇〇〇ヘクタールの広大なもので、日本の都市計画および公園史上はじめての大規模かつ具体的なマスタープランであったが、戦後予算面と違法建築の続出および当該地の反対運動の結果、廃止された。なお、善福寺池や井之頭池、三宝寺池など標高五〇メートルラインの湧水池（一六五ページ参照）は枯渇し、現在では電動ポンプによる地下水の汲上で維持されている（守田優『地下水は語る―見えない資源の危機』二〇一二年）。標高約六七メートルの「姿見の池」も同様（第1章註17参照）で、もとより水に乏しかった武蔵野の環境は、都市化によって拍車がかかった。現在玉川上水や野火止用水を流れている「清流」は下水処理水で、土壌および地下水への汚染は意識されていない。自然流下式の上水を復活し、都心に湖水（「新宿湖」）をという筆者の提案（拙著『新版 古地図で読み解く江戸東京地形の謎』二〇二〇年、一三五ページ）は、切実性を増している。

20　第1章で紹介したマンモスの牙彫刻や、第6章で触れたカモニカ渓谷ないしベドリーナ図と縄文土器の「地図」は、メディアの要素がないわけではないが、その役割はもっぱらメモリアルにおかれている。

21　M・ボンド著『失われゆく我々の内なる地図　空間認知の隠れた役割』（邦訳二〇二二年）の三〇九ページではカナダのマギル大学の研究者V・ボーボの研究と言葉を次のように紹介している。「GPSに頼るばかりで自分の行く道に注意を払わないと、海馬を使わなくなると確信している。海馬は、ナビゲーション能力と空間スキルだけでなく、エピソード記憶をはじめ重要な認知機能を動かす領域である。テクノロジーに頼るのは、尾状核が担う反射的な空間戦略の使用を促し、人々をロボットのように行動するように仕向ける。「人間という種の未来は、このロボット的な行動を乗り越えられるかどうかにかかっているのです」。

22　R・ソルニット著 *A Field Guide to Getting Lost* の邦訳タイトルは『迷うことについて』とされ、「迷子体験」を語りつつそれをむしろ推奨する、著者の意図が漂白されてしまった。

「道に似て、言葉を一挙に捉えることはできない。聞かれるにせよ、読まれるにせよ、言葉は時とともに開かれてゆく。この語りという時間的要素によって、書くことと歩くことは互いに似たものとなっていた」。これはR・ソルニットの『ウォークス――歩くことの精神史』（邦訳二〇一七年）の第一六章「歩行の造形」に見える言葉です。

これに対して、時間の断面である地図の特性は一挙性にこそあると言っていいのです。上空からの視線の下、画像とともに言葉と記号が点滅しているのが地図であって、それを見る者は全体の位置関係を一瞬のうちに了解し得るでしょう。さらに言えばそれは鳥瞰でもなく、あらゆる地点が、爆撃視座とも言うべき垂直の絶対視線にさらされている状態です。この本質を見事に描いた「地図文学の白眉」は、中上健次の「十九歳の地図」（一九七三年発表）で、私的に編んだ「地図文学傑作選」の筆頭に挙げられる作品です。タイトルに「地図」の文字を掲げた文学作品は少なくありません。しかし、安部公房の『燃えつきた地図』のように、具体的な「地図」は添えもので、むしろ地図を「象徴」や「暗喩」としたような作品が多いのです。

ところでスマートフォンが登場して以降、地図の主流は燃やせるものではなくなりました。ソクラテスの「文字」ないし「書かれたもの」への懐疑はプラトンの『パイドロス』に認《したた》められましたが、現在は地図すら飛び越えて、スマートフォンのパーソナル・ナビゲーションがあたりまえの時代。狩猟採集時代の終了とともに昂進したホモ・サピエンスの個々の脳力の劣化が、新たな自己家畜化のステージに進んだと考えるのはあながち的外れでもないでしょう。

したがって本書の結論は、終章の末にも述べたように「探り歩きのすすめ」です。具体的には紙でも液晶画面でも、地図で目的地の位置をしらべ、つまりスタート地点からおおよその方向と距離、いくつかの地名とランドマークを頭に入れ（地図の一挙性）た後、両手には何も持たず、周囲に目配りしながら歩き出せという自戒でもあります。それは今日では「脳トレ」に相当しますから、出かけるにあたっては一定の時間を組み込んでおく必要があるでしょう。

そのようにして、折々の「自分の武蔵野」を探索し、発見するのは無上の楽しみです。しかし筆者にのこされた時間はそう多くはありません。思えば宮城野は陸奥国分寺の近隣に生まれ育ち、転じて武蔵野に半世紀以上の生を託し、武蔵国分寺に因むエリアでこれを認めているのは何かのめぐりあわせでしょう。そのめぐりあわせの掉尾《ちょうび》は野の面影濃い小平霊園の合葬墓に永眠の場所が当選したこと。つまり武蔵野台地の分水界（玉川上水）を渡り、多摩川水系から荒川水系に「転居」し、武蔵野をわたる風になるのでした。

ここに至るまでたくさんの出会いと教示に恵まれました。とくに地図史料学では清水靖夫、川村博忠、鈴木純子、自然地理学の松田磐余《いわれ》、久保純子《すみこ》の五人の先達のお名前を挙げて感謝しなければなりません。また縄文考古学の安孫子昭二氏の教示がなければ、この何章かは成立していなかったはずです。

本書の元となったのは角川文化振興財団発行『武蔵野樹林』誌への一〇回にわたる連載でした。それをあらため、一一章から終章までは新たに書き下ろしました。連載をキープしてくださった『武蔵野樹林』編集長の住谷はるさん、資料を示してくださった国分寺市教育委員会ふるさと文化財課の増井有真《あるま》さん、書籍版で手を煩わせた創元社の山崎孝泰さんをはじめ、お力添えくださったすべての方々にお礼を申し上げます。

初出一覧

第1章　角川文化振興財団発行『武蔵野樹林』Vol.5、「武蔵野地図学序説　その1」二〇二〇年一一月六日
第2章　角川文化振興財団発行『武蔵野樹林』Vol.6、「武蔵野地図学序説　その2」二〇二一年三月一五日
第3章　角川文化振興財団発行『武蔵野樹林』Vol.7、「武蔵野地図学序説　その3」二〇二一年七月一五日
第4章　角川文化振興財団発行『武蔵野樹林』Vol.8、「武蔵野地図学序説　その4」二〇二一年一一月六日
第5章　角川文化振興財団発行『武蔵野樹林』Vol.9、「武蔵野地図学序説　その5」二〇二二年一月三一日
第6章　角川文化振興財団発行『武蔵野樹林』Vol.10、「武蔵野地図学序説　その6」二〇二二年六月二九日
第7章　角川文化振興財団発行『武蔵野樹林』Vol.11、「武蔵野地図学序説　その7」二〇二三年一二月一四日
第8章　角川文化振興財団発行『武蔵野樹林』Vol.12、「武蔵野地図学序説　その8」二〇二三年三月三一日
第9章　角川文化振興財団発行『別冊武蔵野樹林』「武蔵野地図学序説　その9」二〇二三年七月三〇日
第10章　角川文化振興財団発行『別冊武蔵野樹林』「武蔵野地図学序説　その10」二〇二四年一月二五日

＊本書収録にあたって文体を改め、本文や図の一部を加除し註を付け加えた。
第11章・第12章・終章はあらたに書き下ろした。

は

ま

や

ら

た

な

索引

イタリック体は主な地図の図版掲載ページを示す。

芳賀 ひらく　HAGA Hiraku

1949年仙台市南小泉生まれ。日本地図学会評議員、柏書房代表取締役社長、東京経済大学客員教授を経て、現在之潮《コレジオ》主宰、早稲田大学エクステンションセンター講師。著書に『短詩計畫 身體地圖』(深夜叢書社)、『地図・場所・記憶―地域資料としての地図をめぐって』(けやき出版)、『デジタル鳥瞰 江戸の崖 東京の崖』(講談社)、『新版 古地図で読み解く江戸東京地形の謎』(二見書房)、『短詩計畫第二 天體地圖』(之潮)、『追悼自余 増訂版』(之潮) ほか。

武蔵野地図学序説《むさしのちずがくじょせつ》

2025年2月10日　第1版第1刷発行

著　者　芳賀ひらく

発行者　矢部敬一

発行所　株式会社創元社
https://www.sogensha.co.jp/
本　　社　〒541-0047　大阪市中央区淡路町4-3-6
Tel. 06-6231-9010　Fax. 06-6233-3111
東京支店　〒101-0051　東京都千代田区神田神保町1-2 田辺ビル
Tel. 03-6811-0662

装　丁　山田英春
組　版　渡邊恒久(有限会社クリエイト・ジェイ)
印刷所　モリモト印刷株式会社

ISBN978-4-422-22017-8　C0025